In- und ausländische Immobilieninvestments innerhalb und außerhalb des neuen Investmentsteuerrechts

Forum Unternehmens-, Steuer- und Bilanzrecht

Deutsche, europäische und internationale Rechtsfragen

Herausgegeben von Oliver Fehrenbacher / Michael Stöber

Band 30

Valentin Clemens

In- und ausländische Immobilieninvestments innerhalb und außerhalb des neuen Investmentsteuerrechts

PETER LANG
Berlin - Bruxelles - Chennai - Lausanne - New York- Oxford

Bibliografische Information der Deutschen Nationalbibliothek
Die Deutsche Nationalbibliothek verzeichnet diese Publikation in der Deutschen Nationalbibliografie; detaillierte bibliografische Daten sind im Internet über http://dnb.d-nb.de abrufbar.

Zugl.: Kiel, Univ., Diss., 2024

D 8
ISSN 2366-293X
ISBN 978-3-631-92222-4 (Print)
E-ISBN 978-3-631-92227-9 (E-PDF)
E-ISBN 978-3-631-92228-6 (E-PUB)
DOI 10.3726/b22021

Internationaler Verlag der Wissenschaften
Berlin 2022

info@peterlang.com http:www.peterlang.com

Inhaltsverzeichnis

Abkürzungsverzeichnis 15

Literaturverzeichnis 19

1. Kapitel Einführung in die Problematik 29

A. Einleitung 29

B. Stand der Forschung 31

C. Gang der Untersuchung 32

2. Kapitel Die Reform des Investmentsteuerrechts 33

A. Grundsätzliches 33

I. Die Stellung des InvStG 33

II. Das Investmentsteuergesetz als Sonderregelung 34

B. Grundzüge der Besteuerung von Investmentfonds nach dem InvStG a. F. 34

I. Gegenstand der Besteuerung 35

1. Investmentfonds 36

a) Organismen für gemeinsame Anlagen 37

aa) Organismus 38

bb) Für gemeinsame Anlagen 39

cc) Einsammlung von Kapital 40

dd) Von einer Vielzahl von Anlegern 41

ee) Feste Anlagestrategie 41

ff) Investition zum Nutzen der Anleger 42

gg) Kein operativ tätiges Unternehmen außerhalb des Finanzsektors 43

b) Alternative Investmentfonds 43

2. Investitionsgesellschaften 44

3. Investmentanteile 45

II. Ertragsteuerliche Behandlung von Investmentfonds vor der InvSt-Reform 2018 45
1. Besteuerung der Fondseingangsseite 46
a) Ertragsermittlung 47
b) Einkünfte aus Kapitalvermögen 47
c) Einkünfte aus Vermietung und Verpachtung 48
d) Werbungskosten 48
e) Zusammenfassung 49
2. Besteuerung der Fondsausgangsseite 50
a) Voraussetzungen der Transparenzoption 50
b) Ertragsteuerliche Behandlung 51
aa) Private Anleger 52
bb) Betriebliche Anleger 55
cc) Körperschaftsteuerpflichtige Anleger 57
dd) Altersvorsorge 57
b) Zusammenfassung 58
C. Grundzüge der Besteuerung von Investmentfonds nach dem InvStG 2018 58
I. Reformgründe 59
II. Struktur des neuen InvStG 60
1. Kapitel 1 60
a) Anwendungsbereich 60
aa) Zivilrechtliche Konzeption 62
bb) Investmentfondsbegriff 64
cc) Umbrella-Konstruktionen 66
b) Zuständigkeit 66
2. Kapitel 2 66
a) Grundzüge der Besteuerung von Investmentfonds 67
aa) Unterschiede zur Direktanlage 69
bb) Gewerbesteuer 69
cc) Steuerbefreiung 70
dd) Zusammenfassung 72

b) Grundzüge der Besteuerung von Anlegern eines Investmentfonds 72
aa) Die Vorabpauschale 73
bb) Teilfreistellung 75
c) Zusammenfassung 76
3. Kapitel 3 77
a) Der Begriff des Spezial-Investmentfonds 77
b) Grundzüge der Besteuerung auf der Ebene des Spezial-Investmentfonds 78
c) Immobilieninvestments über Spezial-Investmentfonds 79
aa) Objekt-Personengesellschaften 79
bb) Holding- bzw. Objekt-Kapitalgesellschaften 80
c) Besteuerung der Anleger eines Spezial-Investmentfonds 81
aa) Ausgeschüttete und ausschüttungsgleiche Erträge 82
bb) Steuerbefreiung 82
d) Zusammenfassung 83
D. Stellungnahme 83
I. Erreichen der mit der InvSt-Reform verfolgten Ziele 83
II. Die wichtigsten Neuerungen im Überblick 84
1. Neuerungen für Publikums-Investmentfonds 84
a) Einführung der Vorabpauschale 85
b) Teilfreistellung 86
2. Neuerungen für Spezial-Investmentfonds 86
a) Voraussetzungen des Spezial-Investmentfonds 86
b) Besteuerung des Spezial-Investmentfonds 87

3. Kapitel Der Immobilienfonds 89

A. Der offene Immobilienfonds 90
I. Die Definition des offenen Immobilienfonds 90
1. Der Immobilienfonds im Sinne des KAGB 91
2. Der Immobilienfonds im Sinne des InvStG 93
3. Fazit 94

II. Zivilrechtliche Konstruktion eines offenen (Publikums-) Immobilienfonds ... 95
1. Die Kapitalverwaltung ... 96
a) Die Kapitalverwaltungsgesellschaft ... 96
b) Tätigkeit einer KVG ... 98
2. Die Verwahrstelle ... 99
3. Die Anleger ... 101
4. Das Sondervermögen ... 102
5. Das Immobilien-Sondervermögen ... 102
a) Zulässige Vermögensgegenstände eines Immobilien-Sondervermögens ... 103
aa) Mietwohngrundstücke ... 104
bb) Geschäftsgrundstücke ... 104
cc) Gemischtgenutzte Grundstücke ... 105
dd) Grundstücke im Zustand der Bebauung ... 105
ee) Unbebaute Grundstücke ... 106
dd) Erbbaurechte ... 106
ee) Weitere zugelassene Vermögensgegenstände ... 107
b) Grundsatz der Risikomischung ... 107
6. Der Sachverständigenausschuss ... 108
7. Aufsichtsrechtliche Besonderheiten bei Spezial-Immobilienfonds ... 109
8. Fazit ... 110

B. Besteuerung auf Fondsebene ... 110
I. Besteuerung auf der Ebene des Publikums-Immobilienfonds 112
1. Körperschaftsteuer ... 113
a) Körperschaftsteuerpflicht ... 114
b) Inländische Immobilienerträge i. S. v. § 6 Abs. 4 InvStG 115
aa) § 6 Abs. 4 S. 1 Nr. 1 InvStG, Einkünfte aus Vermietung und Verpachtung ... 116
bb) § 6 Abs. 4 S. 1 Nr. 2 InvStG, Gewinne aus der Veräußerung von im Inland belegenen Grundstücken oder Grundstücksgleichen Rechten ... 117

c) § 6 Abs. 3 InvStG, inländische Beteiligungseinnahmen 119
d) Ausschüttungen von REITs 119
aa) Kritik 121
bb) Bewertung 122
e) Steuerbefreiung auf Ebene des Investmentfonds 122
f) Einkünfteermittlung auf Fondsebene 124
aa) Einkünfteermittlung mittels Veranlagung 124
bb) Einkünfteermittlung bei dem Steuerabzug unterliegenden Einkünften 126
g) Vergleich der Steuerlast bei direkten und indirekten Immobilieninvestitionen auf Fondsebene 127
2. Gewerbesteuer 128
a) Allgemeines 129
b) Allgemeine Grundsätze der Abgrenzung zwischen gewerblicher und vermögensverwaltender Tätigkeit 130
aa) Grundsätze der Abgrenzung bei Vermietung und Verpachtung 130
bb) Grundsätze der Abgrenzung beim Immobilienhandel 131
c) Die Besonderheiten der Investmentanlage 131
d) Objektiver Geschäftszweck 132
e) Problem der aktiven unternehmerischen Bewirtschaftung 133
aa) Vermietungs- und Verpachtungstätigkeiten 134
bb) Veräußerungen 135
(1) Besonderheiten bei der Einzelobjektbetrachtung 136
(2) Portfoliobetrachtung 137
cc) Begrenzungen 137
f) Zwischenergebnis und Fazit zur Gewerbesteuer 138
3. Zusammenfassung 139

II. Besteuerung auf der Ebene des Spezial-Immobilienfonds 139
1. Die Anlagebestimmungen des § 26 InvStG in Bezug auf als Spezial-Investmentfonds aufgelegten Immobilienfonds 141
a) Ausgestaltung des Rückgaberechts nach § 26 Nr. 2 InvStG 141
aa) Aussetzung der Rücknahme nach § 257 KAGB 142
bb) Lösungsansätze im Falle des § 257 KAGB 143
b) Grundsatz der Risikomischung nach § 26 Nr. 3 InvStG 143
c) Zulässige Vermögensgegenstände nach § 26 Nr. 4 InvStG 144
d) Gewerbesteuerbefreiung 145
2. Regelbesteuerung 145
3. Transparenzoption nach §§ 30 und 33 InvStG 147
a) Transparenzoption nach § 30 InvStG 147
b) Transparenzoption nach § 33 InvStG 149
4. Strukturierungsalternativen inländischer Immobilieninvestitionen 151
a) Unmittelbare und mittelbare Investments über Objekt-Personengesellschaften 152
b) Mittelbare Investitionen über Holding- und Objekt-Kapitalgesellschaften sowie zweistufige Fondsstrukturen 153
c) Mehrstufige Fondsstrukturen 154
d) Fazit 155

C. Besteuerung auf der Ebene des Anlegers 155
I. Die Besteuerung der Anleger von Publikums-Immobilienfonds 156
1. Klassifikation der Anleger und Besonderheiten der Besteuerung 158
a) Natürliche Personen mit Anteilen im Privatvermögen .. 158
b) Natürliche Person mit Anteilen im Betriebsvermögen ... 159
c) Anteilshaltende Kapitalgesellschaften 159
2. Die Vorabpauschale 160
a) Ansatz dem Grunde nach 160

b) Ansatz der Höhe nach ... 161
c) Kritische Würdigung der Vorabpauschale ... 162
d) Vereinbarkeit der Vorabpauschale mit Verfassungsrecht ... 163
aa) Herleitung des Leistungsfähigkeitsprinzips ... 163
bb) Missachtung des Leistungsfähigkeitsprinzips ... 164
cc) Fazit ... 165
3. Das Teilfreistellungssystem ... 165
a) Qualifikation des Immobilienfonds für Zwecke der Teilfreistellung ... 167
aa) Der Begriff der Immobilie ... 168
(1) Fiktive Immobilien i. S. d. § 2 Abs. 9 S. 4 InvStG ... 170
(2) Fiktive Immobilien i. S. d. § 2 Abs. 9 S. 6 InvStG ... 171
bb) Der Begriff der Immobilien-Gesellschaften ... 172
(1) Auslands-Immobiliengesellschaften ... 173
(2) Personen-Immobiliengesellschaften ... 174
cc) Abgrenzungsproblematik zwischen Aktienfonds und Immobilienfonds für Zwecke der Teilfreistellung ... 174
dd) Anteile an REITs als Kapitalbeteiligungen nach § 2 Abs. 8 InvStG ... 175
b) Die Immobilienteilfreistellung nach § 20 Abs. 3 InvStG ... 177
c) Bewertung des Teilfreistellungssystems ... 178
4. Zusammenfassung ... 180
II. Die Besteuerung der Anleger von Spezial-Immobilienfonds 181
1. Spezial-Investmenterträge ... 182
a) Ausgeschüttete Erträge nach § 35 InvStG ... 182
b) Ausschüttungsgleiche Erträge nach § 36 InvStG ... 184
aa) Kapitalerträge nach § 20 EStG ... 185
bb) Erträge aus der Vermietung und Verpachtung von Grundstücken und grundstücksgleichen Rechten ... 186
cc) Sonstige Erträge ... 187

b) Zurechnungsbeträge (§ 35 Abs. 3 InvStG) 187
c) Immobilien-Zurechnungsbeträge 189
2. Besonderheiten nach Anlegerkategorie 189
a) Einkommensteuerpflichtige Anleger 189
b) Körperschaftsteuerpflichtige Anleger 190
3. Folgen der Strukturierungsalternativen des Spezial-Investmentfonds auf Anlegerebene 191
a) Unmittelbare und mittelbare Investments über Objekt-Personengesellschaften 191
aa) Teilfreistellung inländischer Beteiligungseinnahmen, inländischer Immobilienerträge und sonstiger inländischer Einkünfte nach § 42 Abs. 4 und 5 InvStG 192
bb) Zusammenfassung 193
b) Mittelbare Investments über Holding- und Objekt-Kapitalgesellschaften 194
aa) Inländische Dividenden 194
bb) Ausländische Dividenden 195
4. Zusammenfassung 196

D. Der geschlossene Immobilienfonds 197
I. Steuerliche Behandlung von geschlossenen Immobilienfonds 198
1. Option zur Körperschaftsbesteuerung nach § 1a KStG 198
2. Gewerbesteuerpflicht 199
II. Mehrstufige Strukturen 200

D. Zusammenfassung und Vergleich der verschiedenen Immobilienfonds 202

E. Bewertung der Immobilieninvestition über einen Investmentfonds 203

4. Kapitel Weitere Möglichkeiten der Investition in Immobilien 205

A. Immobilien im Privatvermögen 205
I. Erwerb von Immobilien in das Privatvermögen 206
1. Grunderwerbsteuer 206

2. Umsatzsteuer 207
3. Einkommensteuer 208
a) Herstellungskosten 209
b) Erhaltungsaufwendungen 210
c) Sonderabschreibungen für Mietwohnungsbau 211
II. Besitz einer Immobilie im Privatvermögen 212
1. Einkommensteuer 212
a) Begriff der Vermietung und Verpachtung 213
b) Einkünfteerzielungsabsicht 213
c) Werbungskosten 214
aa) Besonderheiten beim Werbungskostenabzug 215
bb) Variabilität der Gestaltungen 216
2. Gestaltungsmöglichkeiten im Rahmen von Rechtsverhältnissen zwischen Familienangehörigen 217
a) Verträge zwischen Familienangehörigen 217
b) Der Begriff der nahen Angehörigen 218
c) Der Fremdvergleich 219
d) Steuerliche Anerkennung von Mietverträgen zwischen nahen Angehörigen 220
e) Verbilligte Überlassung von Wohnraum an nahe Angehörige 221
f) Fazit 223
B. Immobilien im Gesellschaftsvermögen 223
I. Die Immobilien-GbR 224
II. Die Immobilien-AG 225
C. Der German Real Estate Investment Trust 227
I. Abgrenzung zum Investmentfonds 228
II. Steuerliche Behandlung 228
D. Zusammenfassung 229

5. Kapitel Vergleich der steuerlichen Belastung einer Direktinvestition in Immobilien mit der indirekten Investition über einen Immobilienfonds ... 231

A. Steuerliche Aspekte beim Erwerb und Verkauf ... 231

B. Ertragsteuerliche Aspekte und Verlustausgleich ... 232

C. Erbschaft- und schenkungsteuerliche Aspekte ... 233

6. Kapitel Fazit und Reformvorschläge ... 235

A. Gesamtfazit ... 235

B. Perspektiven unter politischen und gesellschaftlichen Aspekten ... 236

C. Reformvorschläge ... 238

1. Normativer Anknüpfungspunkt ... 238
2. Sonderregelungen für Wohnungsbaufonds ... 239
3. Zusammenfassung ... 241

Abkürzungsverzeichnis

a. A.	andere(r) Ansicht
Abs.	Absatz
AfA	Absetzung für Abnutzung
AO	Abgabenordnung
AStG	Außensteuergesetz
AIF	Alternativer Investmentfonds
BaFin	Bundesanstalt für Finanzdienstleistungen
BB	Betriebsberater (Zeitschrift)
BewG	Bewertungsgesetz
BFH	Bundesfinanzhof
BFHE	Entscheidungen des Bundesfinanzhofs
BFH/NV	Sammlung nicht amtlich veröffentlichter Entscheidungen des BFH (Zeitschrift)
BGB	Bürgerliches Gesetzbuch
BGH	Bundesgerichtshof
BGHZ	Entscheidungen des BGH in Zivilsachen
BGBl.	Bundesgesetzblatt
BMF	Bundesministerium für Finanzen
BR-Drs.	Bundesrat Drucksache
BStBl.	Bundessteuerblatt
DB	Der Betrieb (Zeitschrift)
DBA	Doppelbesteuerungsabkommen
Ders.	Derselbe
BT-Drs.	Bundestag Drucksache
DStR	Deutsches Steuerrecht (Zeitschrift)
DStZ	Deutsche Steuer-Zeitung (Zeitschrift)
EFG	Entscheidungen der Finanzgerichte
EG	Europäische Gemeinschaft
ErStG	Erbschafts- und Schenkungssteuergesetz
EStG	Einkommensteuergesetz
EStR	Einkommensteuer-Richtlinie
EU	Europäische Union
FA	Finanzamt
ff.	folgende
FG	Finanzgericht

FR	Finanz Rundschau (Zeitschrift)
GbR	Gesellschaft bürgerlichen Rechts
gem.	gemäß
GewStG	Gewerbesteuergesetz
GG	Grundgesetz
ggf.	gegebenenfalls
GmbH	Gesellschaft mit beschränkter Haftung
grds.	grundsätzlich
GrEStG	Grunderwerbsteuergesetz
HGB	Handelsgesetzbuch
i. d. R.	in der Regel
i. H. v.	in Höhe von
i. S. d.	im Sinne des
i. S. v.	im Sinne von
InvG	Investmentgesetz
InvStG	Investmentsteuergesetz
IStR	Internationales Steuerrecht (Zeitschrift)
JStG	Jahressteuergesetz
KAGB	Kapitalanlagegesetzbuch
KG	Kommanditgesellschaft
KStG	Körperschaftsteuergesetz
KVG	Kapitalverwaltungsgesellschaft
LG	Landgericht
NWB	Neue Wirtschafts-Briefe (Zeitschrift)
OGAW	Organismus für gemeinsame Anlage in Wertpapiere
OECD-MA	Musterabkommen zur Vermeidung der Doppelbesteuerung der Organisation für wirtschaftliche Zusammenarbeit und Entwicklung
Rspr.	Rechtsprechung
sog.	sogenannte
SolZ	Solidaritätszuschlag
StuW	Steuer und Wirtschaft (Zeitschrift)
USt	Umsatzsteuer
UStG	Umsatzsteuergesetz
Vfg.	Verfügung
vgl.	vergleiche
VO	Verordnung
VZ	Veranlagungzeitraum

WK	Werbungskosten
z. B.	zum Beispiel
ZPO	Zivilprozessordnung

Literaturverzeichnis

Alber, Matthias/ Szczesny, Michael	Körperschaftsteuer und Gewerbesteuer, 19. Auflage, 2021
Assmann, Heinz-Dieter/ Wallach, Edgar/ Zetzsche, Dirk A	Kommentar zum Kapitalanlagegesetzbuch, 1. Auflage 2019
Assmann, Heinz-Dieter/ Schütze, Rolf A./ Buck-Heeb, Petra	Handbuch des Kapitalanlagerechts, 5. Auflage, München 2020
Bartelsperger, Stephan/ Boutonnet, Beatrix/ Loipfinger, Stefan/ Nickl, Hannes/ Nickl, Ludwig/ Richter, Uli	Geschlossene Immobilienfonds, 5. Auflage, 2007
Baur, Jürgen/ Tappen, Falko	Investmentgesetze, - Band 1: §§ 1–90 KAGB, 4. Auflage 2019 - Band 3: §§ 214–360 KAGB, 4. Auflage 2019
Behrens, Stefan	Transparenz- und Immobilien-Transparenzoption nach dem InvStG 2018, RdF 2017, 297–304
Berger, Hanno/ Streck, Kai-Uwe/ Lübbehüsen, Dieter	Kommentar zum Investmentgesetz und Investmentsteuergesetz, 1. Auflage, München 2010, (Zitiert: *Bearbeiter*, Berger/Streck/Lübbehüsen, InvG/ InvStG)
Beul, Herbert/ Beul, Carsten-René	Steuerliche Anerkennung von Verträgen zwischen nahen Angehörigen, DStR 1985, 13 ff.
Bindl, Elmar/ Leidel, Sebastian	Immobilieninvestments über Spezial-Investmentfonds nach dem InvStG 2018, DB 2018, 722–728
Bindl, Elmar/ Mager, Martin	Ausgewählte Zweifelsfragen und Lösungsvorschläge zum InvStG n. F., BB 2016, 2711–2722

Bindl, Elmar/ Schober, Franz	Investmentsteuererlass-Entwurf zu Spezial-Investmentfonds, BB 2020, 599–611
Birk, Dieter/ Desens, Marc/ Tappe, Henning	Steuerrecht, 25. Auflage, Heidelberg 2022
Bloehs, Joachim	Die Abgrenzung privater Vermögensverwaltung von gewerblichen Grundstücksgeschäften, BB 2002, 1068–1074
Brandis, Peter/ Heuermann, Bernd	Kommentar zum Ertragssteuerrecht, Stand 163. Lieferung, August 2022
Bödecker, Carsten/ Ernst, Carsten/ Hartman, Hartmann	Beck Online-Kommentar zum Investmentsteuergesetz, München 2024
Böcker, Thomas	Die neue Fondsbesteuerung im Zuge der Investmentsteuerreform, NWB 2016, 2789–2798
Buge, Ronald/ Bujotzek, Peter/ Steinmüller, Jens	Die InvSt-Reform ist verabschiedet, DB 2016, 1594–1600.
Bujotzek, Peter/ Steinmüller, Jens	Neuerungen im Investmentsteuerrecht durch das OGAW-IV-Umsetzungsgesetz, DB 2011, S. 2246–2252
Conradi, Johannes/ Jander-McAlister, Heiko	REIT-AGs sind keine Investmentvermögen im Sinne des KAGB, WM 2014, 733–742
Delp, Udo	Investmentsteuerreform aus privater Anlegersicht, DB 2017, 447–457
Demleitner, Andreas	Die Abgrenzung zwischen vermögensverwaltender und gewerblicher Vermietung bei einem Shopping Center, BB 2015, 1307–1312
Dorn, Katrin	Investmentsteuerrecht, 3. Auflage, Hamburg 2018
Dorn, Katrin/ Haase, Florian	Investmentsteuerrecht, 2. Auflage, Hamburg 2015

Dornseifer, Frank/ Jesch, Thomas/ Klebeck, Ulf/ Tollmann, Claus	Kommentar zur AIFM-Richtlinie 2011/61/EU, 1. Auflage, München 2013
Ebner, Christian	Teilfreistellung bei Investmentfonds in der Praxis, RdF 2017, 305–312.
Ebner, Christian	Investmentsteuererlass vom 21.5.2019 und JStG 2019 unter besonderer Berücksichtigung von Spezial-Investmentfonds, RdF 2019, 314–320.
Elser, Thomas/ Stiegel, Tobias	Inbound-Investments in deutsche Vermögensgegenstände nach dem Investmentsteuerreformgesetz, IStR 2017, 567–572
Elser, Thomas/ Thiede, Frank	Der Referentenentwurf zur Reform der Investmentbesteuerung – Analyse der Auswirkungen für private und institutionelle Investoren, NWB Erben + Vermögen 2016, 51 ff.
Emde, Thomas/ Dornseifer, Frank/ Dreibus, Alexandra	Kommentar zum Kapitalanlagegesetzbuch, 2. Auflage, München 2019
Engl, Dominik	Erträge aus Investmentvermögen, 2009
Fischer, Peter	Fremdvergleich und Üblichkeit, DStZ 1997, 357–361
Frey, Johannes/ Harbarth, Stephan	REIT-AG – Gesellschafts-, kapitalmarkt- und steuerrechtliche Wesensmerkmale einer neuen Rechtsfigur, ZIP 2007, 1177–1189
Friedrichs, Theresa	Die Besteuerung von offenen Immobilienfonds und Direktanlagen in Immobilien, 2014
Fuhrmann, Class	Verträge zwischen nahen Angehörigen, Grenzfälle der Gestaltungspraxis, KÖStD 2005, 14784–14793
Gosch, Dietmar	Kommentar zum Körperschaftsteuergesetz, 4. Auflage 2020
Haase, Florian	InvStG-alt und InvStG-neu im Vergleich: Was ändert sich bei einem typischen Immobilien-Investment?, jM 2017, 30–36

Haase, Florian	Generalthema II: Investmentfonds, IStR 2019, 616–628
Haase, Florian/ Brändel, Katrin	Investmentsteuerrecht, 1. Auflage, Hamburg 2011
Haase, Florian/ Jachmann-Michel, Monika	Beck´sches Handbuch Immobiliensteuerrecht, 2. Auflage 2020
Hagen, Alexander/ Schober, Franz	Referentenentwurf eines Gesetzes zur weiteren Förderung der Elektromobilität – Auswirkungen auf die Besteuerung von Kapitalanlagen und (Spezial-) Investmentfonds, BB 2019, 1630–1636
Hahne, Klaus D.	Zur Besteuerung inländischer Beteiligungseinnahmen von Investmentfonds nach der Investmentsteuerreform 2018, DStR 2017, 2310–2317
Hahne, Klaus D./ Schober, Franz	Zweifelsfragen bezüglich der Berechnung der Immobilieninvestitionsquote bei steuerbegünstigten Immobilienfonds, BB 2021, 86–94
Hahne, Klaus D./ Völker, Christian	Investmentsteuerrecht visuell, Stuttgart 2020
Rössler, Rudolf/ Troll, Max	Kommentar zum Bewertungsgesetz, 34. Auflage 2021
Hartrott, Sebastian	Gewerblicher Grundstückshandel – ein Kurzrepetitorium unter kritischer Würdigung der aktuellen Rechtsprechung des BFH, BB 2010, 2271–2276
Hartrott, Sebastian/ Goller, Sascha	Immobilienfonds nach dem Kapitalanlagegesetzbuch, BB 2013, 1603–1612
Haug, Felix	Inbound-Investitionen in inländischen Grundbesitz nach dem InvStG 2018, IWB 2018, 6–17
Häuselmann, Holger	Investmentanteile, Frankfurt am Main 2019
Hensel, Matthias	Zehn Highlights aus dem ersten Teil des BMF-Schreibens zur Anwendung des InvStG 2018, RdF 2019, 204–211

Hermann, Joachim	Die Zurechnung von Vermietungseinkünften und deren Verlagerung auf Angehörige und Gesellschafter – Grenzen und Möglichkeiten, DB 1992, 2104–2109
Herr, Stefan/ Stiefel, Dirk	Vorabpauschale und Teilfreistellung – Praktische Anwendungsfragen bei der Besteuerung von Investmentfonds nach dem JStG 2018, DStR 2019, 908–913
Heckschen, Heribert/ Herrler, Sebastian/ Münch, Christoph	Beck'sches Notar-Handbuch, 7. Auflage, München 2019
Herrmann, Carl/ Heuer, Gerhard/ Raupach, Arndt	Kommentar zum Einkommen- und Körperschaftsteuergesetz, Stand: September 2022
Hoch, Veronica	Die Besteuerungssystematik von Kapitalanlagen, Tübingen 2019
Hoffmann, Korn	Kommentar zum Einkommensteuergesetz, 2020, Stand: 138 Lieferung, 2022
Höring, Johannes	Das Investmentsteuergesetz ab dem 1.1.2018 („InvStG 2018"), StBp 2017, 351–358
Höring, Johannes	Die Vorabpauschale nach dem Investmentsteuergesetz 2018, StBp 2019, 236–243
Jansen, Bela/ Greger, Veronika	Investmentsteuerreformgesetz – Folgen für betriebliche Anleger und die betriebliche Altersvorsorge, RdF 2017, 138–145
Kammeter, Susann	Änderung durch die geplante Reform der Investmentbesteuerung – vom Referentenentwurf bis zum Regierungsentwurf des InvStG, ISR 2016, 99–106
Kayser, Joachim/ Bujotzek, Peter	Die steuerliche Behandlung offener Immobilienfonds und ihrer Anleger, FR 2006, 49–66
Kelterborn, Lars/ Küpper, Volker	Investmentsteuerreform: Praxishinweise und Erleichterungen aus dem BMF, BB 2017, 2263–2267
Keßler, Jürgen	German REITs, 2007 (Zitiert: *Bearbeiter*, Keßler, German REITS)

Kilian, Wimmer	Die Besteuerung mittelbarer Immobilieninvestitionen aus Anlegersicht: eine steuerökonomische und steuerrechtliche Analyse unter besonderer Berücksichtigung offener Immobilienfonds, 2011
Kirchhof, Paul	Die Erneuerung der Gemeindesteuer, FR 2010, 961–965
Klug, Walter	Offene Immobilienfonds: Zeit für stabile Werte, 2. Auflage, 2008
Klümpen-Neusel, Claudia	Immobilien klug vererben, 2021
Kohl, Benedikt	Das Investmentsteuerreformgesetz (InvStRefG) – Eine steuerliche Wirkungsanalyse zum Systemwechsel im Investmentsteuerrecht am Beispiel privater Kapitalanleger, 2019
Komo, Daniel	Geschlossene Immobilienfonds in der Rechtsform der GmbH & Co. KG – Haftungsrisiken für Anleger und Vertragsgestaltung, BB 2012, 1423–1429
Kral, André/ Watzlaw, Anne-Kathrin	Die Vorabpauschale nach Einführung der Investmentsteuerreform, BB 2018, 2717–2722
Krauß, Sebastian	Steuerliche Implikationen von Mietverhältnissen unter nahen Angehörigen, DStZ 2017, 476–483
Kühn, Markus	Die Investmentsteuerreform 2018 – Steuerliche Wirkungsanalyse und Möglichkeit zur Optimierung der Portfoliostruktur, 2019
Kulosa, Egmont	Verträge zwischen nahen Angehörigen, DB 2014, 972–980
Kupfer, Gerhard	Einkünfteverlagerung auf Angehörige, KÖStD 2001, 12777–12786
Kußmaul, Heinz/ Gräbe, Sebastian	Die Besteuerung von Investmentfonds und der laufenden Erträge bei privaten und betrieblichen Anlegern unter Berücksichtigung der Unternehemsteuerreform 2008, Ubg 2008, 331–336

Kußmaul, Heinz/ Kloster, Florian	Anteilsbegriff nach KAGB und InvStG im Spannungsfeld zwischen Aufsichts- und Steuerrecht, RdF 2014, 300–307
Lechner, Florian	Erneute Reform der Investmentbesteuerung – Ein Überblick, RdF 2016, 208–217
Levedag, Christian	Besteuerung der Erträge privater Anleger aus schwarzen und intransparenten Investmentfonds, IWB 2016, 262–272
Lindauer, Jürgen	Immobilien und Steuern, 3. Auflage, 2020
Lindemann, Alexander	Besteuerung von Aktienfonds nach der Unternehmensteuerreform, 2004
Marquardt, Michael/ Wagner, Johann	Praxishandbuch Immobiliensteuerrecht, 2017
Moritz, Joachim/ Helios, Marcus/ Jesch, Thomas	Frankfurter Kommentar zum Kapitalanlagerecht Band 3: Recht der Assetklassen, 1. Auflage 2019 (Zitiert: *Bearbeiter*, Moritz/Helios/Jesch, KAGB)
Moritz, Joachim/ Jesch, Thomas/ Mann, Alexander	Frankfurter Kommentar zum Kapitalanlagerecht Band 2: InvStG, 2. Auflage 2019 (Zitiert: *Bearbeiter*, Moritz/Jesch/Mann, InvStG)
Nacke, Alois	Immobilienbesteuerung bei Erwerb, Besitz, Veräußerung, 2. Auflage, 2018
Niehus, Ulrich/ Wilke, Helmuth	Die Besteuerung der Personengesellschaften, 8. Auflage, 2020
Pahlke, Armin	Kommentar zum Grunderwerbsteuergesetz, 7. Auflage, 2023
Patzner, Andreas/ Harm, Stefan	Steuerliche Behandlung von Spezial-Investmentfonds nach dem Investmentsteuerreformgesetz ab 2018, BB 2018, 2711–2716
Patzner, Andreas/ Kempf, Ludger/ Nagler, Jürgen	Nomos-Steuerkommentar Investmentsteuergesetz, 1. Auflage, Baden-Baden 2018
Patzner, Andreas/ Döser, Achim/ Kempf, Ludger	Nomos Investmentsteuerrecht, 3. Auflage, 2017

Piketty, Thomas	Das Kapital, 2013
Rock, Verena/ Schumacher, Christoph/ Bäumer, Hubertus/ Pfeffer, Tobias	Praxishandbuch Immobilienfondsmanagement und -investment, 2. Auflage, 2019
Roth, Hans-Peter	Gesetz zur Reform der Investmentbesteuerung, GWR 2016, 457–463
Saenger, Ingo	Gesellschaftsrecht, 6. Auflage, 2023
Schäfer, Jürgen/ Conzen, Georg	Praxishandbuch Immobilien-Investitionen, 4. Auflage, 2020
Sanden, Phillip von	Erhaltungsaufwendungen oder Herstellungskosten? Abgrenzungsfragen bei der Instandsetzung und Modernisierung von Gebäuden, DStR 2020, 958–967
Schley, Nico	Die Immobilien-GmbH (Teil 1), NWB-EV 2020, 155–160
Schley, Nico	Die Immobilien-GmbH (Teil 2), NWB-EV 2020, 198–204
Schulz, Andreas/ Petersen, Sven/ Keller, Claudia	Offene Fragen bei der Besteuerung von Immobiliensondervermögen und deren Anlegern, DStR 2004, 1853–1858
Schulze zur Wiesche, Dieter	Vereinbarungen unter Familienangehörigen und ihre steuerlichen Folgen, 9. Auflage
Schwerdfeger, Anna Kristina	Die Regulierung des offenen Immobilienfonds nach dem Kapitalanlagegesetzbuch, Göttingen 2017
Seeger, Siegbert	Verträge zwischen nahestehenden Personen – Grundsätzliche Überlegungen und Voraussetzungen ihrer steuerlichen Anerkennung, DStR 1998, 1339–1343
Stadler, Rainer/ Lechner, Florian	Erwerbbarkeit von Wertpapieren durch Spezial-Investmentfonds nach dem InvStG 2018, DB 2018, 218–223

Stadler, Rainer/ Mayer, Andreas/ Ludwig, Marius	Das BMF-Schreiben zu Spezial-Investmentfonds vom 20.1.2021 – eine kritische Analyse, BB 2021, 1559–1566
Stadler, Reiner/ Bindl, Elmar	Das neue Investmentsteuergesetz – Überblick und Korrekturbedarf, DStR 2016, 1953–1956
Stöber, Michael	Die subjektübergreifende Einkünfteerzielungsabsicht, FR 2017, 801–810
Stöber, Michael/ Hornung, Christian/ Westermann, Benjamin	Beschränkung der Verlustberücksichtigung bei der Kapitalertragsteuer – Zweifel an der Vereinbarkeit mit höherrangigem Recht, RdF 2021, 106—113
Tipke, Klaus/ Lang, Joachim	Steuerrecht, 24. Auflage, 2021
Thürmer, Bernd	Wohnungsvermietung an ein unterhaltsberechtigtes Kind, DB 2003, 1012–1016
Wagner, Klaus-R	Zum Reit-Gesetzentwurf der Bundesregierung, NZG 2006, 846–848
Wallach, Edgar	Umsetzung der AIFM-Richtlinie in deutsches Recht – erste umfassende Regulierung des deutschen Investmentrechts, RdF 2013, 92—163
Weiser, Benedikt/ Hüwel, Martin	Verwaltung alternativer Investmentfonds und Auslagerung nach dem KAGB, BB 2013, 1091–1097
Weitenauer, Wolfgang/ Boxberger, Lutz/ Anders, Dietmar	Kommentar zum Kapitalanlagegesetzbuch, 3. Auflage, 2021
Werner, Rüdiger	Das neue Kapitalanlagegesetzbuch, StBW 2013, 811–816
Wienbracke, Mike	Der deutsche Real Estate Investment Trust (REIT), NJW 2007, 2721–2726
Wollenhaupt, Markus/ Beck, Rocco	Das neue Kapitalanlagegesetzbuch (KAGB), DB 2013, 1950–1959
Zitzelsberger, Heribert	Grundlagen der Gewerbesteuer, 1990

1. Kapitel Einführung in die Problematik

A. Einleitung

„Die Frage nach der Steuer ist nicht bloß eine technische, sondern eine eminent philosophische und politische Frage, vielleicht die wichtigste politische Frage überhaupt."[1]

Eine Welt ohne Steuern mag manch einer verlockend finden. Ohne Steuern verschließt sich jedoch die Möglichkeit des kollektiven Handelns und damit eines funktionierenden Staates. Das kollektive Handeln entspricht auch dem Wesen der Investmentanlage, bei der finanzielle Mittel vieler Einzelner gebündelt und zentral verwaltet werden. Der Anleger erhofft sich einen Wertzuwachs seines Ersparten und der Verwalter enthält, erfolgsunabhängig, seine Vergütung.

Aktuell gestaltet sich die Möglichkeit, erwirtschaftetes Vermögen sinnvoll anzulegen, auch um so einen Beitrag zur privaten Altersvorsorge zu leisten, jedoch als immer komplizierter. Neben den vielen neuen Investitionsmöglichkeiten wie Bitcoin, NFT und Co., welche über Nacht teils immense Wertschwankungen aufweisen können, scheint die Anlage in die als wertstabil geltende Assetklasse der Immobilien fast schon veraltet. Dennoch hat sie sich gerade in Krisenzeiten als die beständigste herauskristallisiert.

Eine direkte Anlage in Immobilien ist ersichtlich nicht jedem möglich, zumal mit der Vermietung einer solchen auch ein hoher Verwaltungsaufwand einhergehen kann. Die Möglichkeit, kollektiv über Investmentfonds indirekt in Immobilien zu investieren, setzt ein sehr viel geringeres Eigenkapital voraus und bringt zudem keinerlei persönliche Verpflichtung zur Instandhaltung der Mieträume mit sich. Die Idee der kollektiven Anlage mag schon länger kursieren, der erste Nachweis stammt jedoch aus Holland, wo 1774 der niederländische Kaufmann Abraham van Ketwich den ersten Fonds mit der wörtlichen Übersetzung „Eintracht macht stark" (Eendracht Maakt Magt) auflegte.[2] Dieser Fonds investierte ausschließlich in Rentenpapiere, also Anleihen, und verfolgte schon damals den Grundsatz der Risikostreuung, welcher ihn zu einer möglichst breiten Streuung des eingesammelten Kapitals brachte, um den Anlegern Sicherheit zu bieten.[3] Seit dem Jahr 1774 ist einige Zeit vergangen, in der sich

1 *Piketty*, Das Kapital, S. 662.

2 *Hahne/Völker*, Investmentsteuerrecht visuell, S. 14.

3 Vgl. *Eichhorn/Köhler*, Moritz/Helios/Jesch, KAGB, Band 3: Recht der Assetklassen, Rn. 52.

die Finanzwirtschaft in ihrer ganzen Komplexität und Vielfalt immens ausgeweitet hat. Schätzungen zufolge liegt die Bruttowertschöpfung der gesamten inländischen Kredit- und Versicherungswirtschaft bereits über den Werten der deutschen Automobilindustrie.[4] Am deutschen Markt zugelassen sind heute über 7000 Investmentfonds.[5] Zudem wird geschätzt, dass am deutschen Markt ein gegenwärtiges Fondsvermögen von ca. 1,2 Billionen € verwaltet wird.[6]

Dies veranschaulicht die steigende Relevanz kollektiver Anlagemöglichkeiten, welche unter rechtlichen Gesichtspunkten einem stetigen Wandel unterworfen sind.

Nicht nur die zivilrechtliche Struktur kollektiver Anlagen, sondern auch ihre steuerliche Behandlung gelten als undurchsichtig und kompliziert.

Der aufsichtsrechtliche Rahmen von Investmentvermögen und deren Anlegern wird vom Kapitalanlagegesetzbuch geregelt, welches mit Wirkung zum 22.07.2013 das bis dahin bestehende Investmentgesetz abgelöst hat.[7]

Eine gesonderte steuerliche Behandlung von Investmentfonds und deren Anlegern hat seine Ursprünge in den USA, in denen zwischen 1920 und 1940 die Investmentindustrie immer mehr zunahm und sich die Idee des Investmentsparens in eine Idee der schamlosen Bereicherung der Investmentmanager verwandelte. Der Kongress der Vereinigten Staaten verabschiedete 1940 den Investment Company Act, der mehr Kontrolle über die Vermögensverwalter bringen sollte. In Deutschland trat 1957 das Gesetz über Kapitalanlagegesellschaften in Kraft.[8] Im Jahr 2003 wurde das Investmentmodernisierungsgesetz verabschiedet, welches in Artikel 2 das neue Investmentsteuergesetz mit Wirkung zum 01.01.2004 in Kraft treten ließ. Nach einer Vielzahl von Reparaturgesetzen und einer schon seit 2011 von der Finanzverwaltung geforderten Neukonzeption der Fondsbesteuerung hat der Bundestag am 08.07.2016 das Gesetz zur Reform der Investmentbesteuerung verabschiedet, dessen Ziel es war, das Investmentsteuergesetz von 2004 komplett durch ein neues zu ersetzen.[9] Gem. Art. 11 Abs. 3 des Investmentsteuerreformgesetzes vom 27.07.2016 trat am 01.01.2018 das neue Investmentsteuergesetz in, sowie das alte Investmentsteuergesetz vom 15.12.2003 außer Kraft.

---

4 *Dorn*, Investmentsteuerrecht, S. 13.

5 Vgl. *Eichhorn/Köhler*, Moritz/Helios/Jesch, KAGB, Band 3: Recht der Assetklassen, Rn. 51.

6 Vgl. *Dorn*, Investmentsteuerrecht, S. 13.

7 Vgl. Moritz/Helios/Jesch/Mann, InvStG, Vorwort.

8 Vgl. *Bödecker*, Bödecker/Ernst/Hartmann, InvStG, Einleitung.

9 *Höring*, StBp 2017, 351 (354).

Die Erhebung von Steuern dient nicht ausschließlich der Mittelbeschaffung zugunsten des Staates, sondern ermöglicht es auch, das Handeln der Bürger zu steuern. So kann gewolltes Handeln steuerlich subventioniert und ungewolltes Handeln steuerlich unattraktiv gestaltet werden. Gerade in Zeiten, in denen zunehmend eine Wohnungsnot zu verzeichnen ist, sollte es dem Staat ein Anliegen sein, den Bau von Mietwohnungen möglichst attraktiv zu gestalten. Die angespannte Lage auf dem Wohnungsmarkt vermag nicht durch eine Mietpreisbremse in Ballungszentren, sondern nur durch die Schaffung neuen Wohnraums entschärft zu werden. Hierbei könnte die kollektive Geldanlage eine tragende Rolle spielen, wenn sie als privatwirtschaftliches Instrumentarium für den Bau und die Verwaltung von Wohnraum eingesetzt wird. Als große Kapitalansammlungen unterliegen sie staatlichen Regelungen, durch die eine gerechtere Verteilung des Wohnraums erreicht werden kann.

B. Stand der Forschung

Das InvStG ist in der bereits recht speziellen Materie des Steuerrechts eine nicht alltägliche Materie. Dennoch wurden schon unmittelbar nach der Verkündung des InvStRefG bis heute zahlreiche Abhandlungen[10] sowie Dissertationen[11] mit Bezug zu diesem Thema veröffentlicht. Systematische Untersuchungen zum Systemwechsel sowie steuerliche Wirkungsanalysen sind in der vorhandenen Literatur gut zu finden. Zu beachten ist jedoch, dass das InvStG eine lebhafte Materie ist, welche sich stetig weiterentwickelt und durch Praxis und Jurisprudenz geformt werden muss. Bis heute konnte das BMF noch nicht zu allen Aspekten des neuen InvStG Stellungnahmen veröffentlichen und trotz seines jugendlichen Alters sah der Gesetzgeber bereits die Notwendigkeit, Normen des InvStG zu ergänzen oder zu ändern.

Verschiedene Untersuchungen gehen auf spezielle Aspekte des InvStG oder der aufsichtsrechtlichen Grundlagen ein. Eine Untersuchung der immobilienspezifischen Besonderheiten des neuen InvStG fehlte jedoch bis dato.

---

10 Siehe beispielsweise: *Haase*, jM 2017, 30; *Lechner*, RdF 2016, 208; *Stadler/Bindl*, DStR 2016, 1953; *Jansen/Greger*, RdF 2017, 138; *Delp*, DB 2017, 447; *Höring*, StBp 2017, 351.

11 Siehe beispielsweise: *Hoch*, Die Besteuerungssystematik von Kapitalanlagen; *Kühn*, Die Investmentsteuerreform 2018 – St
euerliche Wirkungsanalyse und Möglichkeit zur Optimierung der Portfoliostruktur; *Kohl*, Das Investmentsteuerreformgesetz (InvStRefG) – Eine steuerliche Wirkungsanalyse zum Systemwechsel im Investmentsteuerrecht am Beispiel privater Kapitalanleger.

C. Gang der Untersuchung

Ziel der vorliegenden Arbeit soll es sein, die steuerliche Behandlung von in- und ausländischen Immobilieninvestments zu beleuchten sowie das Potenzial der kollektiven Geldanlage für die Bekämpfung der Wohnungsnot und die Rolle des neuen InvStG in diesem Kontext zu untersuchen. Von Relevanz ist daher nicht nur die Frage, welcher Rechtsform sich der potenzielle Investor von Immobilien bedienen sollte, sondern insbesondere auch, ob sich eine Direktanlage oder eine solche über Investmentfonds zu einer möglichst günstigen steuerlichen Gestaltung eignet. Im Rahmen der Direktanlage wird zudem die Frage untersucht, welche Vor- und Nachteile der Erwerb von Immobilien über bestimmte Gesellschaftsformen bietet. Als Grundlage für die Untersuchung der Anlage in Immobilien über Investmentfonds soll zunächst der Anwendungsbereich des Investmentsteuergesetzes sowie die zivilrechtliche Konzeption von Investmentfonds ausführlich dargestellt werden. Auch die Gründe und Ziele der Investmentsteuerreform sollen kurz dargestellt und im weiteren Verlauf der Arbeit auf ihre Umsetzung in Bezug auf Immobilien untersucht werden. Gegebenenfalls sollen Vorschläge für eine Optimierung des Besteuerungssystems und dessen Durchführung de *lege ferenda* entwickelt werden.

Die Untersuchung ist in sechs Kapitel unterteilt. Nach der Einführung im ersten Kapitel soll im zweiten Kapitel ein Überblick über die Reform des Investmentsteuerrechts geboten werden. Das Herzstück der Arbeit ist das dritte Kapitel, in welchem zunächst der Frage nach der Definition und zivilrechtlichen Konstruktion eines Immobilienfonds nachgegangen wird. Im Anschluss werden die Besonderheiten der Immobilienanlage über Investmentfonds herausgearbeitet und sich ggf. an geeigneter Stelle bereits um eine kritische Würdigung sowie potenzielle Lösungsansätze bemüht. Das vierte Kapitel gibt einen Überblick über die Besteuerungsgrundsätze einer Direktanlage in Immobilien und zeigt steuerliches Gestaltungspotenzial auf. Im fünften Kapitel werden einige steuerliche Aspekte der direkten und der indirekten Anlage miteinander verglichen und gegeneinander abgewogen. Ein Gesamtfazit sowie Reformvorschläge finden sich im abschließenden sechsten Kapitel.

2. Kapitel Die Reform des Investmentsteuerrechts

Das Investmentsteuerrecht ist eine weitaus lebhaftere Materie, als so manch einer glauben mag. Die Gesetzgebung sowie das Bundesfinanzministerium haben sich in den letzten Jahren intensiv mit der Besteuerung von Investmentfonds auseinandergesetzt und versucht, ein kohärentes und sinnvolles Regelwerk zu schaffen. Zuletzt erfuhr das Investmentsteuerrecht 2018 eine grundlegende Reform, welche bis heute noch nicht vollends ausgereift ist. Die nachfolgende Darstellung soll einen Überblick über die Grundlagen der Besteuerung vor und nach der letzten großen Reform bieten und bereits hier die für Immobilien-Investitionen relevanten Aspekte besonders beleuchten.

A. Grundsätzliches

Das Investmentsteuerrecht stellt eine spezielle Regelung mit einer eigenen Terminologie und einer Vielzahl von Berührungspunkten zu anderen Normen dar und hat eine allgemein eher als undurchdringlich zu bezeichnende Systematik, welche auch aufsichtsrechtliche Kenntnisse verlangt. Mit dem Investmentmodernisierungsgesetz[12] hat der Gesetzgeber erstmals eine einheitliche gesetzliche Grundlage für die Besteuerung von in- und ausländischen Investmentfonds und deren Anlegern geschaffen.[13] Die Reform der Investmentbesteuerung aus dem Jahre 2013 wurde bereits im Jahr 2018 grundlegend überholt und bildet die heute geltende Rechtslage in Deutschland ab.

Im Folgenden sollen zunächst allgemeine Ausführungen zum InvStG und eine anschließende Darstellung der vor 2018 geltenden Besteuerung von Investmentfonds im Vergleich zur heute gültigen Rechtslage die Grundzüge der Investmentbesteuerung abbilden.

I. Die Stellung des InvStG

Gegenstand des InvStG ist die steuerrechtliche Handhabung der Anlage in inländische und ausländische offene und geschlossene Investmentfonds,

---

12 Gesetz v. 15.12.2003, BGBl. I 2003, 2676.

13 Vgl. *Haase/Brändel*, Investmentsteuerrecht, S. 5; *Klein*, Herrmann/Heuer/Raupach, EStG/KStG, Einführung zum InvStG Rn. 2.

solange irgendein Anknüpfungspunkt zum Inland besteht.[14] Als *lex specialis* genießt das InvStG daher in diesem Zusammenhang Anwendungsvorrang vor den allgemeinen Regelungen der anderen Steuergesetze.[15] Von besonderer Relevanz für die Handhabung des InvStG ist das KAGB, welches die Vorgaben aus zwei europäischen Richtlinien zusammenführt.[16] Das KAGB hat das ursprünglich als regulatorischen Rahmen dienende InvG am 22.07.2013 abgelöst.[17]

Eine grundlegende Anwendungsvoraussetzung des InvStG ist ein steuerlicher Anknüpfungspunkt im Inland. Dies kann sowohl der Sitz des Fonds bzw. der Investitionsgesellschaft, die steuerliche Ansässigkeit des Anlegers oder der Belegenheit der dem Fondsinvestment zugrundeliegenden Assets sein.[18]

II. Das Investmentsteuergesetz als Sonderregelung

Eine erste steuerliche Regelung für inländische Investmentfonds enthielt das KAGG vom 16.04.1957, welches eine einheitliche Regelung des Aufsichts- und Steuerrechts darstellte.[19] Investitionen in ausländische Investmentfonds unterfielen dem sog. „Gesetz über den Vertrieb ausländischer Investmentanteile, über die Besteuerung ihrer Erträge sowie zur Änderung und Ergänzung des Gesetzes über Kapitalanlagegesellschaften" vom 28.07.1969. Erst ab dem 01.01.2004 wurden Aufsichts- und Steuerrecht getrennt behandelt. Das InvStG regelt im Wesentlichen die ertragsteuerliche Behandlung von Investmentfonds und deren Anlegern und gilt als lex specialis gegenüber anderen ertragsteuerlichen Normen wie beispielsweise denen des EStG, KStG oder GewStG.

B. Grundzüge der Besteuerung von Investmentfonds nach dem InvStG a. F.

Das InvStG kam mit einer Vielzahl anderer Gesetze in Berührung, enthielt zahlreiche Verweise auf die Einzelsteuergesetze und besaß gegenüber dem EStG, dem KStG und dem GewStG lex-specialis-Charakter, insoweit das InvStG Vorschriften enthielt, die von denen des EStG, des KStG und des GewStG

14 *Dorn*, Investmentsteuerrecht, S. 4.

15 *Dorn*, Investmentsteuerrecht, S. 30.

16 Das KAGB setzt die Vorgaben der europäischen Richtlinien für OGAW und für AIFM um, siehe RL 2009/65/EG, ABl. L 302 v. 17.11.2009 S. 32 ff; RL 2011/61/EU, ABl. L 174 v. 01.07.2011 S. 1 ff.

17 *Werner*, StBW 2013, 811 (811); *Dorn*, Investmentsteuerrecht, S. 28.

18 *Dorn/Haase*, Investmentsteuerrecht, S. 2.

19 BGBl. I 1957, S. 378.

abwichen.[20] Das durch die Umsetzung der europäischen Richtlinie über Verwalter alternativer Investmentfonds[21] seit dem 22.07.2013 bestehende KAGB bildet die rechtliche Grundlage für Verwalter offener und geschlossener Fonds und regelt das Aufsichtsrecht in Bezug auf Investments.[22] Zur Anwendung des InvStG war das KAGB unerlässlich, da es unter anderem wichtige Definitionen enthält, welche das InvStG a. F. nicht eigenständig bestimmt hat. Das InvStG a. F. regelte, welche Erträge ein Anleger wann erzielt hat, welche dieser Erträge steuerpflichtig waren und wie das Besteuerungsverfahren ablief, wobei es sich selbst als Grundlage der Besteuerung der allgemeinen ertragsteuerlichen Regelungen bediente

Anwendbar war das InvStG a. F. im Wesentlichen auf in- und ausländische offene Investmentfonds, in- und ausländische Investmentanteile sowie in- und ausländische Investitionsgesellschaften, unabhängig davon, ob der Fonds ein in- oder ausländischer Fonds war oder ob der Anleger im In- oder Ausland ansässig war, solange irgendein Anknüpfungspunkt zum Inland gegeben war.[23]

I. Gegenstand der Besteuerung

Der Anwendungsbereich des InvStG a. F. wurde in § 1 Abs. 1 InvStG a. F. festgesetzt auf die in § 1 Abs. 2 KAGB und § 1 Abs. 3 KAGB genannten Investmentvermögen.[24] Primärer Anknüpfungspunkt waren demnach Investmentvermögen, welche in § 1 Abs. 1 KAGB definiert sind als „jeder Organismus für gemeinsame Anlagen, der von einer Anzahl von Anlegern Kapital einsammelt, um es gemäß einer festgelegten Anlagestrategie zum Nutzen dieser Anleger zu investieren, und der kein operativ tätiges Unternehmen außerhalb des Finanzsektors ist".[25]

Das InvStG a. F. unterteilte solche Investmentvermögen in Investmentfonds und Investitionsgesellschaften. Wenn ein Investmentvermögen die besonderen steuerlichen Anlagebestimmungen für einen Investmentfonds erfüllte, dann fanden auf dieses die Abschnitte 1 bis 3 und 5 des InvStG a. F. Anwendung.[26]

---

20 Vgl. *Wassermeyer*, Moritz/Jesch/Mann, InvStG Rn. 11; *Haase/Dorn*, Investmentsteuerrecht, S. 31.

21 Auch: AIFM-Umsetzungsrichtlinie.

22 Ausführlich zum KAGB und dessen Geschichte siehe: *Schwerdfeger*, Die Regulierung des offenen Immobilienfonds nach dem Kapitalanlagegesetzbuch, S. 14 ff.

23 *Dorn/Haase*, Investmentsteuerrecht, S. 1.

24 *Bödecker/Hartmann*, BeckOK InvStG 2004, Bödecker/Ernst/Hartmann, § 1 Rn. 2.

25 *Bödecker/Hartmann*, BeckOK InvStG 2004, Bödecker/Ernst/Hartmann, § 1 Rn. 26; *Dorn/Haase*, Investmentsteuerrecht, S. 42.

26 *Bödecker/Hartmann*, BeckOK InvStG 2004, Bödecker/Ernst/Hartmann, § 1 Rn. 78.

Qualifizierte sich ein Investmentvermögen hingegen nicht als ein Investmentfonds, so galt dieses gem. § 1 Abs. 1c InvStG a. F. als eine Investitionsgesellschaft.[27] Auf Investitionsgesellschaften fanden die Regelungen aus § 1 Abs. 1, Abs. 1a und Abs. 2 InvStG a. F. sowie die Abschnitte 4 und 5 Anwendung. Lediglich für jene Investmentvermögen, welche die Voraussetzungen der § 2 Abs. 1 oder 2 KAGB erfüllen, fand das InvStG a. F. keine Anwendung.

Inländische Investmentvermögen konnten nur in den durch das KAGB zugelassenen Organisationsformen bzw. Rechtsformen etabliert werden. Es waren allein Sondervermögen als von einer KVG verwaltete Investmentvermögen in Vertragsform sowie Investmentgesellschaften als Investmentkommanditgesellschaften und Investmentaktiengesellschaften zulässig.[28] Der Begriff des Investmentvermögens wurde als der Oberbegriff eines jeden Fondstyps anzusehen.[29]

1. *Investmentfonds*

Lag aufsichtsrechtlich ein Investmentvermögen vor, musste weiter geprüft werden, ob dieses Investmentvermögen auch als Investmentfonds im steuerrechtlichen Sinne zu qualifizieren ist.[30] Die investmentsteuerrechtliche Definition eines Investmentfonds fand sich in § 1 Abs. 1b S. 2 InvStG a. F. Die Regelung definierte Investmentfonds als Organismen für gemeinsame Anlagen in Wertpapieren (OGAW) i. S. d. § 1 Abs. 2 KAGB oder als Alternative Investmentfonds (AIF) i. S. d.. § 1 Abs. 3 KAGB. Nach § 1 Abs. 1 S. 1 InvStG a. F. war dieses Gesetz sowohl auf OGAW als auch auf AIF anzuwenden. Ebenso fand das Gesetz Anwendung auf Anteile an OGAW und AIF. Gem. § 1 Abs. 1b InvStG a. F. war ein OGAW oder AIF nach den in der Vorschrift genannten Kriterien zu definieren, wobei OGAW nach der Richtlinie 2009/65/EG Investmentvermögen sind, die Organismen für gemeinsame Anlagen in Wertpapieren und bestimmte sonstige Vermögensgegenstände darstellen, welche den Anlagegrenzen und sonstigen Regelungen der auf der Richtlinie basierenden Grenzen unterliegen.[31] Der Begriff der AIF wird in § 1 Abs. 3 KAGB lediglich negativ definiert als alle Investmentvermögen, die keine OGAW sind. Die OGAW und

---

27 Allgemein zur Thematik der Investitionsgesellschaften siehe: *Dorn/Haase*, Investmentsteuerrecht, S. 88 ff.

28 Vgl. *Häuselmann*, Investmentanteile, Kap. 2 Rn. 1; BaFin v. 14.06.2013 (i. d. F. v. 09.03.2015) – Q 31-Wp 2137-2013/0006, Tz. I.1.

29 *Volhard/Jang*, Weitnauer/Boxberger/Anders, KAGB, § 1 Rn. 2.

30 *Wenzel*, Brandis/Heuermann, Ertragsteuerrecht, § 1 InvStG 2004 Rn. 29.

31 Vgl. *Patzner*, Patzner/Döser/Kempf, InvStG, § 1 Rn. 27–31.

AIF, welche weder die in dem Katalog des § 1 Abs. 1b S. 2 InvStG a. F. aufgezählten Anlagebestimmungen noch die Rechtsformerfordernisse des § 1 Abs. 1 f InvStG a. F. erfüllten, galten als Investitionsgesellschaft i. S. d. InvStG a. F..

Die folgenden Ausführungen zu den einzelnen Merkmalen eines Investmentvermögens haben auch heute noch Gültigkeit, da der Anwendungsbereich des InvStG in seiner neuen Fassung ebenfalls an die Merkmale des Investmentvermögens nach § 1 KAGB anknüpft. Das InvStG in seiner neuen Fassung enthält einige die Regelungen des KAGB modifizierende Vorschriften. Es wird daher an entsprechender Stelle auf diese Ausführungen verwiesen.

a) Organismen für gemeinsame Anlagen

Als OGAW gilt ein Investmentfonds dann, wenn er von einer bestimmten Anzahl von Anlegern Kapital einsammelt und dieses zum Nutzen der Anleger in einer festgelegten Anlagestrategie investiert und es kein operativ tätiges Unternehmen außerhalb des Finanzsektors ist.[32] Dabei handelt es sich um richtlinienkonforme Sondervermögen gem. §§ 46 ff. InvStG a. F. oder aber um richtlinienkonforme Investmentaktiengesellschaften.[33] Um OGAWs zu verwalten, bedarf es eines gesonderten Zulassungsverfahrens als Kapitalverwaltungsgesellschaft (KVG), an dessen Ende im Ergebnis eine OGAW-KVG steht.[34] Eine weitere Änderung in der rechtlichen Behandlung von OGAWs wurde durch das OGAW-IV-Umsetzungsgesetz[35] erreicht. Dieses führte beispielsweise neue Verschmelzungsregelungen und die ausdrückliche Regelung sog. „Master-Feeder-Strukturen" ein, bei denen ein Fonds (Feeder) den überwiegenden Teil seines Vermögens in einen anderen Fonds (Master) anlegt.[36] Ein charakterisierendes Merkmal von OGAWs besteht darin, dass diese im Wesentlichen nur in Aktien, Geldmarktinstrumente und Investmentanteile investieren sowie Bankguthaben halten dürfen.[37] Die sieben Tatbestandsmerkmale des OGAW

---

32 *Weiser/Hüwel*, BB 2013, 1091 (1091).

33 Vgl. *Tollmann*, Dornseifer/Jesch/Klebeck/Tollmann, AIFM-Richtlinie 2013, Einleitung Rn. 1.

34 Vgl. *Wallach*, RdF 2013, 92 (94); *Baur/Tappen*, Investmentgesetz, § 1 Rn. 32–34.

35 Basierend auf der RL2009/65/EG.

36 Vgl. *Bujotzek/Steinmüller*, DB 2011, 2246 (2249).

37 Vgl. auch *E. de Lope/M. Rösch*, Praxishandbuch Immobilienfondsmanagement und -investment, S. 224.

wurden durch ein Schreiben[38] der Bundesanstalt für Finanzen, kurz BaFin, zum Anwendungsbereich des KAGB näher konkretisiert.[39]

aa) Organismus

Ein Organismus kann nur dann vorliegen, wenn mindestens ein rechtlich oder wirtschaftlich (z.B. durch einen getrennten Rechnungskreis) verselbstständigtes gepooltes Vermögen aufgelegt wird.[40] Einer bestimmten Rechtsform bedarf es für das Vorliegen eines Organismus hingegen nicht.[41] Entsprechend der AIFM-Richtlinie ist es auch irrelevant, ob das Investmentvermögen in Vertragsform, Satzungsform oder einer anderen Rechtsform errichtet wird.[42] Ein Organismus kann folglich in allen denkbaren Rechtsformen sowohl als Kapital- wie auch als Personengesellschaft existieren.[43] Allerdings ist zu beachten, dass das KAGB für inländische Investmentvermögen nur bestimmte Rechtsformen zulässt.[44] Ohne Bedeutung wiederum ist, in welcher Form der Anleger an dem Vermögen beteiligt ist.[45] Es kann sich um eine Beteiligung von gesellschaftsrechtlicher,

---

38 BaFin, Auslegungsschreiben zum Anwendungsbereich des KAGB und zum Begriff des „Investmentvermögens" vom 14.06.2013 (i. d. F vom 09.03.2015), Gz.: Q 31 – Wp 2137-2013/0006.

39 Die nachfolgenden Ausführungen basieren auf der Veröffentlichung der BaFin sowie der in diesem Kontext getroffenen Ausführungen von „*Dorn/Haase*, Investmentsteuerrecht, S. 42 ff.". Das Anwendungsschreiben der BaFin ist zu finden unter: https://www.bafin.de/SharedDocs/Veroeffentlichungen/DE/Auslegungsentscheidung/WA/ae_130614_Anwendungsber_KAGB_begriff_invvermoegen.html.

40 BaFin, Auslegungsschreiben zum Anwendungsbereich des KAGB und zum Begriff des „Investmentvermögens" vom 14.06.2013 (i. d. F vom 09.03.2015), Gz.: Q 31 – Wp 2137-2013/0006, I, 1.

41 BaFin, Auslegungsschreiben zum Anwendungsbereich des KAGB und zum Begriff des „Investmentvermögens" vom 14.06.2013 (i. d. F vom 09.03.2015), Gz.: Q 31 – Wp 2137-2013/0006, I, 1.

42 BaFin, Auslegungsschreiben zum Anwendungsbereich des KAGB und zum Begriff des „Investmentvermögens" vom 14.06.2013 (i. d. F vom 09.03.2015), Gz.: Q 31 – Wp 2137-2013/0006, I, 1.

43 BaFin, Auslegungsschreiben zum Anwendungsbereich des KAGB und zum Begriff des „Investmentvermögens" vom 14.06.2013 (i. d. F vom 09.03.2015), Gz.: Q 31 – Wp 2137-2013/0006, I, 1.

44 *Volhard/Jang*, Weitnauer/Boxberger/Anders, KAGB, § 1 Rn. 5.

45 BaFin, Auslegungsschreiben zum Anwendungsbereich des KAGB und zum Begriff des „Investmentvermögens" vom 14.06.2013 (i. d. F vom 09.03.2015), Gz.: Q 31 – Wp 2137-2013/0006, I, 1.

mitgliedschaftlicher oder schuldrechtlicher Natur handeln.[46] Auch eine stille Beteiligung, ein Genussrecht oder eine Schuldverschreibung sind denkbar.

bb) Für gemeinsame Anlagen

Für das Merkmal der *„gemeinsamen Anlage“* verweist das Schreiben der BaFin auf die Leitlinien der ESMA, nach denen ein Vehikel vorliegen muss, welches das externe von den Investoren eingesammelte Kapital poolt, um eine gemeinschaftliche Rendite für die Investoren zu generieren, die daraus resultiert, dass gemeinschaftliche Risiken durch das Kaufen, Halten und Verkaufen von Vermögensgegenständen eingegangen werden.[47] Das Wesen der gemeinsamen Anlage soll darin liegen, dass die Anleger an den Chancen und Risiken des Organismus beteiligt werden. Sie liegt vor, wenn sich der Anleger mit seinem Anteil am Wert des Organismus, der sich seinerseits aus den im Organismus befindlichen Vermögensgegenständen abzüglich der Verbindlichkeiten ergibt, beteiligt und er damit letztlich die Gewinne und Verluste des Organismus trägt.[48] Eine vertragliche Beschränkung der Gewinn- und Verlustbeteiligung ist hierbei unschädlich. Es darf sich jedoch nicht um ein betragsmäßig fixiertes Entgelt für die Kapitalüberlassung handeln, da eine gemeinsame Anlage nur vorliegen kann, wenn die Gegenleistung für die Kapitalüberlassung erfolgsbezogen ist.[49] Auch ein unbedingter Kapitalrückzahlungsanspruch des Anlegers steht der Annahme einer gemeinsamen Anlage entgegen. Daraus resultierend können Darlehensverträge aufgrund der fehlenden Verlustbeteiligung auch dann keine gemeinsame Anlage darstellen, wenn ein qualifizierter Rangrücktritt vereinbart wurde.[50] Ein qualifizierter Rangrücktritt führt nur im Insolvenzfall zu einer Verlustbeteiligung des Anlegers. Bei einem sog. Garantiefonds

---

46 *Volhard/Jang*, Weitnauer/Boxberger/Anders, KAGB, § 1 Rn. 5.

47 BaFin, Auslegungsschreiben zum Anwendungsbereich des KAGB und zum Begriff des „Investmentvermögens“ vom 14.06.2013 (i. d. F vom 09.03.2015), Gz.: Q 31 – Wp 2137-2013/0006, I, 2.

48 BaFin, Auslegungsschreiben zum Anwendungsbereich des KAGB und zum Begriff des „Investmentvermögens“ vom 14.06.2013 (i. d. F vom 09.03.2015), Gz.: Q 31 – Wp 2137-2013/0006, I, 2.

49 BaFin, Auslegungsschreiben zum Anwendungsbereich des KAGB und zum Begriff des „Investmentvermögens“ vom 14.06.2013 (i. d. F vom 09.03.2015), Gz.: Q 31 – Wp 2137-2013/0006, I, 2.

50 BaFin, Auslegungsschreiben zum Anwendungsbereich des KAGB und zum Begriff des „Investmentvermögens“ vom 14.06.2013 (i. d. F vom 09.03.2015), Gz.: Q 31 – Wp 2137-2013/0006, I, 2.

hingegen, bei dem die Anleger von dem Fonds eine Mindestzahlungszusage erhalten, sind die Anleger nicht zwangsläufig von der Verlustbeteiligung ausgeschlossen, sodass das Kriterium der gemeinsamen Anlage grundsätzlich erfüllt ist.[51] Verfolgt der Fonds die Anlagestrategie, dass der Anleger zumindest sein Investment zurückerhält, garantiert diesem jedoch keinen unbedingten Kapitalrückzahlungsanspruch, gilt Entsprechendes.[52]

cc) Einsammlung von Kapital

Das Einsammeln von Kapital setzt voraus, dass der Organismus selbst, eine Person oder ein Unternehmen für Rechnung dieses Organismus direkte oder indirekte Schritte unternimmt, um gewerblich bei einem oder mehreren Anlegern Kapital zu beschaffen, um es gemäß einer festgelegten Anlagestrategie anzulegen.[53] Hier bedarf es einer kommerziellen Aktivität bzw. Geschäftstätigkeit des Organismus, welche zum Kapitaltransfer oder zur Kapitalzusage durch die Anleger führt bzw. diese dazu veranlasst.[54] Diese Aktivität kann beispielsweise in einer Direktansprache potenzieller Investoren liegen, umfasst jedoch auch andere kommerziell motivierte werbliche Maßnahmen.[55]

Ein Family-Office-Vehikel, welches keine externen Mittel einsammelt, sondern sich auf das Privatvermögen von Familienangehörigen beschränkt, kann, ohne Kapital von Dritten zu beschaffen, kein Investmentvermögen darstellen.[56] Es fehlt hier an dem Kriterium des gewerblichen Anwerbens von Kapital. Bei einer Vereinigung von natürlichen Personen, die sich für die gemeinsame Anlage ihres privaten Vermögens zusammengefunden haben, sog. Investmentclubs, kann es ebenfalls an dem Kriterium des Einsammelns von Kapital

---

51 BaFin, Auslegungsschreiben zum Anwendungsbereich des KAGB und zum Begriff des „Investmentvermögens" vom 14.06.2013 (i. d. F vom 09.03.2015), Gz.: Q 31 – Wp 2137-2013/0006, I, 2.

52 BaFin, Auslegungsschreiben zum Anwendungsbereich des KAGB und zum Begriff des „Investmentvermögens" vom 14.06.2013 (i. d. F vom 09.03.2015), Gz.: Q 31 – Wp 2137-2013/0006, I, 2.

53 BaFin, Auslegungsschreiben zum Anwendungsbereich des KAGB und zum Begriff des „Investmentvermögens" vom 14.06.2013 (i. d. F vom 09.03.2015), Gz.: Q 31 – Wp 2137-2013/0006, I, 3.

54 *Verfürth/Emde*, Emde/Dornseifer/Dreibus, KAGB, § 1 Rn. 40.

55 *Verfürth/Emde*, Emde/Dornseifer/Dreibus, KAGB, § 1 Rn. 40.

56 BaFin, Auslegungsschreiben zum Anwendungsbereich des KAGB und zum Begriff des „Investmentvermögens" vom 14.06.2013 (i. d. F vom 09.03.2015), Gz.: Q 31 – Wp 2137-2013/0006, I, 3, Buchst. a.

fehlen, wenn kein einziges Mitglied gewerbsmäßig angeworben wurde und der Club auch weiterhin davon absieht, an den Markt heranzutreten, um weitere Mitglieder gewerbsmäßig anzuwerben.[57] Ein solcher Investmentclub gilt ebenfalls nicht als ein Investmentvermögen.

dd) Von einer Vielzahl von Anlegern

Der Organismus muss das Kapital „*von einer Vielzahl von Anlegern*" einsammeln, um sich als ein Investmentvermögen i. S. d. § 1 Abs. 1 S. 1 KAGB zu qualifizieren. Nach § 1 Abs. 1 S. 2 KAGB ist eine Vielzahl von Anlegern gegeben, wenn die Anlagebedingungen, die Satzung oder der Gesellschaftsvertrag des Organismus für gemeinsame Anlagen die Anzahl möglicher Anleger nicht auf einen Anleger begrenzt. Dabei ist es nicht entscheidend, ob tatsächlich mehrere Anleger an dem Organismus beteiligt sind, sondern ausreichend ist vielmehr die theoretische Möglichkeit, dass sich mehrere Anleger an dem Organismus beteiligen könnten.[58] Es können sich auch mehrere Anleger über einen Treuhänder an dem Fonds beteiligen. Das Kriterium der Vielzahl von Anlegern ist in diesem Fall auch dann erfüllt, wenn sich laut Anlagebedingungen, Satzung oder Gesellschaftsvertrag des Organismus ausschließlich der Treuhänder an dem Investmentfonds beteiligen darf.[59] In diesen Fällen stellt die BaFin eine materielle Betrachtung an und schaut durch den Treuhänder auf die Anleger durch.

ee) Feste Anlagestrategie

Der Organismus für gemeinsame Anlagen muss das von einer Vielzahl von Anlegern eingesammelte Kapital „gemäß einer festgelegten Anlagestrategie" zum Nutzen der Anleger investieren. Eine feste Anlagestrategie liegt vor, wenn der Organismus über eine Strategie verfügt, die festlegt, wie das gemeinschaftliche Kapital verwaltet werden muss, damit es einen gemeinsamen Return

---

57 BaFin, Auslegungsschreiben zum Anwendungsbereich des KAGB und zum Begriff des „Investmentvermögens" vom 14.06.2013 (i. d. F vom 09.03.2015), Gz.: Q 31 – Wp 2137-2013/0006, I, 3, Buchst. b.

58 BaFin, Auslegungsschreiben zum Anwendungsbereich des KAGB und zum Begriff des „Investmentvermögens" vom 14.06.2013 (i. d. F vom 09.03.2015), Gz.: Q 31 – Wp 2137-2013/0006, I, 4.

59 BaFin, Auslegungsschreiben zum Anwendungsbereich des KAGB und zum Begriff des „Investmentvermögens" vom 14.06.2013 (i. d. F vom 09.03.2015), Gz.: Q 31 – Wp 2137-2013/0006, I, 4.

für die Anleger generiert.[60] Nach Auffassung der BaFin können die folgenden Merkmale einzeln oder kumulativ auf das Vorliegen einer Anlagestrategie hindeuten: die Strategie ist spätestens zu dem Zeitpunkt festgelegt, zu dem die Beteiligung des Anlegers bindend geworden ist, die Strategie ist in einem Dokument ausgeführt, das Teil der Anlagebedingungen oder der Satzung des Organismus ist oder auf das in den Anlagebedingungen oder der Satzung Bezug genommen wird, der Organismus hat eine rechtlich bindende und von den Anlegern durchsetzbare Verpflichtung, die Strategie den Anlegern gegenüber einzuhalten, die Strategie konkretisiert die Richtlinien, nach denen die Anlage zu erfolgen hat (z.B. Anlage in bestimmte Kategorien von Vermögensgegenständen, Beschränkungen bei der asset allocation, Verfolgung bestimmter Strategien, Anlage in bestimmte geographische Regionen, Beschränkungen des Leverage, bestimmte Haltefristen oder sonstige Risikodiversifikationsvorgaben). Eine Anlagestrategie liegt zudem nach der Gesetzesbegründung des KAGB dann vor, wenn die Anlagebedingungen genau bestimmt sind und die Anlagebedingungen, Satzung oder der Gesellschaftsvertrag den Handlungsspielraum des Investmentvermögens einschränken.[61]

ff) Investition zum Nutzen der Anleger

Der Organismus für gemeinsame Anlagen muss das Kapital zum Nutzen dieser Anleger investieren. Das bedeutet, dass das eingesammelte Kapital nicht zum Nutzen des eigenen Unternehmens investiert werden darf.[62] Das Schreiben der BaFin führt hier das folgende Beispiel an: Eine Bank emittiert eine Schuldverschreibung in Form eines Zertifikates, dessen Wertentwicklung an verschiedene Wertpapiere als Underlying oder an einen selbst erstellten Index gekoppelt ist. In diesem Fall liegt keine Investition zum Nutzen der Anleger vor, wenn die Bank in der Verwendung der Anlegergelder frei ist und dem Anleger nicht verspricht, die Anlegergelder etwa in die dem selbsterstellten Index oder dem Referenzportfolio zugrundeliegenden Vermögenswerte zu investieren, da die

60 BaFin, Auslegungsschreiben zum Anwendungsbereich des KAGB und zum Begriff des „Investmentvermögens" vom 14.06.2013 (i. d. F vom 09.03.2015), Gz.: Q 31 – Wp 2137-2013/0006, I, 5.

61 BT-Drs. 17/12294, 187 ff., 201; BaFin Auslegungsschreiben zum Anwendungsbereich des KAGB und zum Begriff des „Investmentvermögens" vom 14.06.2013 (i. d. F vom 09.03.2015), Gz.: Q 31 – Wp 2137-2013/0006.

62 BaFin, Auslegungsschreiben zum Anwendungsbereich des KAGB und zum Begriff des „Investmentvermögens" vom 14.06.2013 (i. d. F vom 09.03.2015), Gz.: Q 31 – Wp 2137-2013/0006, I, 6.

Bank hier lediglich eine eigene Gewinnerzielungsabsicht verfolgt. Auch wenn die Bank einen Teil der über die Zertifikate eingenommenen Gelder in das Referenzportfolio investiert oder über einen Swap mit einem Dritten abbildet, dürfte diese Voraussetzung nicht erfüllt sein, soweit die Investition bzw. Abbildung über den Swap ausschließlich die Absicherung der eigenen Verlustrisiken gegenüber dem Inhaber des Zertifikates (Hedging) verfolgt.

Teilweise wird vertreten, dass das Tatbestandsmerkmal der „Investition zum Nutzen der Anleger" regelmäßig aufgrund des engen Zusammenhangs erfüllt ist, wenn es sich um eine „gemeinsame Anlage" handelt und diese gemäß einer „festgelegten Anlagestrategie" investiert wird.[63]

gg) Kein operativ tätiges Unternehmen außerhalb des Finanzsektors

Das letzte Tatbestandsmerkmal des § 1 Abs. 1 KAGB setzt als negative Abgrenzung voraus, dass es sich nicht um ein operativ tätiges Unternehmen außerhalb des Finanzsektors handeln darf.[64] Dieses Merkmal ist jedenfalls dann nicht erfüllt, wenn ein Vehikel selbst Immobilien entwickelt oder errichtet, Güter oder Handelswaren produziert, kauft und verkauft oder selbst Dienstleistungen außerhalb des Finanzsektors anbietet.[65] Im Immobilienbereich stellt sich die Frage, welche Tätigkeiten als operativ anzusehen sind. Jedenfalls der Betrieb einer Immobilie, also z. B. der Betrieb eines Hotels oder einer Pflegeeinrichtung, ist als operative Tätigkeit anzusehen. Sog. „facility management", Makler- und Bewertungstätigkeiten oder Finanzierungsberatung im Zusammenhang mit dem Kauf oder Verkauf einer Immobilie sind ebenfalls als operative Tätigkeit anzusehen. Der Erwerb, die Vermietung und Verpachtung, die Verwaltung sowie der Verkauf von Immobilien stellen hingegen keine operative Tätigkeit dar.[66]

b) Alternative Investmentfonds

Die negative Definition der AIF in § 1 Abs. 3 KAGB besagt, dass alle Investmentvermögen, die nicht als OGAW qualifizieren, AIF sind. Daher kann ein

---

63 *Verfürth/Emde*, Emde/Dornseifer/Dreibus, KAGB, § 1 Rn. 70.

64 *Verfürth/Emde*, Emde/Dornseifer/Dreibus, KAGB, § 1 Rn. 75.

65 BaFin, Auslegungsschreiben zum Anwendungsbereich des KAGB und zum Begriff des „Investmentvermögens" vom 14.06.2013 (i. d. F vom 09.03.2015), Gz.: Q 31 – Wp 2137-2013/0006, I, 7, Buchst. a.

66 BaFin, Auslegungsschreiben zum Anwendungsbereich des KAGB und zum Begriff des „Investmentvermögens" vom 14.06.2013 (i. d. F vom 09.03.2015), Gz.: Q 31 – Wp 2137-2013/0006, I, 7, Buchst. a.

AIF definiert werden als ein Organismus für gemeinsame Anlagen, der von einer Vielzahl von Anlegern Kapital einsammelt, um es gemäß einer festgelegten Anlagestrategie zum Nutzen dieser Anleger zu investieren, der kein operativ tätiges Unternehmen außerhalb des Finanzsektors ist und bei dem es sich nicht um einen OGAW handelt. Somit gelten jegliche Arten von geschlossenen Fonds, Spezialfonds, bestimmte offene Fonds, gemischte Investmentvermögen, Dach-Hedgefonds, Immobilien-Sondervermögen sowie sonstige Investmentvermögen als AIF, ohne dass zwischen inländischen, ausländischen oder EU-AIF unterschieden wird.[67] Der Anlagekatalog für OGAW nach §§ 192 ff. KAGB begrenzt die Investitionsmöglichkeiten eines OGAW auf Wertpapiere, Geldmarktinstrumente, Bankguthaben, OGAW-Anteile und entsprechende Derivate. Investiert ein Investmentvermögen in andere Vermögensgegenstände, wie beispielsweise Immobilien, hat dies automatisch eine Qualifikation als AIF zur Folge.[68]

Ein offener AIF kann organisationsrechtlich in Vertragsform als ein Sondervermögen oder als InvAG mit veränderlichem Kapital, ein geschlossener AIF als InvAGmfK oder als InvKG aufgelegt werden.[69]

2. *Investitionsgesellschaften*

Alle Investmentvermögen, die nicht die Anforderungen des § 1 Abs. 1b InvStG a. F. erfüllten, wurden in § 1 Abs. 1c InvStG a. F. als Investitionsgesellschaften definiert.[70] Darunter fielen insbesondere geschlossene Investmentvermögen, die den Anlegern keine Rückgaberechte gewährten und in der Praxis häufig als Private-Equity- und Venture-Capital-Fonds ausgestaltet waren.[71] Investitionsgesellschaften wurden gem. §§ 18, 19 InvStG a. F. unterteilt in Kapital- und Personeninvestitionsgesellschaften. Sie unterlagen im Gegensatz zum Investmentfonds keiner privilegierten Besteuerung und wurden in der Regel nach den allgemeinen Grundsätzen der Besteuerung von Kapital- und Personengesellschaften besteuert.[72]

---

67 Vgl. *Volhard/Jang*, Weitnauer/Boxberger/Anders, KAGB, § 1 Rn. 34.

68 Vgl. *Häuselmann*, Investmentanteile, Kap. 3 Rn. 7.

69 *Häuselmann*, Investmentanteile, Kap. 3 Rn. 8.

70 *Bödecker/Hartmann*, BeckOK InvStG 2004, Bödecker/Ernst/Hartmann, § 1 Rn. 150.

71 Vgl. *Gottschling/Schatz*, Moritz/Jesch/Mann, InvStG, § 1 Rn. 192.

72 Vgl. *Mann*, Weitnauer/Boxberger/Anders, KAGB, Anhang 2 AIFM-StAnpG, Rn. 24; Haase/Dorn, Investmentsteuerrecht, S. 123; *Gottschling/Schatz*, Moritz/Jesch/Mann, InvStG, § 1 Rn. 192–194.

3. *Investmentanteile*

Der Investmentanteil ist der Anteil an einem Investmentfonds, unabhängig von der rechtlichen Ausgestaltung des Anteils oder des Investmentfonds.[73] Das KAGB enthält keine Definition des Investmentanteil-Begriffs, sodass sich die Begriffsbestimmung an dem in Investmentrecht geltenden materiellen Investmentbegriff orientieren mussten. Es bestimmte sich daher allein nach den materiellen Kriterien des § 1 Abs. 1 S. 1 KAGB und nicht nach der formalrechtlichen Ausgestaltung eines Finanzinstruments, ob eine Beziehung zwischen Anleger und einem Investmentvermögen als ein „Investmentanteil" zu verstehen war.[74] Von dem Begriff des „Anteils" sind alle Rechte des Anlegers in Bezug auf einen Organismus und dessen Verwalter sowie einer eingebundenen Verwahrstelle umfasst, welche ihm kraft Vertrages oder Gesetzes zustehen.[75]

Der Anteil an einem Sondervermögen nach § 1 Abs. 10 KAGB wird gem. § 95 Abs. 1 S. 1 KAGB als Anteilsschein verbrieft. Das Eigentum kann im Miteigentum der Anleger oder als Sondervermögen im Eigentum der KVG[76] bestehen.

II. Ertragsteuerliche Behandlung von Investmentfonds vor der InvSt-Reform 2018

Der Investmentfonds fungiert als Zwischenstück zwischen dem Anleger und dem Anlageobjekt, sodass sich die Besteuerung von Investmentfonds aufteilen lässt in die Fondseingangs- und die Fondsausgangsseite. Das Sondervermögen wurde zwischen dem Anleger und dem Investitionsobjekt nach § 11 Abs. 1 InvStG a. F. als Zweckvermögen i. S. v. § 1 Abs. 1 Nr. 5 KStG fingiert, welches ein eigenständiges Körperschaftsteuersubjekt darstellte.[77] Gleichzeitig wurde es jedoch gem. § 11 Abs. 1 S. 2 InvStG a. F. von der Körperschaftsteuer und der Gewerbesteuer befreit und diente folglich zwar als Steuerpflichtiger i. S. d. § 33 AO, nicht jedoch als Besteuerungssubjekt.[78] Handelte es sich um ein Immobilien-Sondervermögen, war zu beachten, dass in Bezug auf die Grundsteuer und die

---

73 Ausführlich zum Begriff des Investmentanteils siehe: *Häuselmann*, Investmentanteile, Kap. 1 Rn. 54 ff.

74 *Häuselmann*, Investmentanteile, Kap. 1 Rn. 55.

75 *Kußmaul/Kloster*, RdF 2014, 300 (300); *Häuselmann*, Investmentanteile, Kap. 1 Rn. 55.

76 Sog. Treuhandlösung nach § 95 Abs. 1 S. 2 KAGB.

77 *Schulz u. a.*, DStR 2004, 1853 (1854); *Mann*, Brandis/Heuermann, Ertragsteuerrecht, § 11 InvStG 2004 Rn. 7.

78 *Schulz u. a.*, DStR 2004, 1853 (1854).

Grunderwerbsteuer insoweit die Kapitalanlagegesellschaft Steuersubjekt war, da für diese die Fiktion des § 11 Abs. 1 S. 1 InvStG a. F. nicht galt.[79]

Auf der Fondseingangsseite stehen die Erträge, die ein Investmentfonds seiner Natur nach erzielt. Auf der Fondsausgangsseite, oder auch der Anlegerebene, wurden die Anleger des Fonds nach den Vorschriften der §§ 2, 4 InvStG a. F. besteuert.

Die Trennung dieser beiden Ebenen war ein prägender Grundsatz des Investmentsteuerrechts in seiner alten Fassung und strikt einzuhalten.[80]

1. Besteuerung der Fondseingangsseite

Maßgeblich für die Besteuerung von Investmentfonds nach der Rechtslage vor 2018 war das Transparenzprinzip, welches seine gesetzliche Grundlage in § 11 Abs. 1 InvStG a. F. fand.[81] Das Sondervermögen als eigenständiges Steuersubjekt war gem. § 11 Abs. 1 S. 2 InvStG a. F. von der Körperschaftsteuer und der Gewerbesteuer befreit.[82] Damit entstand in der Regel auf der Ebene der Fondseingangsseite keine Steuerbelastung. Dennoch waren die von einem Investmentfonds erwirtschafteten Erträge für die Anlegerbesteuerung von Relevanz.

Die Erträge, die ein Fonds seiner Natur nach erzielt, sind abhängig von der Art des Fonds und der jeweiligen Assetklasse, in die der Fonds investiert. Diese Erträge können im Wesentlichen sämtliche Einkunftsarten i. S. d. § 2 EStG verwirklichen, wobei einige in der Praxis wohl von nur geringer Relevanz sein dürften.[83] Die am ehesten anzutreffenden Einkünfte, die ein Investmentfonds erwirtschaftet, dürften solche aus Kapitalvermögen nach §§ 2 Abs. 1 Nr. 5, 20 EStG, aus Vermietung und Verpachtung nach §§ 2 Abs. 1 Nr. 6, 21 EStG sowie aus Gewerbebetrieb nach §§ 2 Abs. 1 Nr. 2, 15 EStG sein.[84] Die nachstehende Darstellung beschränkt sich aufgrund der für die vorliegende Untersuchung ausschließlich relevanten Immobilieninvestments auf die Einkünfte eines Investmentfonds aus Kapitalvermögen sowie aus Vermietung und Verpachtung.

---

79 *Kayser/Bujotzek*, FR 2006, 49 (52).
80 *Dorn/Haase*, Investmentsteuerrecht, S. 93.
81 Vgl. *Mann*, Brandis/Heuermann, Ertragsteuerrecht, § 11 InvStG 2004 Rn. 4.
82 *Mann*, Brandis/Heuermann, Ertragsteuerrecht, § 11 InvStG 2004 Rn. 5.
83 *Dorn/Haase*, Investmentsteuerrecht, S. 93.
84 *Dorn/Haase*, Investmentsteuerrecht, S. 95.

a) Ertragsermittlung

Auch wenn durch das Transparenzprinzip die Einkünfte des Investmentfonds dem Anleger unmittelbar zugerechnet wurden, war die Ertragsermittlung auf der Ebene des Investmentfonds für die steuerlichen Konsequenzen auf der Anlegerebene relevant, da beispielsweise durch § 2 InvStG a. F. die Besteuerung beim Anleger an einigen Stellen davon abhängig gemacht wurde, welche Einkunftsarten auf der Fondseingangsseite den Ausschüttungen bzw. ausschüttungsgleichen Erträgen zugrunde lagen.[85] Die Ermittlung der Erträge des Investmentfonds regelte § 3 InvStG a. F. in einem dreistufigen System.[86] Durch die sinngemäße Anwendung von § 2 Abs. 2 S. 1 Nr. 2 EStG wurden die Einkünfte auf der Ebene des Investmentfonds stets nach den Regeln der Überschusseinkünfte ermittelt, sodass sie sich aus dem Überschuss der Einnahmen über die Werbungskosten ergaben.[87]

b) Einkünfte aus Kapitalvermögen

Nach § 2 Abs. 1 InvStG a. F. gehörten die auf Investmentanteile ausgeschütteten sowie ausschüttungsgleichen Erträge und der Zwischengewinn zu den Einkünften aus Kapitalvermögen i. S. d. § 20 Abs. 1 Nr. 1 EStG, wenn sie nicht Betriebseinnahmen des Anlegers, Leistungen nach § 22 Nr. 1 S. 3 Buchst. a Doppelbuchst. aa des EStG i. V. m. § 10 Abs. 1 Nr. 2 Buchst. b des EStG oder Leistungen i. S. v. § 22 Nr. 5 EStG waren.[88] § 3 Abs. 1 InvStG a. F. bestimmte, dass hinsichtlich der Ermittlung der Einkünfte aus Kapitalvermögen § 2 Abs. 2 S. 1 Nr. 2 EStG sinngemäß anzuwenden war. Daraus folgte, dass die Erträge des Investmentfonds nach den Regeln für die Überschusseinkünfte bei natürlichen Personen ermittelt wurden, unabhängig davon, welche Einkunftsart des § 2 EStG der Investmentfonds verwirklicht hat. Die Einkünfte des Investmentfonds aus Kapitalvermögen wurden also durch eine Gegenüberstellung der Einnahmen und der Werbungskosten ermittelt.

---

85 *Dorn/Haase*, Investmentsteuerrecht, S. 94.

86 Ausführlich dazu siehe: *Wenzel*, Brandis/Heuermann, Ertragsteuerrecht, § 3 InvStG 2004 Rn. 2 ff.; *Friedrichs*, Die Besteuerung von offenen Immobilienfonds und Direktanlagen in Immobilien, S. 147 ff.

87 *Wenzel*, Brandis/Heuermann, Ertragsteuerrecht, § 3 InvStG 2004 Rn. 7.

88 *Bödecker*, BeckOK InvStG 2004, Bödecker/Ernst/Hartmann, § 2 InvStG Rn. 20.

c) Einkünfte aus Vermietung und Verpachtung

Hielt der Investmentfonds Immobilien, gehörten sämtliche Erträge bzw. Einkünfte, welche ihm aus seinen Anlageobjekten zugerechnet wurden, zu seinen Einnahmen.[89] Laufende Erträge aus einer direkten Immobilienanlage des Investmentfonds stellten für diesen in der Regel Einkünfte aus Vermietung und Verpachtung i. S. d. §§ 2 Abs. 1 Nr. 6, 21 EStG dar.

d) Werbungskosten

Ein wesentliches Prinzip des Steuerrechts stellt das grundgesetzlich verbürgte Leistungsfähigkeitsprinzip dar, nachdem jeder nach seiner Zahlungsfähigkeit besteuert werden soll und aus dem sich das objektive Nettoprinzip ableitet, welches wiederum die steuerliche Berücksichtigung von Betriebsausgaben und Werbungskosten gebietet.[90] Die typischen Werbungskosten bei Fondsanlagen sind beispielsweise Depotgebühren, Rechts- und Steuerberaterkosten, Kosten für Fachzeitschriften und Fahrtkosten, die mit der Fondsanlage im Zusammenhang stehen.[91] Der Werbungskostenabzug richtete sich nach § 3 Abs. 3 InvStG a. F. und wurde grundlegend in ein dreistufiges Ermittlungsschema aufgeteilt.[92] Auf der ersten Stufe fand eine Zuordnung der Werbungskosten zu den nach einem DBA steuerfreien ausländischen Erträgen statt.[93] Anschließend wurde den Dividenden sowie den Gewinnen und Verlusten bzw. Gewinnminderungen aus Aktien ein Teil der nach Anwendung der ersten Stufe verbleibenden mittelbaren Werbungskosten zugeordnet.[94] Zuletzt wurden schließlich die abziehbaren Werbungskosten, die nach Anwendung der beiden ersten Stufen übrig blieben, von den verbleibenden laufenden Einnahmen sowie den verbleibenden sonstigen Gewinnen und Verlusten aus Veräußerungsgeschäften des laufenden Geschäftsjahres abgezogen.[95]

Der Werbungskostenabzug nach § 3 Abs. 3 InvStG a. F. entsprach im Wesentlichen dem des § 9 Abs. 1 EStG, nach dem Werbungskosten sämtliche Aufwendungen zur Erwerbung, Sicherung und Erhaltung der Einnahmen sind,

---

89 *Friedrichs*, Die Besteuerung von offenen Immobilienfonds und Direktanlagen in Immobilien, S. 139.

90 *Birk u. a.*, Steuerrecht, § 1 Rn. 35, 36; *Dorn/Haase*, Investmentsteuerrecht, S. 98–99.

91 Vgl. *Dorn/Haase*, Investmentsteuerrecht, S. 98.

92 Ausführlich siehe: *Wenzel*, Brandis/Heuermann, Ertragsteuerrecht, § 3 InvStG 2004 Rn. 15 ff.

93 *Wenzel*, Brandis/Heuermann, Ertragsteuerrecht, § 3 InvStG 2004 Rn. 16.

94 *Wenzel*, Brandis/Heuermann, Ertragsteuerrecht, § 3 InvStG 2004 Rn. 17.

95 *Wenzel*, Brandis/Heuermann, Ertragsteuerrecht, § 3 InvStG 2004 Rn. 21.

traf jedoch einige ergänzende Regeln auf der Ebene des Investmentfonds.[96] Für den Werbungskostenabzug auf der Ebene des Investmentfonds wurde zwischen solchen Werbungskosten, welche in einem unmittelbaren wirtschaftlichen Zusammenhang mit den Einnahmen des Investmentfonds stehen, und solchen Werbungskosten, welche nur in einem mittelbaren Zusammengang stehen, unterschieden.[97] In einem unmittelbaren wirtschaftlichen Zusammenhang stehende Werbungskosten waren insbesondere die AfA und die AfS.[98] Anders als bei einer Direktanlage wurde die AfA durch § 3 Abs. 3 S. 1 InvStG jedoch auf den nach § 7 EStG bestimmten Höchstbetrag beschränkt.[99]

Um den Besonderheiten der Immobilienfondsanlage Rechnung zu tragen, konnte die Berücksichtigung von Werbungskosten auf Fondsebene nicht im Sinne eines tatsächlichen Abzugs von Werbungskosten, sondern nur im Wege einer Zuordnung von Werbungskosten zu den entsprechenden Einnahmen auf Fondsebene erfolgen.[100]

e) Zusammenfassung

Obwohl der Investmentfonds im InvStG vor 2018 ein eigenständiges Steuersubjekt darstellte, war er grundsätzlich von der Körperschaftsteuer und der Gewerbesteuer befreit.[101] Dennoch war die Ertragsermittlung auf Ebene des Investmentfonds auch für die steuerlichen Konsequenzen des Anlegers relevant. Die Werbungskosten im Zusammenhang mit den Anlagegengenständen mussten zwingend bereits auf der Ebene des Investmentfonds berücksichtig werden, da ein Abzug nicht auf der Ebene des Anlegers nachgeholt werden konnte.[102] Handelte es sich bei den Anlagegenständen um Immobilien, kamen insbesondere die AfA und die AfS als abzugsfähige Werbungskosten in Betracht.

---

96 Vgl. *Dorn/Haase*, Investmentsteuerrecht, S. 98.

97 Dies folgt aus einem Umkehrschluss aus § 3 Abs. 3 S. 1 und 3 InvStG a. F.; *Dorn/Haase*, Investmentsteuerrecht, S. 98.

98 *Wenzel*, Brandis/Heuermann, Ertragsteuerrecht, § 3 InvStG 2004 Rn. 14; *Friedrichs*, Die Besteuerung von offenen Immobilienfonds und Direktanlagen in Immobilien, S. 144.

99 *Engl*, Erträge aus Investmentvermögen, S. 164 ff.; *Friedrichs*, Die Besteuerung von offenen Immobilienfonds und Direktanlagen in Immobilien, S. 144.

100 *Friedrichs*, Die Besteuerung von offenen Immobilienfonds und Direktanlagen in Immobilien, S. 142.

101 Ausführlich zur ertragsteuerlichen Behandlung von Investmentfonds vor 2018 siehe: *Hoch*, Die Besteuerungssystematik von Kapitalanlagen, S. 239 ff.

102 *Wenzel*, Brandis/Heuermann, Ertragsteuerrecht, § 3 InvStG 2004 Rn. 14.

Maßgeblich prägend für die Besteuerung des Investmentfonds war das investmentsteuerliche Transparenzprinzip, durch das der Investmentfonds von jeglicher Steuerbelastung verschont blieb und Erträge erst auf der Ebene des Anlegers einer Besteuerung unterlagen.

2. Besteuerung der Fondsausgangsseite

Die Fondsausgangsseite beschreibt die Ebene der Anleger, auf der die Ausschüttungen und ausschüttungsgleichen Erträge besteuert werden. In § 1 Abs. 2 S. 2 InvStG a. F. fand sich eine Legaldefinition des Anlegerbegriffs. Die Anleger sind die Inhaber von Anteilen an Investmentfonds und Investitionsgesellschaften, unabhängig von deren rechtlicher Ausgestaltung. Die steuerlichen Folgen unterschieden sich je nachdem, ob es sich bei dem Investmentvermögen aus investmentsteuerlicher Sicht um einen Investmentfonds oder um eine Investitionsgesellschaft handelte. Ein Investmentvermögen, welches die Anlagebestimmungen i. S. d. § 1 Abs. 1b InvStG a. F. sowie die Rechtsformerfordernisse i. S. d. § 1 Abs. 1 f InvStG a. F. erfüllte, galt als Investmentfonds und unterlag einer privilegierten Besteuerung. Alle Investmentvermögen, welche nicht als Investmentfonds qualifizierten, wurden je nach ihrer rechtlichen Ausgestaltung entweder als Kapital-Investitionsgesellschaften oder Personen-Investitionsgesellschaften besteuert und unterlagen damit keiner privilegierten Besteuerung.[103] Die Besteuerung der Investitionsgesellschaften richtete sich vielmehr nach den allgemeinen Grundsätzen der Besteuerung von Kapital- und Personengesellschaften.

Die Besteuerung eines Investmentfonds und seiner Anleger basierte auf dem Transparenzprinzip, nach dem nicht der Investmentfonds selbst, sondern der einzelne Anleger die Einkünfte des Investmentfonds versteuert.[104] Das investmentsteuerliche Transparenzprinzip ist nicht zu verwechseln mit dem im Ertragsteuerrecht geltenden Transparenzprinzip für Personengesellschaften.

Unterschieden wurde zwischen der Besteuerung von transparenten, intransparenten und semitransparenten Investmentfonds. Hierfür kam es zunächst auf den Transparenzstatus des jeweiligen Investmentfonds an.

a) Voraussetzungen der Transparenzoption

Erfüllte ein Investmentvermögen die Anlagebestimmungen des § 1 Abs. 1b InvStG a. F. sowie die Rechtsformerfordernisse des § 1 Abs. 1 f InvStG a. F.,

103 *Dorn/Haase*, Investmentsteuerrecht, S. 123.
104 *Dorn/Haase*, Investmentsteuerrecht, S. 124.

stellte es zwar einen Investmentfonds dar; um in den Genuss der privilegierten Besteuerung mit dem Transparenzprinzip zu kommen, bedurfte es jedoch noch weiterer Voraussetzungen.[105] Die Voraussetzungen für die Umsetzung der Transparenzoption regelte § 5 InvStG a. F. in Form der Bekanntgabe- und Nachweispflichten einer Investmentgesellschaft.[106] Nach § 5 Abs. 1 InvStG a. F. fanden die die Besteuerung der Anleger regelnden materiellen Vorschriften der §§ 2 und 4 InvStG nur Anwendung, wenn die Investmentgesellschaft den Anlegern bei jeder Ausschüttung bezogen auf einen Investmentanteil unter Angabe der Wertpapieridentifikationsnummer des Investmentfonds und des Zeitraums, auf den sich die Angaben beziehen, folgende Besteuerungsgrundlagen nach § 1 Abs. 1 Nr. 1 InvStG a. F. bekannt machte:

- den Betrag der Ausschüttung sowie in der Ausschüttung enthaltene ausschüttungsgleiche Erträge der Vorjahre und in der Ausschüttung enthaltene Substanzbeträge,
- den Betrag der ausgeschütteten Erträge sowie deren Zusammensetzung,
- den zur Anrechnung von Kapitalertragsteuer berechtigenden Teil der Ausschüttung,
- den Betrag der ausländischen Steuer auf die in den ausgeschütteten Erträgen enthaltenen Einkünfte i. S. d. § 4 Abs. 2 InvStG,
- den Betrag für AfA oder AfS und
- die im Geschäftsjahr gezahlte Quellensteuer, vermindert um die erstattete Quellensteuer des Geschäftsjahres oder früherer Geschäftsjahre.[107]

Bei einer Verletzung von § 5 InvStG a. F. konnte eine Strafbesteuerung des Anlegers nach § 6 InvStG a. F. zur Anwendung kommen.[108] Die Folgen des Fehlens der Voraussetzungen führten zur teilweisen Versagung des Transparenzprinzips.

b) *Ertragsteuerliche Behandlung*

Durch § 2 InvStG a. F. wurde in Teilbereichen die laufende Besteuerung der Anleger eines Investmentfonds geregelt.[109] Auf der Seite der Anleger wurden

---

105 *Wenzel*, Brandis/Heuermann, Ertragsteuerrecht, § 5 InvStG 2004 Rn. 1; *Dorn/Haase*, Investmentsteuerrecht, S. 124.

106 *Wenzel*, Brandis/Heuermann, Ertragsteuerrecht, § 5 InvStG 2004 Rn. 1; *Dorn/Haase*, Investmentsteuerrecht, S. 124.

107 *Dorn/Haase*, Investmentsteuerrecht, S. 125–126.

108 *Wenzel*, Brandis/Heuermann, Ertragsteuerrecht, § 5 InvStG 2004 Rn. 1.

109 *Wenzel*, Brandis/Heuermann, Ertragsteuerrecht, § 2 InvStG 2004 Rn. 1.

die Erträge aus Investmentanteilen erfasst, deren Begrifflichkeiten in § 2 Abs. 1 S. 1 InvStG a. F. legaldefiniert wurden.[110] Hierunter fielen ausgeschüttete und ausschüttungsgleiche Erträge sowie der Zwischengewinn.

Ausgeschüttete Erträge waren die in § 1 Abs. 3 S. 1 und 2 InvStG a. F. genannten Erträge, welche dem Anleger tatsächlich zugeflossen oder gutgeschrieben sind, erhöht um die einbehaltene Kapitalertragsteuer einschließlich SolZ und Quellensteuer.[111] Im Gegensatz dazu waren die ausschüttungsgleichen Erträge die in § 1 Abs. 3 S. 3 InvStG a. F. abschließend aufgezählten, dem Anleger jedoch nicht tatsächlich zugeflossenen Erträge. Für diese enthielt § 1 Abs. 3 S. 5 InvStG a. F. eine Ausschüttungsfiktion, wobei der maßgebliche Zeitpunkt des fiktiven Zuflusses gem. § 2 Abs. 1 S. 2 InvStG a. F. der Ablauf des Geschäftsjahres war, in dem die ausschüttungsgleichen Erträge vereinnahmt wurden. Ausschüttungsgleiche Erträge waren bestimmte, von einem Investmentfonds nach Abzug der Werbungskosten nicht zur Ausschüttung verwendete Kapitalerträge wie beispielsweise Dividenden aus Immobiliengesellschaften oder solche aus Vermietung und Verpachtung.[112]

Der Begriff des Zwischengewinns wurde legaldefiniert in § 1 Abs. 4 InvStG a. F. Zu diesem gehören die in der Norm aufgezählten Entgelte, welche dem Anleger entweder noch nicht zugeflossen sind oder als zugeflossen fingiert wurden. Zu diesen zählen im Wesentlichen Erträge und Veräußerungsgewinne aus Kapitalforderungen, Dividenden- und Zinsscheinen, Einnahmen aus Anteilen an anderen Investmentfonds und Zwischengewinne des Investmentfonds zu verschiedenen Zeitpunkten.[113] Auch wenn der Zwischengewinn ein laufender Ertrag war, entfaltete er seine primäre Relevanz erst bei der Besteuerung der Veräußerungserlöse, da er dem Anleger erst im Zeitpunkt der Veräußerung zufließt.[114]

aa) Private Anleger

Hielt ein Anleger die Anteile an einem Investmentfonds im Privatvermögen, so galten die aus den Investmentanteilen resultierenden Erträge gem. § 2 Abs. 1 S. 1 HS. 1 InvStG a. F. als zu den Einnahmen aus Kapitalvermögen nach § 20 Abs. 1

---

110 *Hoch*, Die Besteuerungssystematik von Kapitalanlagen, S. 287.

111 Dem Wortlaut nach wird lediglich die Kapitalertragsteuer erwähnt, vgl. *Dorn/ Haase*, Investmentsteuerrecht, S. 131.

112 *Haase*, jM 2017, 30 (32).

113 *Hoch*, Die Besteuerungssystematik von Kapitalanlagen, S. 287.

114 *Hoch*, Die Besteuerungssystematik von Kapitalanlagen, S. 287.

Nr. 1 EStG gehörend.[115] Im Ergebnis hatte der private Anleger folglich Abgeltungssteuer zuzüglich Solidaritätszuschlag i. H. v. insgesamt 26,375 % zu entrichten. Damit wurden die Erträge aus Investmentfonds den Ausschüttungen von Kapitalgesellschaften gleichgestellt. Dies galt unabhängig davon, welcher Einkunftsart die Erträge auf der Fondseingangsseite zuzuordnen waren.[116] Die Ausschüttung des Fonds wurde folglich bei dem Anleger unabhängig davon, ob er in ein dem InvStG unterfallendes Investmentvermögen, oder eine Investmentaktiengesellschaft investierte, wie eine Dividende besteuert. Hintergrund einer solchen steuerlichen Behandlung war das Transparenzprinzip, welches als Grundidee des Investmentsteuerrechts die Anlage über einen Investmentfonds der Direktanlage gleichstellen und denselben steuerlichen Grundsätzen unterwerfen sollte.[117] Ähnlich wie bei einer Personengesellschaft wurde durch den Investmentfonds hindurch auf den Anleger geschaut, sodass der Investmentfonds selbst steuerlich lediglich als „Ertragsermittlungssubjekt" und nicht als Besteuerungssubjekt fungierte.[118]

Auf Anlegerebene waren die Regelungen des EStG über Kapitaleinkünfte ohne Rücksicht darauf, in welche Anlagegüter der Fonds investiert hat, anzuwenden. Auch bei einem Investment des Fonds in Immobilien kam es daher zur Einbehaltung der Kapitalertragsteuer.[119]

(1) Besonderheiten bei Immobilienfonds

Trotz der Qualifizierung der Einkünfte aus dem Investmentfonds als solche aus Kapitalvermögen fand nicht automatisch das Halb- bzw. Teileinkünfteverfahren nach § 3 Nr. 40 EStG Anwendung.[120] Dieses fand gem. § 2 Abs. 1 S. 1 HS. 2, Abs. 2 InvStG a. F. vielmehr nur dann Anwendung, wenn die Fondserträge aus Einnahmen gespeist wurden, die auch im Falle einer Direktanlage die Anwendbarkeit des § 3 Nr. 40 EStG nach sich zögen.[121]

Für einen Immobilienfonds ergeben sich auf der Fondseingangsseite drei Möglichkeiten, Einkünfte zu erzielen. Sie können aus der Vermietung von

---

115 *Wenzel*, Brandis/Heuermann, Ertragsteuerrecht, § 2 InvStG 2004 Rn. 4.

116 *Engl*, Erträge aus Investmentvermögen, S. 161; *Brill/Reislhuber*, Haase, InvStG, § 2 Rn. 19.

117 Vgl. *Dorn/Haase*, Investmentsteuerrecht, S. 30.

118 *Dorn/Haase*, Investmentsteuerrecht, S. 30.

119 *Brill/Reislhuber*, Haase, InvStG, § 2 Rn. 19.

120 *Kayser/Bujotzek*, FR 2006, 49 (54).

121 *Kayser/Bujotzek*, FR 2006, 49 (54).

Immobilien, aus der Veräußerung von Immobilien, oder aus Beteiligungen an Immobilien-Gesellschaften resultieren.[122]

Nach § 1 Abs. 3 S. 2 und 3 InvStG a. F. waren die Einkünfte eines Investmentfonds aus der Vermietung von Immobilien sowohl im Falle ihrer Ausschüttung als auch ihrer Thesaurierung steuerbar.[123] In Ermangelung einer Steuerfreistellung dieser Beträge aus § 2 Abs. 3 InvStG a. F. waren sie bei einem privaten Anleger, so wie bei einer Direktanlage, voll steuerpflichtig.[124] Sie unterlagen im Gegensatz zur Direktanlage jedoch nicht als Einkünfte aus Vermietung und Verpachtung dem individuellen Steuersatz des Anlegers, sondern gem. § 7 InvStG a. F. der Abgeltungsteuer.

Erzielte ein Investmentfonds durch die Veräußerung von Immobilien Gewinne, welche an die Anleger ausgeschüttet wurden, waren diese nach § 1 Abs. 3 S. 2 InvStG zwar grundsätzlich zu versteuern. Für diese Erträge enthielt § 2 Abs. 3 InvStG a. F. jedoch eine Steuerfreistellung, insofern es sich nicht um Gewinne aus privaten Veräußerungsgeschäften i. S. d. § 23 Abs. 1 S. 1 Nr. 1, Abs. 2 und 3 EStG handelte.[125]

Dadurch war die indirekte Anlage über einen Investmentfonds in zweifacher Hinsicht gegenüber der Direktanlage steuerlich privilegiert: Zum einen stellten die Erträge unabhängig von der Anzahl der veräußerten Objekte keine gewerblichen Einkünfte dar, sondern konnten im Falle einer Veräußerung innerhalb der Zehn-Jahres-Frist des § 23 Abs. 1 Nr. 1 EStG allenfalls als private Veräußerungsgewinne besteuert werden. Zum anderen wurde für die Berechnung der Haltedauer nicht auf den Anleger selbst, sondern auf den Immobilienfonds abgestellt, sodass die Frage, wie lange der Anleger die Immobilie mittelbar über seinen Investmentanteil gehalten hat, steuerlich irrelevant war.[126]

(2) Beteiligungen an Immobilien-Gesellschaften

Immobilien-Gesellschaften können sowohl in der Form einer Personen- wie auch einer Kapitalgesellschaft organisiert sein.[127] Der steuerliche Umgang mit

---

122 Die nachfolgende Darstellung ist angelehnt an den Aufbau aus *Kayser/Bujotzek*, FR 2006, 49 (54 ff.).

123 *Kayser/Bujotzek*, FR 2006, 49 (54).

124 *Wenzel*, Brandis/Heuermann, Ertragsteuerrecht, § 2 InvStG 2004 Rn. 18; *Kayser/Bujotzek*, FR 2006, 49 (54).

125 *Wenzel*, Brandis/Heuermann, Ertragsteuerrecht, § 2 InvStG 2004 Rn. 18.

126 Vgl. *Kayser/Bujotzek*, FR 2006, 49 (55).

127 Für die möglichen Rechtsformen von Immobilieninvestitionen vgl. *Schley*, NWB-EV 2020, 155 (155 ff.).

den Erträgen aus einer Immobiliengesellschaft hing maßgeblich davon ab, wie der Investmentfonds an der Immobilien-Gesellschaft beteiligt ist.[128]

Immobilien-Personengesellschaften können sowohl rein vermögensverwaltend als auch gewerblich tätig sein. Die gewerbliche Prägung konnte die Personengesellschaft aufgrund der Überschreitung der Drei-Objekt-Grenze oder aufgrund von § 15 Abs. 3 Nr. 2 EStG erhalten.[129]

Bei einer rein vermögensverwaltenden Immobilien-Personengesellschaft waren die Erträge aus der Vermietung sowie die Veräußerungsgewinne gem. § 2 Abs. 1 und 3 i. V. m. § 1 Abs. 3 InvStG a. F. steuerpflichtig. Im Gegensatz zu unmittelbar durch den Investmentfonds gehaltenen Immobilien wurde für die Berechnung der Zehn-Jahres-Frist nicht auf den Investmentfonds selbst, sondern auf die Immobilien-Gesellschaft abgestellt. Veräußerte der Investmentfonds Anteile an einer rein vermögensverwaltenden Immobilien-Personengesellschaft, so stellten die hieraus resultierenden Gewinne nach § 23 Abs. 1 S. 4 EStG Gewinne aus den Veräußerungen der anteiligen Wirtschaftsgüter dar. Da in diesem Fall die anteiligen Wirtschaftsgüter Immobilien darstellten,[130] wurde die Veräußerung der Anteile an einer Immobilien-Personengesellschaft wie die Veräußerung einer Immobilie nach § 2 Abs. 1 und 3 i. V. m. § 1 Abs. 3 InvStG a. F. besteuert.[131] Gewerbliche Einkünfte der Immobilien-Personengesellschaft waren als sonstige Erträge i. S. d. § 1 Abs. 3 S. 2 und 3 InvStG a. F. zu qualifizieren.

bb) Betriebliche Anleger

Im Gegensatz zu einem Anleger, welcher die Anteile an dem Investmentfonds im Privatvermögen hält, wurden die Erträge in das Betriebsvermögen eines einkommensteuerpflichtigen Anlegers nicht in Kapitaleinkünfte umqualifiziert. In diesem Fall qualifizierte § 2 Abs. 1 S. 1 HS. 1 InvStG a. F. die Erträge zu Betriebseinnahmen um.[132] Eine Zuordnung der Einkünfte zu einer konkreten Einkunftsart enthielt § 2 InvStG a. F. jedoch nicht. Mangels Regelung im InvStG a. F. fand die Zuordnung daher nach den allgemeinen Grundsätzen des EStG statt, also nach der Art der vom Anleger erzielten Einkünfte unter

---

128 *Kayser/Bujotzek*, FR 2006, 49 (55).

129 Zur Abgrenzung zwischen privater Vermögensverwaltung und Gewerbebetrieb siehe auch *Bloehs*, BB 2002, 1068 (1069); *Hartrott*, BB 2010, 2271 (2272).

130 Vgl. § 68 Abs. 1 S. 2 Nr. 2 i. V. m. § 67 InvG.

131 *Kayser/Bujotzek*, FR 2006, 49 (55).

132 *Wenzel*, Brandis/Heuermann, Ertragsteuerrecht, § 2 InvStG 2004 Rn. 5.

Berücksichtigung der allgemeinen Subsidiarität der Überschuss- gegenüber den Gewinneinkünften.[133] Für den betrieblichen Anleger konnten die Ausschüttungen zu Einkünften aus selbstständiger Tätigkeit nach § 2 Abs. 2 Nr. 3 EStG, Land- und Forstwirtschaft nach § 2 Abs. 2 Nr. 1 EStG oder gewerblichen Einkünften nach § 2 Abs. 2 Nr. 2 EStG führen.[134] Der betriebliche Anleger hatte alle Einkünfte aus dem Investmentfonds mit seinem persönlichen Einkommensteuersatz zuzüglich Solidaritätszuschlag zu versteuern. Für den Fall, dass die Einkünfte im gewerblichen Bereich anfallen, kam zusätzlich noch Gewerbesteuer hinzu.

Gewerbliche Einkünfte lagen nicht nur dann vor, wenn eine originär gewerbliche Tätigkeit vorlag und sich die Investmentanteile im Betriebsvermögen befanden, sondern auch, wenn sich die Beteiligung an dem Investmentvermögen im Gesamthands- oder Sonderbetriebsvermögen einer gewerblichen Personengesellschaft befand.[135]

Befanden sich die Anteile an dem Investmentvermögen im Betriebsvermögen, so stellten die Erträge aus dem Investmentvermögen Betriebseinnahmen dar. Dies galt unabhängig davon, ob sich die Anteile in dem Betriebsvermögen eines Einzelunternehmers befanden, oder ob sie dem Gesamthandsvermögen einer Personengesellschaft zuzuordnen waren. Ausreichend war bereits die Zuordnung zum Sonderbetriebsvermögen eines Mitunternehmers, sodass die Qualifikation der Einnahmen von der steuerlichen Zuordnung und nicht etwa von dem zivilrechtlichen Eigentum abhing.[136]

Durch § 2 Abs. 1 S. 1 HS. 2 InvStG a. F. wurde die Anwendung des Teileinkünfteverfahrens grundsätzlich ausgeschlossen, wobei jedoch für die in § 2 Abs. 2 InvStG a. F. enthaltenen Einkünfte eine Anwendung des Teileinkünfteverfahrens zugelassen wurde. Betroffen von dieser Ausnahme waren u.a. Kapitalerträge nach § 20 Abs. 1 Nr. 1 und 2 EStG, also insbesondere Dividenden und entsprechende ausländische Kapitalerträge, sowie Gewinne aus

---

133 *Hoch*, Die Besteuerungssystematik von Kapitalanlagen, S. 289; *Brill/Reislhuber*, Haase, InvStG, § 2 Rn. 12, 26.

134 Vgl. *Kayser/Bujotzek*, FR 2006, 49 (58); *Kußmaul/Gräbe*, Ubg 2008, 331 (334); *Brill/Reislhuber*, Haase, InvStG, § 2 Rn. 27; *Hoch*, Die Besteuerungssystematik von Kapitalanlagen, S. 289.

135 Vgl. *Brill/Reislhuber*, Haase, InvStG, § 2 Rn. 28.

136 BMF v. 18.08.2009 – IV C 1 – S 1980-1/08/10019, BStBl. I 2009, 931, Rn. 26; *Brill/Reislhuber*, Haase, InvStG, § 2 Rn. 29.

der Veräußerung von Kapitalgesellschaftsanteilen, Investmentanteilen und Genussrechten.[137]

cc) Körperschaftsteuerpflichtige Anleger

Anteile an einem Investmentfonds, welche von einer in Deutschland unbeschränkt steuerpflichtigen Kapitalgesellschaft gehalten wurden, gehörten gem. § 8 Abs. 2 KStG stets zum Betriebsvermögen. Es bestanden folglich kaum Unterschiede in den steuerlichen Folgen zu betrieblichen Anlegern.[138] Auch für den körperschaftsteuerpflichtigen Anleger stellten die Erträge aus dem Investmentfonds Betriebseinnahmen dar. Die Besteuerung richtete sich nach den allgemeinen Grundsätzen der Körperschaftsteuer. Neben der Körperschaftsteuer zuzüglich Solidaritätszuschlags unterlagen die Erträge regelmäßig auch der Gewerbesteuer. Durch § 2 Abs. 1 S. 1 HS 2 InvStG a. F. wurde die Beteiligungsertragsbefreiung des § 8b KStG grundsätzlich für unanwendbar erklärt. Lediglich für Veräußerungsgewinne aus Kapitalgesellschaftsbeteiligungen bestand nach § 2 Abs. 2 S. 2 InvStG a.F. eine Ausnahme. Da sich die Steuerbefreiung im Gegensatz zu betrieblichen Anlegern nicht auf laufende Kapitalerträge, also insbesondere Dividendeneinkünfte, erstreckt, wurde der Anwendungsbereich des § 8b KStG noch stärker verengt als der des Teileinkünfteverfahrens.[139]

dd) Altersvorsorge

Handelte es sich bei den durch den Investmentfonds ausgeschütteten Erträgen um solche, welche der Altersvorsorge des Anteilscheininhabers dienten, griff die Umqualifizierung der Einkünfte in Einkünfte aus Kapitalvermögen gem. § 2 Abs. 1 S. 1 InvStG a.F. nicht ein. Die Erträge, welche grundsätzlich vom Investmentsteuerrecht erfasst würden, unterlagen den allgemeinen Regelungen über die Besteuerung der Altersvorsorge.

Der Besteuerung der Altersvorsorge ist immanent, dass eine zunächst steuerfreie „Ansparphase“ den Vermögensaufbau gewährleistet und die Beträge erst bei einer späteren Auszahlung in voller Höhe besteuert werden.[140] Dafür ist es erforderlich, dass die noch nicht zugeflossenen Erträge nicht der Besteuerung unterliegen und bereits ausgeschüttete Erträge nicht als Kapitalerträge besteuert werden.

---

137 *Hoch*, Die Besteuerungssystematik von Kapitalanlagen, S. 289.
138 *Kayser/Bujotzek*, FR 2006, 49 (59).
139 *Hoch*, Die Besteuerungssystematik von Kapitalanlagen, S. 290.
140 Vgl. *Brill/Reislhuber*, Haase, InvStG, § 2 Rn. 46.

b) Zusammenfassung

Dem Transparenzprinzip folgend, unterlagen die Erträge des Investmentfonds erst auf der Ebene des Anlegers einer Steuerbelastung, sodass der Investmentfonds selbst steuerlich eher den Charakter eines „Ertragsermittlungssubjekts", nicht jedoch eines Besteuerungssubjekts aufwies. Die Qualifikation der Erträge auf der Ebene des Fonds war dennoch maßgeblich für die steuerliche Belastung auf der Anlegerebene. Die Erträge aus einem Investmentfonds unterlagen bei privaten Anlegern regelmäßig der Kapitalertragsteuer, wenn sich nicht in § 7 InvStG a. F. eine Ausnahme fand. Betriebliche Anleger erzielten hingegen regelmäßig Betriebseinnahmen.

Eine transparente Besteuerung war nur dann möglich, wenn der Investmentfonds die verschiedenen Publikationspflichten des § 5 Abs. 1 InvStG a. F. erfüllte. Kam der Investmentfonds diesen Pflichten nicht nach, wurden als Bemessungsgrundlage pauschalierte Erträge angesetzt, welche im Regelfall höher waren als die tatsächlich vom Investmentfonds erwirtschafteten Erträge.[141] Neben einer solchen Strafbesteuerung nach § 6 InvStG a. F. konnte dem Investmentfonds die Anwendung des Transparenzprinzips ganz (intransparente Besteuerung) oder teilweise (semitransparente Besteuerung) versagt werden. Hierbei kam eine semitransparente Besteuerung dann in Betracht, wenn der Fonds fast alle Publikationspflichten des § 5 Abs. 1 InvStG a. F. mit Ausnahme derer erfüllt hat, die für die Inanspruchnahme der Steuerbefreiungsvorschriften notwendig wären. In diesem Fall führte § 5 Abs. 1 S. 2 InvStG dazu, dass die Anleger, soweit die Daten nicht öffentlich bekanntgegeben wurden, die Steuerbefreiung nicht in Anspruch nehmen konnten. In der Folge waren beispielsweise Gewinne aus der Veräußerung von Grundstücken steuerpflichtig, obwohl sie im Falle der Direktanlage kein privates Veräußerungsgeschäft dargestellt hätten.[142]

C. Grundzüge der Besteuerung von Investmentfonds nach dem InvStG 2018

Durch das zum 01.01.2018 in Kraft getretene Gesetz zur Reform der Investmentbesteuerung[143] ist die soeben dargestellte Rechtslage obsolet geworden. Die deutlich sichtbare Veränderung im Umfang des InvStG von 24 auf 56

---

141 *Hoch*, Die Besteuerungssystematik von Kapitalanlagen, S. 308.
142 *Dorn/Haase*, Investmentsteuerrecht, S. 35.
143 Gesetz zur Reform der Investmentbesteuerung v. 19.07.2019, BGBl. I 2016, S. 1730.

Paragrafen lässt die Notwendigkeit dieser Reform erkennen. Eine terminologische Änderung ist bereits in der neuen Aufteilung in Kapitel statt wie bisher in Abschnitte erkennbar. Eine wesentliche Änderung stellt die Abkehr vom Transparenzprinzip dar. Durch die Investmentsteuer-Reform wurde eine intransparente Besteuerung eingeführt, wodurch der Fonds fortan als eigenständiges Steuersubjekt auch tatsächlich der Besteuerung unterliegt.[144]

I. Reformgründe

Die Reform des Investmentsteuergesetzes intendierte die Verwirklichung einer Vielzahl von Zielen. Durch die Reform sollten insbesondere EU-rechtliche Risiken ausgeräumt, einzelne Steuersparmodelle verhindert, das steuerliche Gestaltungspotenzial eingeschränkt, der administrative Aufwand abgebaut und Systemfehler des früher geltenden Rechts korrigiert werden.[145]

EU-rechtliche Risiken bestanden, da nach dem InvStG a. F. nur inländische Investmentfonds von der Erhebung der Kapitalertragsteuer befreit waren bzw. eine Erstattung erhielten, sodass die Gefahr bestand, dass das InvStG gegen die Kapitalverkehrsfreiheit nach Art. 63 AEUV verstößt.[146] Ähnlich verhält es sich bei inländischen Immobilieneinkünften, welche für inländische Investmentfonds insoweit steuerfrei waren, während diese bei ausländischen Investmentfonds jedoch nach den allgemeinen Regeln einer beschränkten Steuerpflicht unterfielen.[147]

Auch die Komplexität des InvStG in seiner alten Fassung war ein Grund für die Reform. Dies zeigt sich bereits daran, dass für die Besteuerung eines Investmentfonds unter Berücksichtigung des Transparenzprinzips bis zu 33 Besteuerungsgrundlagen zu ermitteln, zu prüfen und zu veröffentlichen waren.[148]

Zudem hat die bisherige Investmentbesteuerung eine Vielzahl von Steuergestaltungsmöglichkeiten geboten, welche nach Ansicht der Finanzverwaltung

144 *Kühn*, Die Investmentsteuerreform 2018 – Steuerliche Wirkungsanalyse und Möglichkeit zur Optimierung der Portfoliostruktur, S. 73.

145 BR-Drs. 119/16, S. 1; BT-Drs. 18/8739.

146 Mit Urteil vom 10.05.2012 hat der EuGH zum französischen Investmentsteuerrecht in den verbundenen Rechtssachen C-338/11 und C-339/11 bis C-347/11 „Santander" entschieden, dass Rechtsvorschriften, die unterschiedliche steuerliche Folgen für Dividenden inländischer Herkunft vorsehen, je nachdem, ob diese von gebietsansässigen oder von gebietsfremden Investmentfonds bezogen werden, gegen die Kapitalverkehrsfreiheit verstoßen. Vgl. BT-Drs. 18/8045, S. 49.

147 *Lechner*, RdF 2016, 208 (208).

148 BT-Drs. 18/8045, S. 52.

aufgrund der Komplexität und einer Vielzahl von Differenzierungen innerhalb der Investmentsteuerregelungen für steuerrechtliche Verhältnisse besonders häufig ausgenutzt wurden.[149] Diese Missbrauchsanfälligkeit konnte trotz des AIFM-Steuer-Anpassungsgesetzes nicht gänzlich ausgeräumt werden.[150] Ein weiterer wesentlicher Erwägungsgrund der Reform war die als Systemfehler bezeichnete Problematik der faktischen Unmöglichkeit einer rückwirkenden Korrektur fehlerhafter Besteuerungsgrundlagen im anonymen Massenverfahren, welche durch die Reform der Investmentbesteuerung revidiert werden sollte.[151]

II. Struktur des neuen InvStG

1. Kapitel 1

Das erste Kapitel des neuen Investmentsteuergesetzes bestimmt den Anwendungsbereich sowie einige grundsätzliche Regelungen und enthält einen umfangreichen Katalog an Begriffsbestimmungen.

a) Anwendungsbereich

Der den Anwendungsbereich bestimmende § 1 InvStG ist seinem Umfang nach wesentlich schmaler als sein Vorgänger. Die Norm ordnet an, dass dieses Gesetz auf Investmentfonds und deren Anleger anzuwenden ist.[152] § 1 Abs. 2 InvStG verweist auf die Definition des Investmentfonds als Investmentvermögen nach dem § 1 Abs. 1 KAGB, wonach ein Investmentvermögen jeder Organismus für gemeinsame Anlagen ist, der von einer Anzahl von Anlegern Kapital einsammelt, um es gemäß einer festgelegten Anlagestrategie zum Nutzen dieser Anleger zu investieren und der kein operativ tätiges Unternehmen außerhalb des Finanzsektors ist.

Der Begriff des Investmentfonds i. S. d. InvStG orientiert sich folglich auch weiterhin an der aufsichtsrechtlichen Definition, enthält jedoch in § 1 Abs. 2 und Abs. 3 InvStG sowohl einige Erweiterungen als auch einige Einschränkungen

149 Vgl. BT-Drs. 18/8045, S. 49. Hier vertiefend mit exemplarisch dargestellten Gestaltungsmodellen.

150 BT-Drs. 18/8045, S. 50.

151 *Hoch*, Die Besteuerungssystematik von Kapitalanlagen, S. 314; BT-Drs. 18/8045, S. 52 f.

152 *Wenzel*, Brandis/Heuermann, Ertragsteuerrecht, § 1 InvStG Rn. 1.

gegenüber dem kapitalanlagerechtlichen Begriff, sodass die steuerrechtlichen Besonderheiten im neuen InvStG Berücksichtigung finden.[153]

Ein dieser Definition unterfallender Investmentfonds, der zusätzlich die Voraussetzungen des § 26 InvStG erfüllt, ist ein Spezial-Investmentfonds, welcher besonderen Regelungen unterliegt.

Nach § 24 InvStG ist ein Wechsel von der Besteuerung als Investmentfonds zur Besteuerung als Spezial-Investmentfonds ausgeschlossen. Dies gilt auch, wenn die Voraussetzungen zur Besteuerung nach Kapitel 3 aus § 26 InvStG nachträglich erfüllt werden oder wenn die Voraussetzungen schon vorher vorgelegen haben, dies aber nicht von dem Spezial-Investmentfonds und dessen Anlegern geltend gemacht wurde.[154] Wenn jedoch ein Spezial-Investmentfonds seine Anlagebedingungen ändert, sodass die Voraussetzungen des § 26 InvStG nicht mehr erfüllt sind, so gilt der Spezial-Investmentfonds gem. § 52 Abs. 1 InvStG als aufgelöst und, wenn die Voraussetzungen eines Investmentfonds weiter vorliegen, ein Investmentfonds als neu aufgelegt. Nach § 52 Abs. 2 und 3 InvStG stellt der vollzogene Statuswechsel einen Realisationsvorgang dar, bei dem die Anteile der Anleger an dem Spezial-Investmentfonds als veräußert und die Anteile am Investmentfonds als angeschafft gelten.[155]

Es findet im neuen InvStG keine Differenzierung mehr zwischen OGAW und AIF oder zwischen Investmentfonds und Investitionsgesellschaft, sondern ausschließlich zwischen Investmentfonds und Spezial-Investmentfond statt.[156]

Die grundsätzliche Rechtsformneutralität des KAGB, welches Investmentvermögen sowohl in der Rechtsform der Kapitalgesellschaft als auch der Personengesellschaft und des Sondervermögens erfasst, findet sich im InvStG nicht.

Im Ergebnis fallen alle Investmentvermögen i. S. d. § 1 Abs. 1 KAGB, welche die besonderen Voraussetzungen des § 1 Abs. 2 und 3 InvStG erfüllen, in den Anwendungsbereich des InvStG. Insbesondere sind Investmentfonds nach dem InvStG nur solche Investmentvermögen, welche als Kapitalgesellschaft oder als Sondervermögen errichtet wurden.[157] Investmentvermögen, welche als

---

153 Vgl. *Jansen/Greger*, RdF 2017, 138 (140); *Buge u. a.*, DB 2016, 1594 (1594 ff.); *Lechner*, RdF 2016, 208 (210); *Stadler/Bindl*, DStR 2016, 1953 (1954); *Hoch*, Die Besteuerungssystematik von Kapitalanlagen, S. 320; *Dorn*, Investmentsteuerrecht, S. 67.

154 Vgl. *Stadler/Bindl*, DStR 2016, 1953 (1955); *Dorn*, Investmentsteuerrecht, S. 68.

155 Vgl. *Hammer*, Brandis/Heuermann, Ertragsteuerrecht, § 52 InvStG Rn. 3.

156 Vgl. *Haase*, IStR 2019, 616 (617); *Lechner*, RdF 2016, 208 (210); *Dorn*, Investmentsteuerrecht, S. 67.

157 *Häuselmann*, Investmentanteile, Kap. 6 Rn. 2.

Personengesellschaften organisiert sind, fallen nur in Ausnahmefällen in den Anwendungsbereich des InvStG.

aa) Zivilrechtliche Konzeption

Da sich das InvStG auch weiterhin des aufsichtsrechtlichen Begriffs des Investmentvermögens aus dem KAGB bedient, kann zur Auslegung des steuerlichen Begriffs „Investmentfonds" insoweit auf die aufsichtsrechtlichen Verwaltungsverlautbarungen und die bereits getroffenen Ausführungen zu OGAWs zurückgegriffen werden.[158]

An dieser Stelle soll auf die grundlegende zivilrechtliche Konzeption eines offenen Investmentfonds eingegangen werden. Ein Investmentfonds kann entweder in Gesellschaftsform, also in Form einer Investmentgesellschaft, oder in Vertragsform ausgestaltet sein. Ein Investmentfonds in Vertragsform ist regelmäßig wie folgt aufgebaut:

Anleger investieren ihr Kapital in ein Investmentvermögen, welches dann von einer Kapitalverwaltungsgesellschaft (KVG) verwaltet und, getrennt vom sonstigen Vermögen der KVG, von einer Verwahrstelle verwahrt wird.[159]

Als Anleger des Fonds eignen sich grundsätzlich sowohl in- als auch ausländische natürliche und juristische Personen, Personenvereinigungen und Vermögensmassen. Unabhängig von den Vertragsbeziehungen zwischen den Anlegern und der KVG sind die Anleger stets als die wirtschaftlich Berechtigten zu sehen.[160]

Verwaltet wird ein Investmentfonds durch eine KVG entweder intern oder extern.

Eine Kapitalverwaltungsgesellschaft definiert das Gesetz in § 17 KAGB als Unternehmen mit satzungsmäßigem Sitz und Hauptverwaltung im Inland, deren Geschäftsbetrieb darauf gerichtet ist, inländische Investmentvermögen, EU-Investmentvermögen oder ausländische AIF zu verwalten. Satz 2 der Norm bestimmt, dass die Verwaltung eines Investmentvermögens dann vorliegt, wenn mindestens die Portfolioverwaltung oder das Risikomanagement für ein oder mehrere Investmentvermögen erbracht wird.

Handelt es sich um eine externe KVG, so gilt diese für die Anwendung des InvStG als gesetzlicher Vertreter eines inländischen Investmentfonds, wobei

---

158 *Dorn*, Investmentsteuerrecht, S. 69.

159 Die Anleger bilden mit der Kapitalverwaltungsgesellschaft und der Verwahrstelle das sog. „Investmentdreieck".

160 Vgl. *Dorn*, Investmentsteuerrecht, S. 17.

das Investmentvermögen bei interner Verwaltung gem. § 17 Abs. 2 Nr. 2 KAGB selbst als KVG fungiert. Handelt es sich um eine interne KVG, so ist diese nach § 3 Abs. 1 InvStG selbst zur Wahrnehmung und Erfüllung ihrer Rechte und Pflichten berechtigt bzw. verpflichtet.[161] Soll der Fonds durch eine externe KVG verwaltet werden, so darf diese ausschließlich in der Rechtsform einer AG, einer GmbH oder einer KG, bei der persönlich haftender Gesellschafter ausschließlich eine Gesellschaft mit beschränkter Haftung ist, betrieben werden.[162] Das von der KVG verwaltete Investmentvermögen hat diese gem. § 92 Abs. 1 S. 2 KVG von ihrem Allgemeinvermögen getrennt zu halten. Als Sondervermögen haftet das von den Anlegern investierte Kapital nach § 93 Abs. 2 KAGB nicht für die Verbindlichkeiten der KVG und gehört nach § 99 Abs. 3 S. 2 KAGB auch nicht zur Insolvenzmasse der KVG.

Außerdem bietet § 92 Abs. 1 S. 1 KAGB zwei Möglichkeiten der rechtlichen Zuordnung des Sondervermögens an, zwischen denen beim Auflegen des Fonds grundsätzlich frei gewählt werden kann. Es handelt sich dabei um die sog. „Miteigentumslösung" und die „Treuhandlösung". Bei der Miteigentumslösung werden die Anleger Miteigentümer des Sondervermögens nach Bruchteilen, wobei die KVG eine Verfügungsbefugnis besitzt und nach außen als Vertreterin der Eigentümer auftritt.[163] Im Rahmen der Treuhandlösung steht das Investmentvermögen formal der KVG als zivilrechtlicher Eigentümerin zu, ist jedoch wie wirtschaftliches Eigentum der Anteilsinhaber zu behandeln. Daraus folgt, dass die formale Berechtigung der Anleger auf die schuldrechtlichen Ansprüche gegen die KVG als Treuhänderin beschränkt sind.[164]

Eine Besonderheit ist jedoch für Immobilien-Investmentvermögen zu beachten. Für diese ist gem. § 245 KAGB die Treuhandlösung verpflichtend. Die von § 92 Abs. 2 S. 1 KAGB verlangte Trennung des Sondervermögens vom sonstigen Vermögen der KVG erfordert die Einschaltung einer Verwahrstelle. Eine solche ist ein Unternehmen, welches die Verwahrung und Überwachung von Investmentvermögen unabhängig von der KVG und ausschließlich im Interesse der Anleger ausführt.[165]

---

161 Vgl. BMF v. 21.05.2019 – IV C 1 – S 1980-1/16/10010:001, FR 2019, 588, Rn. 3.5.

162 Vgl. § 18 Abs. 1 KAGB.

163 Vgl. *Lichtenstein*, B/T/M/B, Investmentgesetze, § 92 Rn. 14.

164 Vgl. *Lichtenstein*, B/T/M/B, Investmentgesetze, § 92 Rn. 21.

165 Vgl. *Dorn*, Investmentsteuerrecht, S. 21.

bb) Investmentfondsbegriff

Im Grundsatz stellen alle Investmentvermögen i. S. d. § 1 Abs. 1 KAGB auch Investmentfonds i. S. d. InvStG dar. § 1 Abs. 2 und 3 InvStG begrenzen und erweitern den Investmentfondsbegriff jedoch für die Zwecke des InvStG.[166] Neben den aufsichtsrechtlichen Investmentvermögen gelten sog. Ein-Anlegerfonds (Abs. 2 S. 3 Nr. 1), nicht-unternehmerische steuerbefreite Kapitalgesellschaften (Abs. 2 S. 3 Nr. 2) und sog. Konzerneigene Investmentvermögen (Abs. 2 S. 3 Nr. 3) ebenfalls als steuerliche (fiktive) Investmentfonds.[167]

(1) Über den Begriff des KAGB hinausgehende Investmentfonds

Als Investmentfonds i. S. d. InvStG gelten auch sog. Ein-Anleger-Fonds. Dabei handelt es sich um Organismen für gemeinsame Anlagen, bei denen die Zahl der möglichen Anleger nach den Anlagebedingungen, der Satzung oder dem Gesellschaftsvertrag ausdrücklich auf einen Anleger begrenzt ist, die aber die übrigen Voraussetzungen des § 1 Abs. 1 KAGB erfüllen.[168] Da es solchen Ein-Personen-Fonds am Merkmal der „Anzahl von Anlegern" fehlt, fallen diese nicht unter den aufsichtsrechtlichen Begriff des Investmentvermögens, während Anlagevehikel, die theoretisch mehrere Anleger haben könnten, aber faktisch nur einen Anleger haben, Investmentvermögen im aufsichtsrechtlichen Sinne darstellen und so bereits nach § 1 Abs. 2 S. 1 InvStG in den Anwendungsbereich des InvStG fallen.[169] Durch eine simple Satzungsänderung konnte die Besteuerung nach dem InvStG vermieden werden, da es an dem Merkmal der gemeinsamen Anlage für die Erfüllung des § 1 Abs. 1 KAGB fehlte.[170]

Bei den Kapitalgesellschaften, welche zwar kein Investmentvermögen nach § 1 Abs. 1 KAGB darstellen, denen jedoch eine operative unternehmerische Tätigkeit nach dem Recht des Staates, in dem sie ihren Sitz oder ihre Geschäftsleitung haben, untersagt ist und die keiner Ertragsteuer unterliegen oder von ihr befreit sind, handelt es sich insbesondere um Luxemburger Kapitalanlagevehikel wie die Luxemburger Verwaltungsgesellschaft für Familienvermögen SPF[171], welche ebenfalls in den Anwendungsbereich des InvStG gezogen werden

166 *Link*, Herrmann/Heuer/Raupach, EStG/KStG, § 1 InvStG Rn. 6; *Lechner*, RdF 2016, 208 (209).
167 *Wenzel*, Brandis/Heuermann, Ertragsteuerrecht, § 1 InvStG Rn. 23.
168 *Link*, Herrmann/Heuer/Raupach, EStG/KStG, § 1 InvStG Rn. 9a.
169 *Link*, Herrmann/Heuer/Raupach, EStG/KStG, § 1 InvStG Rn. 9a.
170 Vgl. *Lechner*, RdF 2016, 208 (210); *Buge u. a.*, DB 2016, 1594 (1595).
171 Société de gestion patrimoine familial.

sollen.[172] Diese Erweiterung des Anwendungsbereichs soll eine sachgerechte Besteuerung sichern und nicht systemgerechte Besteuerungslücken vermeiden.[173] Teilweise wird jedoch eine systemwidrige Loslösung des Investmentsteuerrechts vom Aufsichtsrecht gesehen.[174]

Als letzte Erweiterung werden von dem InvStG auch die von AIF-Kapitalverwaltungsgesellschaften verwalteten Investmentvermögen nach § 2 Abs. 3 KAGB erfasst. Da bei diesen investmentrechtlich kein Anlegerschutz geboten ist, fallen sie nicht in den Anwendungsbereich des KAGB.[175] Aus der Sicht des Steuerrechts ist hingegen die Anwendung des InvStG nach Auffassung des Gesetzgebers geboten.[176]

(2) Einschränkungen gegenüber dem Begriff des KAGB

Es gelten auch weiterhin die in § 2 Abs. 1 und 2 KAGB enthaltenen Ausnahmen vom Anwendungsbereich des KAGB für die Zwecke des InvStG.[177] Darunter fallen in bestimmten Fällen Holdinggesellschaften, Verbriefungszweckgesellschaften sowie Einrichtungen der betrieblichen Altersvorsorge.[178]

Gem. § 1 Abs. 3 S. 1 Nr. 2 InvStG ausdrücklich vom Anwendungsbereich des InvStG ausgenommen und für die Praxis besonders relevant sind zudem Investmentvermögen in der Rechtsform einer Personengesellschaft oder einer vergleichbaren ausländischen Rechtsform.[179] Nicht als Personengesellschaften gelten nach § 1 Abs. 3 S. 2 InvStG jedoch ausdrücklich Sondervermögen in Vertragsform und vergleichbare ausländische Rechtsformen. Damit fallen beispielsweise auch die Luxemburger FCP und Cayman Unit Trust unter den Anwendungsbereich des InvStG.[180] Damit soll sichergestellt werden, dass diese Vehikel ebenfalls der deutschen Besteuerung nach §§ 6 ff. InvStG unterliegen.[181]

---

172 Vgl. *Lechner*, RdF 2016, 208 (210); *Dorn*, Investmentsteuerrecht, S. 70; *Buge u. a.*, DB 2016, 1594 (1595); BT-Drs. 18/8045, S. 67.

173 *Wenzel*, Brandis/Heuermann, Ertragsteuerrecht, § 1 InvStG Rn. 23.

174 *Link*, Herrmann/Heuer/Raupach, EStG/KStG, § 1 InvStG Rn. 9b; a.A. wohl *Wenzel*, Brandis/Heuermann, Ertragsteuerrecht, § 1 InvStG Rn. 23.

175 *Link*, Herrmann/Heuer/Raupach, EStG/KStG, § 1 InvStG Rn. 9c; *Wenzel*, Brandis/Heuermann, Ertragsteuerrecht, § 1 InvStG Rn. 23.

176 *Wenzel*, Brandis/Heuermann, Ertragsteuerrecht, § 1 InvStG Rn. 23.

177 Vgl. *Dorn*, Investmentsteuerrecht, S. 70; *Lechner*, RdF 2016, 208 (210).

178 Ausführlich zu den Ausnahmen nach § 1 Abs. 3 S. 1 Nr. 1 InvStG und § 2 Abs. 1 und 2 KAGB siehe: *Link*, Herrmann/Heuer/Raupach, EStG/KStG, § 1 InvStG Rn. 11.

179 *Wenzel*, Brandis/Heuermann, Ertragsteuerrecht, § 1 InvStG Rn. 26.

180 *Stadler/Bindl*, DStR 2016, 1953 (1954).

181 *Link*, Herrmann/Heuer/Raupach, EStG/KStG, § 1 InvStG Rn. 14.

Auch REIT-Aktiengesellschaften werden fortan ausdrücklich aus dem Anwendungsbereich des InvStG ausgeschlossen. Dies ist begrüßenswert, da das REIT-G eigenständige Besteuerungsvorschriften enthält.[182]

cc) Umbrella-Konstruktionen

§ 1 Abs. 4 InvStG bestimmt, dass haftungs- und vermögensrechtlich voneinander getrennte Teile eines Investmentfonds für die Zwecke des neuen Investmentsteuergesetzes als eigenständige Investmentfonds gelten. Gemeint sind damit sog. Umbrella-Konstruktionen wie Teilsondervermögen i. S. d. § 96 Abs. 2 S. 1 KAGB, Teilgesellschaftsvermögen i. S. d. §§ 117, 132 KAGB und vergleichbare, rechtlich getrennte Einheiten eines ausländischen Investmentfonds.[183] Erfasst sind Teilgesellschaftsvermögen einer InvAG mit veränderlichem Kapital oder einer Investment-KG, sofern diese nicht bereits nach § 1 Abs. 3 S. 1 Nr. 2 InvStG aus dem Anwendungsbereich des InvStG ausgenommen ist.[184] Die Fiktion gilt ausschließlich für Zwecke des InvStG und ist neben der Bestimmung des Anwendungsbereichs beispielsweise auch für die Steuerbefreiungen nach §§ 8 und 10 InvStG relevant.[185] Eine entsprechende Fiktion befand sich bereits in § 1 Abs. 1 S. 2 InvStG a. F., diese wurde jedoch in dem neuen InvStG deutlich weiter formuliert.[186]

b) Zuständigkeit

Die §§ 4 und 5 InvStG regeln die Zuständigkeit des Finanzamts für die Besteuerung von Investmentfonds. Es ist jeweils das Finanzamt örtlich zuständig, in dessen Bezirk sich die Geschäftsleitung des gesetzlichen Vertreters (§ 3 InvStG) befindet. Die zuständige Finanzbehörde ist zudem zur Überprüfung der steuerlichen Verhältnisse im Zuge von Außenprüfungen befugt. Die Zulässigkeit einer Außenprüfung i. S. d. §§ 194 ff. AO wird ebenfalls geregelt.

2. Kapitel 2

Das zweite Kapitel des InvStG regelt in den §§ 6–24 die Besteuerung von Investmentfonds und deren Anlegern. Die (Publikums-)Investmentfonds, auch

---

182 *Link*, Herrmann/Heuer/Raupach, EStG/KStG, § 1 InvStG Rn. 18.

183 *Wenzel*, Brandis/Heuermann, Ertragsteuerrecht, § 1 InvStG Rn. 31.

184 *Link*, Herrmann/Heuer/Raupach, EStG/KStG, § 1 InvStG Rn. 20.

185 *Wenzel*, Brandis/Heuermann, Ertragsteuerrecht, § 1 InvStG Rn. 31; *Link*, Herrmann/Heuer/Raupach, EStG/KStG, § 1 InvStG Rn. 21.

186 *Link*, Herrmann/Heuer/Raupach, EStG/KStG, § 1 InvStG Rn. 19.

Kapitel-2-Fonds genannt, werden nach dem neuen InvStG nicht mehr transparent, sondern intransparent besteuert, sodass sie mit bestimmten inländischen Einkünften der partiellen Steuerpflicht unterliegen.[187] Eine Durchbrechung der Intransparenz findet lediglich durch die investmentsteuerrechtliche Sonderregelung zur Vorabpauschale statt.[188] Auf der Anlegerebene werden Ausschüttungen, Veräußerungsgewinne aus den Fondsanteilen und die sog. Vorabpauschale versteuert, welche als Ausgleich für den Wegfall der ausschüttungsgleichen Erträge zu sehen ist.[189] Mit diesen Neuerungen intendiert der Gesetzgeber, die Komplexität und den administrativen Aufwand der Investmentbesteuerung zu reduzieren und europarechtliche Risiken[190] sowie Systemfehler und Steuergestaltungsmöglichkeiten zu beseitigen,[191] insbesondere die möglichen Steuergestaltungen der Cum/Cum-Geschäfte[192] und der Cum/Ex-Gestaltungen, also die Umgehung der Dividendenbesteuerung seitens ausländischer Anleger durch Zwischenschaltung eines Investmentfonds, die sog. Kopplungsgeschäfte aus Aktien und Derivaten sowie die Umgehung der Dividendenbesteuerung mittels Nutzung des sog. negativen Ertragsausgleichs.[193]

a) Grundzüge der Besteuerung von Investmentfonds

Die zentrale Norm der Investmentbesteuerung bildet § 6 InvStG, welcher die Körperschaftsteuerpflicht eines Investmentfonds regelt.[194] Erstmalig wird damit ein intransparentes Besteuerungsregime nach Maßgabe des Trennungsprinzips eingeführt, welches den Fonds an sich besteuert und nicht, wie bisher, die Anleger.[195] Zu diesem Zweck wurde eine Fiktion für Investmentfonds eingeführt, nach der es sich um eigenständige Körperschaftsteuersubjekte handelt.

---

187 Vgl. *Lechner*, RdF 2016, 208 (210); *Stadler/Bindl*, DStR 2016, 1953 (1955); *Buge u. a.*, DB 2016, 1594 (1595); *Kühn*, Die Investmentsteuerreform 2018 – Steuerliche Wirkungsanalyse und Möglichkeit zur Optimierung der Portfoliostruktur, S. 66; *Sagasser/Leuschner*, Assmann/Schütze/Buck-Heeb, Handbuch des Kapitalanlagerechts, § 27 Rn. 174; *Klein*, Herrmann/Heuer/Raupach, EStG/KStG, § 6 InvStG Rn. 1; *Mann*, Brandis/Heuermann, Ertragsteuerrecht, § 6 InvStG Rn. 1.

188 *Stadler/Bindl*, DStR 2016, 1953 (1955).

189 BT-Drs. 18/8045, S. 88.

190 EuGH v. 09.10.2014 – C-326/12, DStRE 2014, 1318.

191 *Stadler/Bindl*, DStR 2016, 1953 (1953).

192 Aktienerwerb über den Dividendenstichtag.

193 Vgl. BR-Drs. 119/16, S. 52 ff.

194 *Mann*, Brandis/Heuermann, Ertragsteuerrecht, § 6 InvStG Rn. 1; *Klein*, Herrmann/Heuer/Raupach, EStG/KStG, § 6 InvStG Rn. 1.

195 Vgl. *Höring*, StBp 2017, 351 (351).

Ein inländischer Investmentfonds wird als ein Zweckvermögen i. S. d. § 1 Abs. 1 Nr. 5 KStG, ein ausländischer Investmentfonds als eine Vermögensmasse i. S. d. § 2 Nr. 1 KStG fingiert.[196]

Im Grundsatz ist ein Investmentfonds steuerbefreit, wobei § 6 Abs. 2 InvStG hier einige Ausnahmen vorsieht. Der in § 6 Abs. 2 InvStG abschließend bestimmte sachliche Umfang der nicht von der Körperschaftsteuer befreiten Erträge umfasst inländische wie auch ausländische Investmentfonds gleichermaßen. Maßgeblich ist nach § 6 Abs. 2 InvStG, dass es sich um inländische Einkünfte handelt, die entweder inländische Beteiligungseinnahmen, inländische Immobilienerträge oder sonstige inländische Einkünfte i. S. d. § 49 Abs. 1 EStG darstellen.

Da nach der Neuregelung nur die Einkünfte unter die Körperschaftsteuerpflicht fallen, welche Deutschland völkerrechtlich auch zu besteuern berechtigt ist, werden Gewinne aus der Veräußerung wesentlicher Beteiligungen an inländischen Kapitalgesellschaften nach § 49 Abs. 1 Nr. 2 Buchst. e EStG explizit von der Besteuerung ausgenommen. Damit möchte der Gesetzgeber Standortnachteile für deutsche Investmentfonds vermeiden, da gem. Doppelbesteuerungsabkommen[197] bei ausländischen Investmentfonds Deutschland regelmäßig das Besteuerungsrecht entzogen ist.[198]

Der sachliche Umfang der Körperschaftsteuerpflicht eines Investmentfonds erschöpft sich abschließend in den durch § 6 Abs. 2 InvStG aufgezählten Einkünften, für die Deutschland völkerrechtlich ein Besteuerungsrecht zusteht.[199] Das grundsätzlich in Deutschland geltende Welteinkommensprinzip, nach welchem das gesamte weltweit erzielte Einkommen der Ansässigen in Deutschland besteuert wird, erfährt durch die abschließende Aufzählung der körperschaftsteuerpflichtigen Einkünfte von Investmentfonds eine Einschränkung, welche i. S. d. Europarechtskonformität des neuen Investmentsteuerrechts erfolgte.[200]

Die intendierte Angleichung der steuerlichen Belastung inländischer und ausländischer Investmentfonds zeigt sich auch daran, dass diese einheitlich der Körperschaftsteuer unterworfen werden und die Anlegerbesteuerung nun unabhängig von den Fondseinkünften geschieht.[201] Nach der ursprünglichen

---

196 *Klein*, Herrmann/Heuer/Raupach, EStG/KStG, § 6 InvStG Rn. 5; *Sagasser/Leuschner*, Assmann/Schütze/Buck-Heeb, Handbuch des Kapitalanlagerechts, § 27 Rn. 177–178.

197 Art. 13 Abs. 5 OECD-MA.

198 Vgl. *Elser/Stiegel*, IStR 2017, 567 (569); BT-Drs. 18/8045, S. 73.

199 Vgl. BT-Drs. 18/8045, S. 54.

200 *Mann*, Brandis/Heuermann, Ertragsteuerrecht, § 6 InvStG Rn. 25.

201 *Hahne/Völker*, Investmentsteuerrecht visuell, S. 30.

Besteuerung wurde der Fondsanleger im Wesentlichen wie ein Direktanleger behandelt, da sich die Besteuerung nur auf ihn und nicht auf den Fonds an sich erstreckte, wodurch Zweifel an der Europarechtskonformität der Investmentbesteuerung genährt wurden.

aa) Unterschiede zur Direktanlage

Unterschiede in der steuerlichen Behandlung von Fondsanlegern und Direktanlegern ergeben sich insbesondere bei ausländischen Investoren für jene Erträge auf der Fondsausgangsseite die, anders als nach alter Rechtslage, in Deutschland nach nationalem Steuerrecht nicht mehr steuerbar sind, da der Katalog der beschränkt steuerpflichtigen Inlandseinkünfte nach § 49 Abs. 1 EStG keine Erträge aus Investmentfonds nach § 20 Abs. 1 Nr. 3 EStG enthält.[202] Aus der fehlenden Steuerbarkeit von Einkünften folgt, dass es keinen Kapitalertragsteuer-Abzug geben kann und der ausländische Investor so mit Fondserträgen nicht in die Veranlagung gehen muss und auch keiner deutschen Kapitalertragsteuer-Belastung auf die Ausschüttungen aus Investmentfonds unterliegt.[203] Eine Besteuerung des Anlegers auf Ebene der beschränkten Einkommensteuerpflicht fällt damit weg, da bestimmte Einkünfte mit Inlandsbezug bereits auf Fondsebene einer deutschen Besteuerung unterlegen haben.[204] Bei einer Direktanlage hingegen ist ein ausländischer Investor unter Umständen gem. § 49 Abs. 1 Nr. 5 EStG mit seinen inländischen Einkünften beschränkt steuerpflichtig.

bb) Gewerbesteuer

Investmentfonds sind nach § 15 Abs. 2 InvStG grundsätzlich von der Gewerbesteuer befreit, wobei das Gesetz auch hier einige Ausnahmen vorsieht.[205] Sie gelten nach § 15 Abs. 1 InvStG für gewerbesteuerliche Zwecke generell als sonstige juristische Personen des privaten Rechts nach § 2 Abs. 3 GewStG.

Ein Investmentfonds unterliegt dann der Gewerbesteuer, wenn sein objektiver Geschäftszweck auf die Anlage und Verwaltung seiner Mittel für gemeinschaftliche Rechnung der Anteils- oder Aktieninhaber beschränkt ist oder er seine Vermögensgegenstände in wesentlichem Umfang aktiv unternehmerisch

---

202 Vgl. *Elser/Stiegel*, IStR 2017, 567 (568).

203 Vgl. *Elser/Stiegel*, IStR 2017, 567 (568).

204 Vgl. BT-Drs. 18/8045, S. 138.

205 *Delp*, DB 2017, 447 (448); *Klein*, Herrmann/Heuer/Raupach, EStG/KStG, § 15 InvStG Rn. 1.

bewirtschaftet.[206] Diese sich aus § 15 Abs. 2 InvStG ergebenden Voraussetzungen gelten nach der De-Minimis-Regelung[207] als erfüllt, wenn die Einnahmen aus einer aktiven unternehmerischen Bewirtschaftung in einem Geschäftsjahr weniger als 5 % der gesamten Einnahmen des Investmentfonds betragen.[208] Der Begriff der aktiven unternehmerischen Bewirtschaftung orientiert sich an den Grundsätzen des BMF-Schreibens[209] vom 03.03.2015, wonach es für den Investmentfonds unschädlich sein sollte, wenn er die Beteiligungen an gewerblichen AIF lediglich hält, ohne sich jedoch am aktiven Management der Zielfonds zu beteiligen und ausschließlich Beratungs- bzw. Kontrollfunktionen sowie sonstige Verwaltungsrechte ausübt. Eine Überschreitung der De-Minimis-Schwelle hat zur Folge, dass die Vermögensgegenstände, die in einem schädlichen Umfang aktiv bewirtschaftet werden, dem wirtschaftlichen Geschäftsbetrieb des Investmentfonds zuzuordnen sind und nur die hieraus erzielten Einkünfte der Gewerbesteuer unterliegen.[210]

Eine Besonderheit ergibt sich bei der Beteiligung des Fonds an Immobiliengesellschaften. In diesem Fall führt die unternehmerische Bewirtschaftung nicht zur Gewerbesteuerpflicht der Immobilienfonds, da die Tätigkeit der Immobiliengesellschaft selbst vermögensverwaltend ist.[211]

cc) Steuerbefreiung

In den §§ 8 ff. InvStG sind bestimmte Befreiungen von der partiellen Steuerpflicht vorgesehen, wenn steuerbefreite Anleger an dem Investmentfonds beteiligt sind. Von der Art der Steuerbefreiung der Anleger hängt ab, welche Einkünfte auf Ebene des Investmentfonds steuerbefreit sind. Der § 8 InvStG ist, wie auch § 10 InvStG, nach der gesetzlichen Konzeption nur auf Investmentfonds und nicht auf Spezial-Investmentfonds i. S. d. § 26 InvStG anwendbar.[212]

---

206 *Klein*, Herrmann/Heuer/Raupach, EStG/KStG, § 15 InvStG Rn. 10; *Höring*, StBp 2017, 351 (352–353).

207 Durch die Voraussetzungen der De-Minimis-Beihilfe-Regelung bedarf eine durch ein EU-Mitgliedstaat an ein Unternehmen gewährte geringfügige Beihilfe nicht weiter der Genehmigung der Europäischen Kommission. Dazu näher: *Dauses/Ludwig*, EU WirtschaftsR-HdB, H. III. Staatliche Beihilfen.

208 Vgl. *Stadler/Bindl*, DStR 2016, 1953 (1956); *Höring*, StBp 2017, 351 (353).

209 BMF v. 03.03.2015 – IV C1 – S – 1980-1/13/10007:003, BStBl. I 2015, 227.

210 *Stadler/Bindl*, DStR 2016, 1953 (1956).

211 Vgl. *Dorn*, Investmentsteuerrecht, S. 130; BT-Drs. 18/8045, S. 84.

212 *Mann*, Brandis/Heuermann, Ertragsteuerrecht, § 30 InvStG Rn. 1.

Als allgemeine Regelung ist § 8 InvStG sowohl auf inländische als auch auf ausländische Investmentfonds i. S. d. § 1 Abs. 2 und 3 InvStG anwendbar.[213]

Nach § 8 Abs. 1 InvStG sind Einkünfte des Investmentfonds nach § 6 Abs. 2 InvStG vollständig von der Steuer befreit, soweit an ihnen Anleger beteiligt sind, welche die Voraussetzungen des § 44a Abs. 7 S. 1 EStG erfüllen. Darunter fallen insbesondere Körperschaften i. S. d. § 5 Abs. 1 Nr. 9 KStG, welche nach ihrer Satzung und nach ihrer tatsächlichen Geschäftsführung ausschließlich und unmittelbar gemeinnützigen, mildtätigen oder kirchlichen Zwecken gem. §§ 51 bis 68 AO dienen. Auch gemeinnützige oder mildtätige Stiftungen des öffentlichen Rechts sowie juristische Personen des öffentlichen Rechts, die kirchlichen Zwecken dienen, sind hiervon erfasst.[214] Diese Steuerbefreiung muss zuvor mittels eines formlosen Antrags des Investmentfonds gegenüber der zum Abzug der Kapitalertragsteuer verpflichteten Stelle[215] oder gegenüber der Finanzbehörde beantragt werden.[216] Daraus lässt sich zudem schlussfolgern, dass die Steuerbefreiungen fakultativ sind, also vom Investmentfonds nicht geltend gemacht werden müssen.[217]

Der § 8 Abs. 2 InvStG regelt eine Steuerbefreiung nur für Immobilienerträge, soweit an dem Fonds sonstige steuerbefreite Anleger i. S. d. § 44 Abs. 8 EStG oder sonstige inländische juristische Personen des öffentlichen Rechts beteiligt sind. In § 8 Abs. 2 Nr. 1 InvStG wird die Steuerfreiheit für Anleger, die eine juristische Personen des öffentlichen Rechts sind und deren Investmentanteile einem Betrieb gewerblicher Art einer öffentlichen Körperschaft zugerechnet werden, ausgeschlossen. Die Regelung soll dadurch die Steuerfreiheit für die von öffentlich-rechtlichen Kreditinstituten erzielten Immobilienerträge verhindern.[218]

Der § 8 Abs. 4 InvStG knüpft die Befreiung zudem an bestimmte Haltefristen im Hinblick auf die Anteile am Investmentfonds. Eine vollständige Steuerbefreiung können nach § 10 InvStG Investmentfonds oder Anteilsklassen

---

213 Vgl. BT-Drs. 18/8045, S. 77; BMF v. 21.05.2019 – IV C 1 – S 1980-1/16/10010:001, BStBl. I 2019, 527, Rn. 8.8; *Klein*, Herrmann/Heuer/Raupach, EStG/KStG, Anhang zu § 20 EStG, § 8 InvStG Rn. 1.

214 *Brandl*, Brandis/Heuermann, Ertragsteuerrecht, § 8 InvStG Rn. 9.

215 In der Regel die Verwahrstelle des Investmentfonds.

216 Vgl. *Patzner*, Patzner/Kempf/Nagel, Investmentsteuergesetz, § 8 InvStRefG Rn. 5.

217 Vgl. BMF v. 21.05.2019 – IV C 1 – S 1980-1/16/10010:001, BStBl. I 2019, 527, Rn. 8.8; *Hoffmann*, Korn, Einkommensteuergesetz, § 8 InvStG Rn. 3; BT-Drs. 18/8045, S. 77.

218 Vgl. *Patzner*, Patzner/Kempf/Nagel, Investmentsteuerrecht, § 8 InvStRefG Rn. 13.

erreichen, wenn sie nach den Anlagebestimmungen nur steuerbegünstigte Anleger i. S. v. § 8 Abs. 1 InvStG beteiligen.

dd) Zusammenfassung

Im Vergleich zur alten Rechtslage ist der gewichtigste Unterschied die Einführung des Trennungsprinzips, durch die eine Steuerbelastung auch auf der Ebene des Investmentfonds etabliert wurde. Im Grunde sind Investmentfonds durch die negativen Formulierungen der die Steuerpflicht begründenden Normen jedoch sowohl von der Körperschaftsteuer als auch von der Gewerbesteuer befreit. Hierbei definiert das Gesetz lediglich Ausnahmen von der Steuerfreiheit, sodass ein Investmentfonds ausschließlich mit den in § 6 Abs. 2 S. 2 InvStG genannten Erträgen der Körperschaftsteuer unterliegt. Dazu zählen inländische Beteiligungseinnahmen, inländische Immobilienerträge sowie sonstige inländische Einkünfte.

Von der Gewerbesteuer ist ein Investmentfonds nur dann nicht befreit, wenn sein objektiver Geschäftszweck sich nicht auf die Anlage und Verwaltung seiner Mittel für gemeinschaftliche Rechnung der Anleger beschränkt und er seine Vermögensgegenstände nicht in wesentlichem Umfang aktiv unternehmerisch bewirtschaftet. Das wichtigste Merkmal zur Vermeidung einer Gewerbesteuerpflicht ist die aktive unternehmerische Bewirtschaftung. Sind bestimmte Anleger an dem Investmentfonds beteiligt, ist zudem eine Steuerbefreiung auf der Ebene des Investmentfonds möglich.

b) Grundzüge der Besteuerung von Anlegern eines Investmentfonds

Die §§ 16–22 InvStG regeln in Abschnitt 2 des zweiten Kapitels die Besteuerung der Anleger von Investmentfonds. Die aus dem Investmentfonds erwirtschafteten Erträge werden nicht länger als Dividenden qualifiziert, sondern finden seit dem 01.01.2018 in § 20 Abs. 1 Nr. 3 EStG mit Verweis auf § 16 InvStG eine direkte Erwähnung. Zu den Erträgen aus Investmentfonds gehören Ausschüttungen eines Investmentfonds, die Vorabpauschale nach § 18 InvStG sowie der Gewinn aus der Veräußerung von Investmentanteilen nach § 19 InvStG.[219] Ausgenommen sind nach § 16 Abs. 2 S. 1 InvStG Investmentanteile, die im Rahmen von Altersvorsorge- oder Basisrentenverträgen gehalten werden.[220] § 17

219 *Sagasser/Leuschner*, Assmann/Schütze/Buck-Heeb, Handbuch des Kapitalanlagerechts, § 27 Rn. 284; *Wenzel*, Brandis/Heuermann, Ertragsteuerrecht, § 16 InvStG Rn. 1; *Remmel*, Herrmann/Heuer/Raupach, EStG/KStG, § 16 InvStG Rn. 1.

220 *Wenzel*, Brandis/Heuermann, Ertragsteuerrecht, § 16 InvStG Rn. 13.

InvStG behandelt die Ertragsermittlung im Falle der Abwicklung. Um möglichst eine Doppelbesteuerung durch die Einführung des Trennungsprinzips zu vermeiden, sieht § 20 InvStG eine Teilfreistellung bei der Besteuerung von Investmenterträgen vor, auf welche folglich weder § 3 Nr. 40 EStG noch § 8b KStG anzuwenden sind.[221]

Für die nachfolgende Untersuchung von primärer Relevanz ist § 20 Abs. 3 InvStG, welcher bei Immobilienfonds eine Teilfreistellung i. H. v. 60 % vorsieht, wenn der Investmentfonds fortlaufend mindestens 51 % seines Wertes in Immobilien und Immobilien-Gesellschaften anlegt, und eine Teilfreistellung i. H. v. 80 %, wenn es sich dabei um ausländische Immobilien oder Immobilien-Gesellschaften handelt. Durch die letztgenannte Teilfreistellung soll eine höchst wahrscheinliche steuerliche Vorbelastung aus dem Ausland berücksichtigt werden.[222] Für Zwecke der Gewerbesteuer werden die genannten Freistellungen nach § 20 Abs. 5 InvStG jedoch nur zur Hälfte berücksichtigt.

Bei Privatanlegern unterliegen die Investmenterträge i. S. v. § 16 Abs. 1 InvStG als Einkünfte aus Investmenterträgen gem. § 20 Abs. 1 Nr. 3 EStG der Abgeltungsteuer i. H. v. 25 % zuzüglich des Solidaritätszuschlags nach § 32d Abs. 1 EStG. Zu diesen Investmenterträgen zählen die Ausschüttungen des Fonds nach § 2 Abs. 11 InvStG, Gewinne und Verluste aus der Veräußerung von Investmentanteilen nach § 19 InvStG sowie die Vorabpauschale.

aa) Die Vorabpauschale

In das System der intransparenten Besteuerung neu eingeführt wurde in § 18 InvStG die sog. Vorabpauschale. Sie stellt eine Ausnahme zum Grundsatz dar, dass Erträge des Investmentfonds auf Anlegerebene erst bei einer Ausschüttung besteuert werden sollen. Im Falle eines thesaurierenden Investmentfonds sind fortan fiktive Erträge in Form dieser Vorabpauschale zu erfassen, welche die bisherigen ausschüttungsgleichen Erträge ersetzt.[223]

Die Vorabpauschale, welche der Verstetigung des Steueraufkommens dienen soll und sich gem. § 18 Abs. 4 InvStG nach 70 % des Durchschnittzinses öffentlicher Anleihen, multipliziert mit dem Wert des Investmentanteils zu Beginn des Jahres, errechnet,[224] ist daher gegebenenfalls bei Investmentfonds anzusetzen,

---

221 *Sagasser/Leuschner*, Assmann/Schütze/Buck-Heeb, Handbuch des Kapitalanlagerechts, § 27 Rn. 311; *Lechner*, RdF 2016, 208 (214).

222 Vgl. BT-Drs. 18/8045, S. 91.

223 Vgl. *Lechner*, RdF 2016, 208 (209); *Höring*, StBp 2019, 236 (237); BT-Drs. 18/8045, S. 88.

224 Vgl. BT-Drs. 18/8045, S. 88.

die ihre Erträge ganz oder teilweise thesaurieren.[225] Der Gesetzgeber begründet die Vorabpauschale damit, dass eine dauerhafte Thesaurierungsbegünstigung mit entsprechendem Stundungseffekt vermieden werden soll.[226] Der Anleger soll nicht nur die Ausschüttungen eines Investmentfonds versteuern, sondern zumindest und stets die risikolose Marktverzinsung, weshalb man sagen kann, dass es sich bei der Vorabpauschale um eine pauschale Bemessungsgrundlage in Höhe einer risikolosen Marktverzinsung handelt.[227]

Die Vorabpauschale kommt grundsätzlich immer dann zur Anwendung, wenn die Ausschüttungen eines Investmentfonds in einem Kalenderjahr geringer sind als die Wertentwicklung des Investmentfonds im Sinne einer risikolosen Marktverzinsung, welche sich nach § 18 Abs. 4 InvStG anhand des Basiszinssatzes nach § 203 BewG ermitteln lässt.[228] Der Basiszinssatz wird von der Deutschen Bundesbank jährlich zu Jahresbeginn nach den Vorgaben des § 247 Abs. 1 BGB ermittelt und vom Bundesministerium der Finanzen im Bundessteuerblatt veröffentlicht. Ein Abschlag i. H. v. 30 % soll die pauschale Berücksichtigung der Verwaltungskosten des Fonds sicherstellen. § 19 Abs. 1 S. 4 InvStG erlaubt im Falle einer Veräußerung der Investmentanteile, die angesetzten Vorabpauschalen vom Veräußerungsgewinn abzuziehen, um eine Doppelbesteuerung zu vermeiden.

Da die inländischen Einnahmen und Erträge i. S. d. § 6 Abs. 2 InvStG, welche bisher nach § 49 Abs. 1 Nr. 5 S. 1 Buchst. b) EStG in der bis einschließlich 31.12.2017 geltenden Fassung der beschränkten Steuerpflicht unterlagen, seit dem 01.01.2018 bereits auf der Ebene des Investmentfonds besteuert werden, besteht keine Notwendigkeit, die Vorabpauschale auf der Ebene des Anlegers der beschränkten Steuerpflicht zu unterwerfen.[229] Demnach gehört die Vorabpauschale nicht zu den beschränkt steuerpflichtigen Einkünften aus Kapitalvermögen.[230] Der § 49 Abs. 1 Nr. 5 S. 1 Buchst. b) EStG in der am 26.07.2016 geltenden Fassung wurde daher aufgehoben und ist nach § 52 Abs. 45a S. 2 EStG letztmals auf Erträge anzuwenden, welche dem Anleger vor dem 01.01.2018 zugeflossen sind oder aber als zugeflossen gelten.

---

225 Vgl. *Stadler/Bindl*, DStR 2016, 1953 (1958); *Höring*, StBp 2017, 351 (353).
226 BR-Drs. 119/16, S. 91.
227 *Wenzel*, Brandis/Heuermann, Ertragsteuerrecht, § 18 InvStG Rn. 2.
228 *Höring*, StBp 2017, 351 (353).
229 Vgl. BT-Drs. 18/8045, S. 139.
230 *Kral/Watzlaw*, BB 2018, 2717 (2717).

Im Vergleich zur Pauschalbesteuerung nach dem vor 2018 geltenden InvStG ist die Vorabpauschale zum einen geringer und zum anderen müssen im Verlustfall keine fiktiven Wertsteigerungen mehr versteuert werden.[231]

bb) Teilfreistellung

Aufgrund der steuerlichen Vorbelastung auf Fondsebene soll das neue Teilfreistellungssystem einen Ausgleich schaffen, der Anleger von Investmentfonds mit bestimmten Anlageschwerpunkten entlastet.[232] Die Teilfreistellung ist in § 20 InvStG geregelt und unterscheidet zwischen Aktien-, Misch- und Immobilienfonds. Nach § 20 Abs. 5 InvStG gelten die Teilfreistellungssätze für die Gewerbesteuer jeweils zu Hälfte.

Immobilienfonds sind gem. § 2 Abs. 9 InvStG definiert als Investmentfonds, die gem. ihren Anlagebestimmungen mindestens 51 % ihres Wertes in Immobilien und Immobilien-Gesellschaften anlegen. Die prozentualen Grenzen beziehen sich jeweils auf das Nettofondsvermögen und nicht etwa auf das Aktivvermögen des Fonds.[233] § 20 Abs. 4 InvStG ermöglicht dem Anleger, bei einer fehlenden Regelung in den Anlagebedingungen die tatsächliche durchgehende Überschreitung der oben genannten Anlagegrenzen nachzuweisen, um dennoch eine Teilfreistellung des Fonds zu ermöglichen.[234]

Die Teilfreistellungen sind üblicherweise bereits im Rahmen des Kapitalertragsteuerabzugs zu berücksichtigen. Des Weiteren enthält § 21 InvStG ein anteiliges Abzugsverbot für Aufwendungen, die mit teilfreigestellten Erträgen in wirtschaftlichem Zusammenhang stehen. Die Norm soll den Rechtsgedanken des § 3c Abs. 2 EStG auf das Teilfreistellungsverfahren für Aktien-, Misch- und Immobilienfonds übertragen.[235] Im Ergebnis führt die Regelung zu einer anteiligen Kürzung der mit dem Erwerb, dem Halten und der Veräußerung von Investmentanteilen an Aktien-, Misch- und Immobilienfonds in wirtschaftlichem Zusammenhang stehenden Ausgaben im Umfang des jeweilig anwendbaren Teilfreistellungssatzes, wobei der Begriff des wirtschaftlichen Zusammenhangs gleichermaßen wie in § 3c Abs. 2 S. 1 EStG als

---

231 Vgl. *Buge u. a.*, DB 2016, 1594 (1597); *Delp*, DB 2017, 447 (449).

232 *Stadler/Bindl*, DStR 2016, 1953 (1959); BT-Drs. 18/8045, S. 90 ff; *Sagasser/Leuschner*, Assmann/Schütze/Buck-Heeb, Handbuch des Kapitalanlagerechts, § 27 Rn. 311.

233 *Stadler/Bindl*, DStR 2016, 1953 (1960).

234 Ausführlich siehe: *Remmel*, Herrmann/Heuer/Raupach, EStG/KStG, § 20 InvStG Rn. 20.

235 Vgl. *Mann*, Brandis/Heuermann, Ertragsteuerrecht, § 21 InvStG Rn. 1; BT.Drs. 18/8045, S. 92, 114.

Veranlassungszusammenhang auszulegen ist.[236] Durch die Einführung des Trennungsprinzips ist die Schaffung eines Instruments wie die Teilfreistellung notwendig geworden, sodass sich in dem InvStG a. F. keine vergleichbare Regelung gefunden hat.[237]

c) *Zusammenfassung*

Summa summarum lässt sich feststellen, dass neben der Umbenennung der Publikumsfonds in Investmentfonds deren fortan intransparente Besteuerung eine der prägendsten Änderungen darstellt. Neu ist zudem die fortan geltende Besteuerung der Investmentfonds selbst und nicht mehr nur die des Anlegers. Personengesellschaften werden nur noch dann erfasst, wenn es sich um OGAWs nach § 1 Abs. 2 KAGB oder um Altersvorsorgevermögensfonds handelt. Durch die Einführung der Vorabpauschale wird eine pauschale Besteuerung etabliert, die eine Thesaurierung des Fonds steuerlich erfasst. Das neue Teilfreistellungssystem soll eine Doppelbesteuerung vermeiden und einen Ausgleich der Besteuerung auf Fondsebene bieten. Das System der Teilfreistellung korrespondiert mit den steuerpflichtigen Erträgen auf der Ebene des Investmentfonds, da es bei einer überwiegenden Anlage des Investmentfonds in Immobilien oder in Vehikel, aus denen der Investmentfonds inländische Beteiligungseinnahmen erzielt, eine partielle Freistellung auf der Anlegerebene schafft. Nur diese Erträge unterliegen auf der Ebene des Investmentfonds der Steuerpflicht.

Durch die Einführung des neuen § 16 InvStG soll die Anlegerbesteuerung maßgeblich vereinfacht werden, indem es den Anlegern, Kreditinstituten und der Finanzverwaltung ermöglicht wird, die erforderlichen Besteuerungsgrundlagen ohne Mithilfe des Investmentfonds zu ermitteln.[238] Die vier zur Besteuerung notwendigen Daten sollen auch durch den Anleger selbst relativ leicht zu beschaffen sein. Es werden die Höhe der Ausschüttung, der Rücknahmepreis am Anfang und am Ende des Kalenderjahres sowie die Angabe, ob es sich um einen Aktien-, Misch-, Immobilien- oder einen sonstigen Investmentfonds handelt, benötigt. Es werden zudem alle Ausschüttungen des Investmentfonds grundsätzlich als steuerpflichtiger Investmentertrag behandelt, wodurch eine aufwendige Differenzierung zwischen steuerpflichtigen und steuerfreien Erträgen obsolet ist.[239]

---

236 Vgl. BMF v. 15.05.2018 – IV C 1 – S 1989-1/16/10010:013, DStR 2018, 1176, Rn. 2.
237 *Mann*, Brandis/Heuermann, Ertragsteuerrecht, § 20 InvStG Rn. 3.
238 BT-Drs. 18/8045, S. 85.
239 BT-Drs. 18/8045, S. 85.

3. Kapitel 3

Kapitel 3 des InvStG behandelt die steuerrechtliche Stellung von Spezial-Investmentfonds, auch Kapitel-3-Fonds genannt. Diese werden erstmals im Investmentsteuerrecht konkret benannt, was einen erheblichen Unterschied zum vorherigen Investmentsteuerrecht darstellt, da nun nicht mehr zwischen Investitionsgesellschaften und Investmentfonds, sondern zwischen (Publikums-)Investmentfonds und Spezial-Investmentfonds unterschieden wird.[240] Jedoch entspricht die Besteuerung der Spezial-Investmentfonds weitestgehend dem schon im InvStG a. F. geltenden, semi-transparenten Besteuerungsregime, was bedeutet, dass die Anleger ihre ausgeschütteten und ausschüttungsgleichen Erträge und Veräußerungsgewinne versteuern müssen.[241] Ein Wahlrecht zur vollständigen Steuerbefreiung soll in diesem Zusammenhang dabei helfen, den Status Quo in der Besteuerung beizubehalten.[242] Ebenso bleibt im Bereich der Spezial-Investmentfonds das bisher geltende, steuerlich transparente Besteuerungsregime im Wesentlichen erhalten.[243] Nach § 25 InvStG unterliegen Spezial-Investmentfonds nicht den Regelungen des Kapitels 2 des InvStG für Investmentfonds, die keine Spezial-Investmentfonds sind, außer wenn dies in einer Vorschrift aus Kapitel 3 abweichend bestimmt wird.

a) Der Begriff des Spezial-Investmentfonds

Der Begriff des Spezial-Investmentfonds i. S. d. Investmentsteuergesetzes ist unabhängig von dem Begriff des aufsichtsrechtlichen Spezial-AIF.[244]

Um sich als Spezial-Investmentfonds zu qualifizieren, muss ein Investmentfonds die Anlagebestimmungen des § 26 InvStG erfüllen, welche im Wesentlichen mit denen des § 1 Abs. 1b S. 2 des ursprünglichen InvStG identisch sind.[245] Jedoch wird nach § 26 Nr. 8, Nr. 9 InvStG zusätzlich gefordert, dass sich an dem Investmentfonds nicht mehr als 100 Anleger unmittelbar oder mittelbar beteiligen dürfen und eine Beteiligung natürlicher Personen nur unter bestimmten Voraussetzungen erfolgt. Eine wesentliche Voraussetzung stellt in § 26 Nr. 4

---

240 Vgl. *Stadler/Bindl*, DStR 2016, 1953 (1954); *Lechner*, RdF 2016, 208 (209).

241 Vgl. *Patzner*, Patzner/Kempf/Nagel, Investmentsteuerrecht, § 25 InvStG Rn. 1; *Stadler/Bindl*, DStR 2016, 1953 (1953).

242 *Stadler/Bindl*, DStR 2016, 1953 (1953).

243 Vgl. BT-Drs. 18/8045, S. 94 ff.

244 *Lechner*, RdF 2016, 208 (215); *Sagasser/Leuschner*, Assmann/Schütze/Buck-Heeb, Handbuch des Kapitalanlagerechts, § 27 Rn. 360.

245 Vgl. *Höring*, StBp 2017, 351 (353); *Lechner*, RdF 2016, 208 (210).

InvStG das Erfordernis dar, dass der Investmentfonds mindestens 90 % seines Wertes in sogenannte erwerbbare Vermögensgegenstände investiert, zu denen unter anderem auch Wertpapiere zählen.

Eine deutliche Verschärfung der Regelung ist in Bezug auf den Wertpapierbegriff erkennbar, welcher sich nicht mehr an dem wirtschaftlichen Begriff nach § 284 KAGB orientiert, sondern die engen, für OGAW geltenden Voraussetzungen des § 193 oder § 198 KAGB erfüllen muss, um ein für einen Spezial-Investmentfonds erwerbbarer Vermögensgegenstand zu sein.[246] Ausdrücklich werden in § 26 Nr. 4 Buchst. e und f InvStG zudem Grundstücke und Beteiligungen an Immobilien-Gesellschaften nach § 1 Abs. 19 Nr. 22 KAGB als erwerbbare Vermögensgegenstände genannt.

Die bis zum 31.12.2022 zur Qualifikation als Spezial-Investmentfonds notwendige Befreiung von der Gewerbesteuer wurde aus § 26 Abs. 1 InvStG gestrichen und durch eine Regelung in § 26 Abs. 7a InvStG ersetzt, welche mittels einer Begünstigung bei der Erzeugung erneuerbarer Energien der Erreichung der Klimaziele der Bundesrepublik Deutschland dienen soll.

b) Grundzüge der Besteuerung auf der Ebene des Spezial-Investmentfonds

Spezial-Investmentfonds haben die Wahl, sich nach einem transparenten oder einem intransparenten System besteuern zu lassen. Nach § 29 InvStG finden die Besteuerungsregelungen von Investmentfonds insoweit Anwendung, als sich keine Abweichungen insbesondere aus §§ 30 und 33 InvStG ergeben.[247] Im Grundsatz sind damit bei einem Spezial-Investmentfonds dieselben Einkünfte steuerpflichtig wie auch bei einem Investmentfonds nach Kapitel 2.[248] Übt der Spezial-Investmentfonds keine Transparenzoption aus, ist das zu versteuernde Einkommen nach §§ 6 Abs. 7, 7 InvStG zu ermitteln und es ergeben sich keine wesentlichen Unterschiede zum Kapitel-2-Fonds.[249] Macht der Spezial-Investmentfonds hingegen von einer der Transparenzoptionen aus §§ 30 oder 33 InvStG Gebrauch, ergibt sich keine Steuerbelastung auf der Ebene des Spezial-Investmentfonds.[250]

---

246 *Stadler/Lechner*, DB 2018, 218 (218).

247 *Sagasser/Leuschner*, Assmann/Schütze/Buck-Heeb, Handbuch des Kapitalanlagerechts, § 27 Rn. 397; *Patzner/Harm*, BB 2018, 2711 (2712).

248 *Patzner/Harm*, BB 2018, 2711 (2712).

249 *Sagasser/Leuschner*, Assmann/Schütze/Buck-Heeb, Handbuch des Kapitalanlagerechts, § 27 Rn. 398.

250 *Patzner/Harm*, BB 2018, 2711 (2712).

c) Immobilieninvestments über Spezial-Investmentfonds

Um als Spezial-Investmentfonds zu qualifizieren, muss der Investmentfonds gem. § 26 Nr. 4 InvStG mindestens 90 % seines Wertes in erwerbbare Vermögensgegenstände investieren. Der Wortlaut des § 26 Nr. 4 Buchst. e InvStG entspricht dabei der Definition der Immobilie des § 1 Abs. 19 Nr. 21 KAGB. Für die Einordnung als erwerbbarer Vermögensgegenstand sind insoweit die sachenrechtlichen Grundsätze maßgeblich.[251]

Für Immobilienfonds, die sich als Spezial-Investmentfonds qualifizieren, gibt es zahlreiche Änderungen mit Sonderreglungen und Wahlrechten. Aus Gründen der Übersichtlichkeit wird die Darstellung der Möglichkeiten, mit einem Spezial-Investmentfonds Immobilien zu halten, zweigeteilt.

Zunächst werden Immobilien haltende Fonds in Form von steuerlich transparenten Objekt-Personengesellschaften betrachtet, anschließend Fonds, die Immobilien über steuerlich intransparente Holding- bzw. Objekt-Kapitalgesellschaften halten. Häufig finden in der Praxis beide Strukturen im selben Fonds Anwendung.[252]

aa) Objekt-Personengesellschaften

Als Objekt-Gesellschaften werden Gesellschaften bezeichnet, die ausschließlich als Kaufvehikel, Verkaufsvehikel oder Projektentwicklungsvehikel gegründet werden und somit einem kurzfristigen Zweck dienen. Hält ein Immobilienfonds die Immobilien unmittelbar oder mittelbar über eine transparente Objekt-Personengesellschaft, so werden ihm die laufenden Einkünfte aus Vermietungstätigkeit und aus Immobilienveräußerung steuerlich unmittelbar zugerechnet. Unterschiede ergeben sich bei der Besteuerung auf Fondsebene bei unmittelbar gehaltenen Immobilien, bei vermögensverwaltenden Objekt-Personengesellschaften sowie bei gewerblichen Objekt-Personengesellschaften.

Bei unmittelbar gehaltenen inländischen Immobilien unterliegen die laufenden Vermietungs- und Verpachtungserträge sowie die Gewinne aus Immobilienveräußerung gem. § 6 Abs. 4 InvStG der Steuerpflicht. Versteuert werden diese im Wege der Körperschaftsteuer zuzüglich des Solidaritätszuschlags mit 15,825 %.[253]

---

251 Vgl. *Köndigen*, Berger/Steck/Lübbehüsen, InvG/InvStG, § 2 InvG Rn. 23; *Buge*, Herrmann/Heuer/Raupach, EStG/KStG, § 26 InvStG Rn. 25.

252 Vgl. *Bindl/Leidel*, DB 2018, 722 (722).

253 Vgl. *Stadler/Bindl*, DStR 2016, 1953 (1962).

Grundsätzlich entspricht dies auch der Besteuerung der Einkünfte eines Fonds aus Beteiligungen an vermögensverwaltenden Objekt-Personengesellschaften. Spezial-Investmentfonds sind schon aufgrund ihrer Qualifikationsvoraussetzungen nach § 26 InvStG von der Gewerbesteuer befreit.

Eine gewerbliche Objekt-Personengesellschaft versteuert ihre Einkünfte als sonstige inländische Einkünfte i. S. d. § 6 Abs. 5 Nr. 1 InvStG i. V. m. § 49 Abs. 1 Nr. 2 Buchst. a EStG, soweit die Einkünfte einer inländischen Betriebsstätte zuzuordnen sind.

Eine weitere Besonderheit der Spezial-Investmentfonds besteht in dem nach § 33 InvStG normierten Wahlrecht zur vollständigen Steuerbefreiung von der KSt-Pflicht durch Ausübung der Immobilien-Transparenzoption.[254] Nach genannter Norm entfällt die Steuerpflicht eines Spezial-Investmentfonds für inländische Immobilienerträge, wenn der Fonds auf ausgeschüttete oder ausschüttungsgleiche inländische Immobilienerträge Kapitalertragsteuer gem. § 50 InvStG erhebt, an die zuständige Finanzbehörde abführt und den Anlegern Steuerbescheinigungen gem. § 45a Abs. 2 EStG ausstellt.

Diese Regelung gilt im Übrigen gem. § 30 InvStG für alle inländischen Beteiligungseinnahmen und sonstigen inländischen Einkünfte, die einem Steuerabzug unterliegen, wenn der Spezial-Investmentfonds gegenüber dem Entrichtungspflichtigen unwiderruflich erklärt, dass die Steuerbescheinigungen gem. § 45a Abs. 2 EStG nicht gegenüber dem Spezial-Investmentfonds, sondern gegenüber den Anlegern auszustellen sind.[255]

Fraglich ist jedoch, ob es sich bei der Steuerbefreiung auch um ein für inländische Spezial-Investmentfonds echtes Wahlrecht handelt. Gem. § 50 InvStG ist ein inländischer Spezial-Investmentfonds dazu verpflichtet, die Kapitalertragsteuer einzubehalten und abzuführen. Demzufolge normiert § 33 InvStG nur für ausländische Spezial-Investmentfonds ein Wahlrecht, welches für einen inländischen Spezial-Investmentfonds aufgrund des Ausübungszwangs kein echtes Wahlrecht darstellt.[256]

bb) Holding- bzw. Objekt-Kapitalgesellschaften

Bei einem Fonds, der seine Immobilien mittelbar über steuerlich intransparente Holding- bzw. Objekt-Kapitalgesellschaften hält, erzielt dieser für gewöhnlich

---

254 Vgl. *Mann*, Brandis/Heuermann, Ertragsteuerrecht, § 33 InvStG Rn. 1.

255 Vgl. *Stadler/Bindl*, DStR 2016, 1953 (1962).

256 Ausführlich zu dem Streit siehe: *Bindl/Leidel*, DB 2018, 722 (723).

Dividenden, Anteilsveräußerungsgewinne und Zinserträge aus Gesellschafterdarlehen.

Nach § 6 Abs. 3 InvStG sind inländische Dividenden auf Fondsebene grundsätzlich steuerpflichtig. Diese Steuerpflicht umfasst jedoch nicht ausländische Dividenden oder Veräußerungsgewinne aus Anteilen an in- oder ausländischen Kapitalgesellschaften sowie regelmäßig auch keine Zinserträge aus Gesellschafterdarlehen.[257] § 30 InvStG normiert als sogenannte Transparenzoption ein Wahlrecht des Fonds, um die Besteuerung der inländischen Dividenden und der sonstigen abzugspflichtigen inländischen Einkünfte durch die Körperschaftsteuer zu vermeiden, wenn der Spezial-Investmentfonds gegenüber dem Entrichtungspflichtigen unwiderruflich erklärt, dass die Steuerbescheinigungen gem. § 45a Abs. 2 EStG nicht dem Fonds, sondern dessen Anlegern ausgestellt werden. Die Befreiung von der Körperschaftsteuer kann unter Umständen jedoch auch nachteilig für einige Anlegergruppen sein, wenn diese, wie zum Beispiel Pensionskassen oder Versorgungswerke, nur mit solchen Einkünften besteuert werden, die einem Steuerabzug nach § 5 Abs. 2 Nr. 1 KStG unterliegen.[258] Darunter fallen insbesondere die nach § 20 Abs. 1 Nr. 10 Buchst. b S. 1 und S. 2 i. V. m. S. 4 EStG fingierten Kapitalerträge.

Auf der Ebene des Anlegers stellen, wie auch bei Objekt-Personengesellschaften, die ausgeschütteten und ausschüttungsgleichen Erträge wiederum voll steuerpflichtige Spezial-Investmenterträge i. S. v. § 34 InvStG dar.

c) Besteuerung der Anleger eines Spezial-Investmentfonds

Anleger von Spezial-Investmentfonds fallen unter das weiterhin bestehende semi-transparente Besteuerungssystem, so dass sie gem. § 34 Abs. 1 InvStG ausgeschüttete Erträge, ausschüttungsgleiche Erträge sowie Gewinne aus der Veräußerung der Investmentanteile zu versteuern haben. Abgesehen von einigen Ausnahmen sind die Investmenterträge bei den Anlegern grundsätzlich voll steuerpflichtig.[259] Die Steuerbelastung divergiert, je nachdem, ob der Spezial-Investmentfonds von einer der Transparenzoptionen Gebrauch gemacht hat. Als Anleger eines Spezial-Investmentfonds beträgt der Steuersatz bei Ausübung der Transparenzoption aus § 30 Abs. 1 InvStG 15 % zzgl. SolZ, ohne Ausübung der Transparenzoption 14,218 % zzgl. SolZ.[260]

---

257 Vgl. *Bindl/Leidel*, DB 2018, 722 (726).

258 *Mann*, Brandis/Heuermann, Ertragsteuerrecht, § 30 InvStG Rn. 11; *Behrens*, RdF 2017, 297 (297).

259 Vgl. *Stadler/Bindl*, DStR 2016, 1953 (1963).

260 *Mann*, Brandis/Heuermann, Ertragsteuerrecht, § 30 InvStG Rn. 11.

aa) Ausgeschüttete und ausschüttungsgleiche Erträge

§ 35 Abs. 1 InvStG definiert die ausgeschütteten Erträge äußerst umfangreich als sämtliche Einkünfte, die nach den §§ 37 bis 41 InvStG ermittelt und von dem Spezial-Investmentfonds zur Ausschüttung tatsächlich zur Ausschüttung verwendet wurden.[261] In § 35 Abs. 2 InvStG ist die Ausschüttungsreihenfolge geregelt, welche gleichermaßen für Zwischen- und Endausschüttungen gilt.[262]

Die §§ 36–41 InvStG bieten eine Anleitung zur Definition der ausschüttungsgleichen Erträge, die im Grundsatz sämtliche nicht zur Ausschüttung verwendeten positiven Einkünfte des Spezial-Investmentfonds umfassen. Ausgenommen sind jedoch inländische Beteiligungseinnahmen und sonstige inländische Einkünfte mit Steuerabzug, für die der Investmentfonds die Transparenzoption ausgeübt hat, sowie die sog. steuerfrei thesaurierbaren Kapitalerträge.

Nach § 36 Abs. 2 InvStG können gewisse Kapitalerträge steuerfrei thesauriert werden. Hierunter fallen Erträge aus Stillhalterprämien i. S. d. § 20 Abs. 1 Nr. 11 EStG, Veräußerungsgewinne aus Kapitalbeteiligungen i. S. d. § 20 Abs. 2 S. 1 Nr. 1 EStG, Gewinne aus Termingeschäften i. S. d. § 20 Abs. 2 S. 1 Nr. 3 EStG, Veräußerungsgewinne aus sonstigen Kapitalforderungen i. S. d. § 20 Abs. 2 S. 1 Nr. 7 EStG und Veräußerungsgewinne aus Investmentanteilen und Spezial-Investmentanteilen.[263] Ausgenommen sind lediglich Erträge aus sog. Swap-Verträgen, soweit sich die Höhe der getauschten Zahlungsströme nach Zinsen oder Dividenden bestimmt. Durch § 36 Abs. 5 S. 1 InvStG wird die steuerfreie Thesaurierung auf 15 Jahre begrenzt.[264] Mit dem Ablauf des 15. Kalenderjahres nach ihrer Vereinnahmung gelten die steuerfrei thesaurierbaren Kapitalerträge als ausschüttungsgleiche Erträge zugeflossen.[265]

bb) Steuerbefreiung

Steuerbefreiungen auf Anlegerebene existieren für den Fall, dass der Spezial-Investmentfonds von seinem Wahlrecht zur Steuerbefreiung keinen Gebrauch gemacht hat und die betreffenden inländischen Einkünfte auf Fondsebene der Besteuerung unterliegen. Nach § 42 Abs. 4 und 5 InvStG ist die Höhe der Steuerbefreiung abhängig von der Art der Einkünfte, die in den ausgeschütteten

---

261 *Wenzel*, Brandis/Heuermann, Ertragsteuerrecht, § 35 InvStG Rn. 10.
262 *Wenzel*, Brandis/Heuermann, Ertragsteuerrecht, § 35 InvStG Rn. 14.
263 *Wenzel*, Brandis/Heuermann, Ertragsteuerrecht, § 36 InvStG Rn. 24.
264 *Wenzel*, Brandis/Heuermann, Ertragsteuerrecht, § 36 InvStG Rn. 44.
265 *Stadler/Bindl*, DStR 2016, 1953 (1965).

und ausschüttungsgleichen Erträgen enthalten sind. Beteiligungsertragsbefreiungen gem. § 3 Nr. 40 EStG bzw. § 8 KStG finden bei einer Anlage über einen Spezial-Investmentfonds grundsätzlich dann Anwendung, wenn dies auch bei einer Direktanlage der Fall wäre.[266]

d) Zusammenfassung

Das dritte Kapitel des InvStG regelt die Besteuerung von Spezial-Investmentfonds und deren Grundvoraussetzungen. Diese sind schon von ihren Voraussetzungen her von der Gewerbesteuer befreit. Durch die Neuregelung ist eine Verschärfung der Voraussetzungen im Hinblick auf die Erwerbbarkeit von Wertpapieren durch Spezial-Investmentfonds eingetreten.[267] Die Besteuerung von Immobilieninvestments über Spezial-Investmentfonds ist bedauerlicherweise erheblich komplexer geworden und hat zudem einige offene Fragen aufgeworfen,[268] um deren Beantwortung sich die vorliegende Arbeit bemühen wird.

D. Stellungnahme

I. Erreichen der mit der InvSt-Reform verfolgten Ziele

Die Neureglung des InvStG sollte zum einen EU-rechtliche Bedenken ausräumen, die Vielzahl von Gestaltungsmöglichkeiten eindämmen, einzelne Fehler beseitigen und zudem noch weniger komplex sein. Für auf private Anleger angelegte Publikums-Investmentfonds sollte ein einfaches verständliches und gut administrierbares Besteuerungssystem geschaffen werden.[269]

Eine Vereinfachung des Besteuerungssystems ist nur für die Anleger eines Publikums-Investmentfonds und nicht für die eines Spezial-Investmentfonds erfolgt und auch intendiert.[270]

Insbesondere die Abschaffung der Besteuerungsgrundlagen für Publikums-Investmentfonds stellt eine Vereinfachung dar. Der Anleger benötigt künftig nur noch vier Kennzahlen, welche er ohne die Mitwirkung des Investmentfonds beschaffen kann, wodurch es ihm zukünftig ohne steuerliche Nachteile möglich sein soll, in ausländische Investmentfonds zu investieren, welche keine deutschen Besteuerungsgrundlagen ermitteln.[271]

---

266 *Stadler/Bindl*, DStR 2016, 1953 (1965).
267 Vgl. *Stadler/Lechner*, DB 2018, 218 (218).
268 Vgl. *Bindl/Leidel*, DB 2018, 722 (722)..
269 BT-Drs. 18/8045, S. 92.
270 Vgl. BT-Drs. 18/8045, S. 53.
271 BT-Drs. 18/8045, S. 53.

Die Besteuerung von Spezial-Investmentfonds wurde vom Gesetzgeber nicht vereinfacht. Dies wird mit berechtigten Interessen der Wirtschaft an dem Fortbestehen einer semi-transparenten Besteuerung begründet. Aufgrund der beschränkten Anlegerzahl sowie der Bekanntheit der Anleger ist es zudem mit Hilfe von Feststellungsverfahren möglich, auch die Einhaltung von sehr komplexen Besteuerungsregelungen zu gewährleisten.[272]

Das zunehmende Problem der akuten Wohnungsnot und das zu ihrer Bekämpfung in dem InvStG vorhandene Potenzial hat der Gesetzgeber bei der Reform des InvStG nicht beachtet. Im Vordergrund standen die Vermeidung von Steuergestaltungen sowie die Vereinfachung der Besteuerung von Investmentfonds.

II. Die wichtigsten Neuerungen im Überblick

Die wichtigsten und prägendsten Neuerungen im neuen InvStG im Vergleich zum alten InvStG ergeben sich im Bereich der Publikums-Investmentfonds. Diese bestehen in der Einführung des Trennungsprinzips für Publikums-Investmentfonds, der Erhebung einer Vorabpauschale sowie der Teilfreistellung bestimmter Ertragsarten.

Die Besteuerung von Spezial-Investmentfonds unterliegt weiterhin der semi-transparenten Besteuerung und erfährt nur einige Anpassungen, welche die Komplexität der Besteuerung zwar erhöhen, aber die Gestaltungsanfälligkeit reduzieren und europarechtliche Bedenken ausräumen sollen.[273]

1. Neuerungen für Publikums-Investmentfonds

Der Publikums-Investmentfonds wird durch § 6 Abs. 1 S. 1 und 2 InvStG entweder als Zweckvermögen oder als Vermögensmasse fingiert, sodass er nun nicht mehr transparent ist, sondern ein eigenständiges Körperschaftsteuersubjekt darstellt. Die Einführung des Trennungsprinzips stellt damit die wohl prägendste Neuerung des InvStG dar.

Durch die Abschaffung des Transparenzprinzips ist auch die Veröffentlichungspflicht von Besteuerungsgrundlagen für Publikums-Investmentfonds obsolet geworden.[274] Die Bekanntmachung von Besteuerungsgrundlagen ist im neuen System somit nicht mehr nötig. Es werden stattdessen von dem Anleger

---

272 BT-Drs. 18/8045, S. 53.

273 BT-Drs., 18/8045, S. 53.

274 *Hoch*, Die Besteuerungssystematik von Kapitalanlagen, S. 317.

nur noch vier Kennzahlen benötigt, welche dieser ohne die Mithilfe des Investmentfonds relativ leicht beschaffen kann. Es werden fortan nur noch die Höhe der Ausschüttung, der Wert des Fondsanteils zum Jahresanfang und zum Jahresende sowie die Information, um welchen Fonds es sich handelt, benötigt.

a) Einführung der Vorabpauschale

Aufgrund der Trennung zwischen Investmentfonds und Anleger hat dieser grundsätzlich nur die tatsächlich ausgeschütteten Erträge des Investmentfonds zu versteuern. Einer Besteuerung nach dem Trennungsprinzip immanent ist grundsätzlich das sog. Cashflow-Prinzip, nach dem thesaurierte Gewinne des Fonds auf der Anlegerebene nicht erfasst werden. Obwohl eine reine Cashflow-Besteuerung eine deutliche Vereinfachung bedeuten würde, hielt der Gesetzgeber dies für ungeeignet, da sie zu einer erheblichen Steuerstundung führen und die Fondsanlage im Vergleich zur Direktanlage deutlich besserstellen würde.[275] Es sei zu befürchten, dass eine Vielzahl von Investmentfonds zukünftig keine Ausschüttungen mehr vornehmen würden und der Anleger durch den Verkauf der Anteile so selbst über den Besteuerungszeitpunkt entscheiden könne.[276] Um so das Ziel des neuen InvStG in Form einer Vereinfachung der Besteuerung einerseits mit der Besteuerungsgerechtigkeit sowie der Aufkommensneutralität andererseits in Einklang zu bringen, hat sich der Gesetzgeber entschieden, an die Stelle der bisherigen ausschüttungsgleichen Erträge eine pauschale Bemessungsgrundlage in Form der Vorabpauschale nach § 18 InvStG einzuführen.[277] Die Vorabpauschale lässt sich beschreiben als eine pauschalierte Bemessungsgrundlage in Höhe einer risikolosen Markverzinsung, welche immer dann eingreift, wenn in dem Veranlagungszeitraum der Umfang der Ausschüttungen des Investmentfonds diese Marktverzinsung nicht erreicht.[278] Findet keine tatsächliche unterjährige Wertsteigerung des Fondsanteils statt oder überschreiten die unterjährigen Ausschüttungen die Höhe der Vorabpauschale, wird die Vorabpauschale nicht besteuert.[279] Wird der Fondsanteil veräußert, so werden die während der Besitzzeit gezahlten Vorabpauschalen zur Vermeidung einer Überbesteuerung von dem ermittelten Veräußerungsgewinn abgezogen.[280]

---

275 BT-Drs. 18/8045 S. 88.

276 BT-Drs. 18/8045 S. 88.

277 BT-Drs. 18/8045 S. 88.

278 *Hoch*, Die Besteuerungssystematik von Kapitalanlagen, S. 318; BT-Drs. 18/8045 S. 88.

279 BT-Drs. 18/8045, S. 89.

280 BT-Drs. 18/8045, S. 90.

b) *Teilfreistellung*

Die Teilfreistellung intendiert, die auf der Ebene des Investmentfonds erfolgte steuerliche Vorbelastung auf der Ebene des Anlegers zu berücksichtigen und die Gesamtsteuerbelastung des Anlegers abzumildern.[281] Dies gilt sowohl für private wie auch für betriebliche Anleger. Abhängig ist die Teilfreistellung jedoch davon, ob es sich bei dem Investmentfonds um einen Aktien-, Immobilien-, oder Mischfonds handelt.

Für Immobilienfonds gilt grundsätzlich eine Teilfreistellung i. H. v. 60 %, welche sich auf 80 % erhöht, wenn der Immobilienfonds fortlaufend mindestens 51 % seines Wertes in ausländische Immobilien und Auslands-Immobiliengesellschaften investiert. Nach § 20 Abs. 5 InvStG gilt die Teilfreistellung für die Gewerbesteuer nur zur Hälfte. Nach § 43 Abs. 2 EStG ist die Teilfreistellung bereits bei der Bemessung der Kapitalertragsteuer zu berücksichtigen, so dass die Anleger sie nicht erst bei der Veranlagung geltend machen müssen.[282]

2. *Neuerungen für Spezial-Investmentfonds*

Spezial-Investmentfonds unterliegen auch weiterhin dem semi-transparenten Besteuerungsregime, welches jedoch zum Zwecke der Europarechtskonformität und zur Verringerung der Gestaltungsmöglichkeiten einiger Anpassungen bedurfte.[283] Die oben dargestellten Neuerungen finden auf Spezial-Investmentfonds keine Anwendung.

a) *Voraussetzungen des Spezial-Investmentfonds*

Um als Spezial-Investmentfonds zu qualifizieren, müssen die im Vergleich zur vorherigen Rechtslage engeren Voraussetzungen einer mittelbaren Risikomischung nach § 26 Abs. 3 S. 3 InvStG erfüllt sein. Die Risikomischung bei als Beteiligung gehaltenen Immobiliengesellschaften wird nach dem neuen InvStG nicht mehr berücksichtigt, da dies nur noch bei Beteiligungen an Investmentfonds der Fall ist.[284] Auch ist eine mittelbare Beteiligung von natürlichen Personen über Personengesellschaften nach § 26 Nr. 8 Buchst. c InvStG ausgeschlossen. § 26 Nr. 9 InvStG verlangt zudem ein Sonderkündigungsrecht des Spezial-Investmentfonds für den Fall, dass die zulässige Anlegerzahl von

---

281 *Hoch*, Die Besteuerungssystematik von Kapitalanlagen, S. 318.

282 *Lechner*, RdF 2016, 208 (215).

283 BT-Drs. 18/8045, S. 53.

284 *Lechner*, RdF 2016, 208 (215).

100 Anlegern überschritten wird oder natürliche Personen als Anleger an dem Spezial-Investmentfonds beteiligt sind.

b) Besteuerung des Spezial-Investmentfonds

Grundsätzlich sind die Vorschriften der §§ 6 und 7 InvStG auch auf den Spezial-Investmentfonds anzuwenden, sodass dieser mit seinen inländischen Einkünften ebenfalls auf Fondsebene der Körperschaftsteuer unterliegt.[285] Die §§ 30 und 33 InvStG bieten jedoch eine Option zur Steuerbefreiung auf Fondsebene. Zur Ausübung der Transparenzoption für inländische Immobilienerträge und sonstige inländische Einkünfte reicht es aus, dass der Spezial-Investmentfonds gegenüber den Anlegern auf ausgeschüttete und ausschüttungsgleiche Erträge Kapitalertragsteuer erhebt.

285 § 29 Abs. 1 InvStG.

3. Kapitel Der Immobilienfonds

Die Investition in einen Immobilienfonds stellt eine indirekte Anlagemöglichkeit dar. Das bedeutet, dass der Anleger einen Anteil an einem größeren Investment in Immobilien erwirbt. Im Gegensatz zu einem direkten Investment wird die Anlage „verbrieft" und die Anleger erwerben Zertifikate an der Verbriefung, nicht an der Immobilie selbst.[286] Bei einem offenen Immobilienfonds erhält der Anleger Anteile am Vermögenswert, also dem Sondervermögen, welches extern verwaltet wird.[287] Bei einem geschlossenen Immobilienfonds wiederum erwirbt der Anleger eine echte Beteiligung an einer in der Regel als Personengesellschaft ausgestalteten Gesellschaft, welche die Immobilie hält.[288] Die Anlage in geschlossenen und in offenen Immobilienfonds unterscheidet sich in vielerlei Hinsicht und hat primär wohl nur den Grundgedanken, die kollektive Anlage in renditeträchtige Immobilien, gemeinsam.[289] Neben den wirtschaftlichen und aufsichtsrechtlichen Unterschieden sind gerade die Unterschiede in der steuerrechtlichen Handhabung relevant, welche durch die Einführung des InvStG eine noch gravierendere Ausprägung erhalten haben.

In diesem Kapitel soll zunächst auf die aufsichtsrechtlichen sowie steuerrechtlichen Grundlagen der offenen Immobilienfonds eingegangen werden. Im Anschluss werden die wesentlichen Aspekte der steuerlichen Handhabung nach dem InvStG beleuchtet und einer kritischen Würdigung unterzogen, welche sich mit den Problemschwerpunkten mit Blick auf Immobilieninvestments intensiv auseinandersetzt. Zuletzt werden die Grundlagen des geschlossenen Immobilienfonds kurz dargestellt und die steuerlichen Konsequenzen mit denen des offenen Immobilienfonds verglichen.

---

286 *Klug*, Offene Immobilienfonds: Zeit für stabile Werte, S. 6.

287 Vgl. *Klug*, Offene Immobilienfonds: Zeit für stabile Werte, S. 6.

288 Vgl. *Klug*, Offene Immobilienfonds: Zeit für stabile Werte, S. 7; *Häuselmann*, Investmentanteile Kap. 10 Rn. 38.

289 *Bartelsperger u. a.*, Geschlossene Immobilienfonds, S. 56.

A. Der offene Immobilienfonds

Die Anlageform des offenen Immobilienfonds ist eine in Deutschland populäre Möglichkeit der Investition.[290] Die Anleger können mit kleinen Beträgen an einem umfangreichen Immobilien-Portfolio partizipieren, welches die Vorteile einer Immobilien-Investition mit denen einer Anlage in Wertpapiere kombiniert.[291] Typische Eigenschaften von offenen Immobilienfonds sind die Sachwertbasis und geringe Korrelation mit anderen Anlageklassen, die breite Streuung nach Nutzungsarten und Anlageregionen, die Streuung nach Mietern und Mietvertragsausläufen sowie der übliche Inflationsschutz über Wertsicherungsklauseln in den Verträgen mit Mietern, die vergleichsweise niedrige Volatilität der Anlageklasse, ihre Depotfähigkeit und das zwar eingeschränkte, aber doch garantierte Rückgaberecht.[292]

Offene Immobilienfonds lassen sich i. S. d. InvStG, abhängig von dem Kreis der Anleger, unterteilen in Publikums- und Spezialinvestmentfonds.[293] Das Fondsvermögen ist per Ende September 2019 auf 206 Mrd. Euro angestiegen, wobei hiervon rund 107 Mrd. Euro die Publikumsfonds und rund 99 Mrd. Euro die Spezialfonds ausmachen.[294]

I. Die Definition des offenen Immobilienfonds

Nicht nur gilt es, unter all den Alternativen der indirekten Immobilienanlage das rechtliche Konstrukt des Immobilienfonds tatbestandlich abzugrenzen, sondern es muss generell eine einheitliche Definition des Immobilienfonds herauskristallisiert werden. Obwohl der Begriff „Immobilienfonds" häufig verwendet wird, findet sich weder im Gesetz noch der Literatur eine solide Definition mit Allgemeingültigkeit.[295] Jedenfalls für die Zwecke des InvStG findet sich

---

290 Eine differenzierte Darstellung der Unterschiede zwischen direkten und indirekten Immobilieninvestitionen bietet: *Schäfer/Conzen*, Praxishandbuch Immobilien-Investitionen, S. 61 ff.

291 *Bartelsperger u. a.*, Geschlossene Immobilienfonds, S. 56.

292 *Schäfer/Conzen*, Praxishandbuch Immobilien-Investitionen, S. 190; *Klug*, Offene Immobilienfonds: Zeit für stabile Werte, S. 55.

293 Zu dem Begriff des Spezial-Investmentfonds und den Unterschieden zum Publikums-Investmentfonds siehe bereits 2. Kapitel, C, II, 3, a).

294 Vgl. *Schäfer/Conzen*, Praxishandbuch Immobilien-Investitionen, S. 191.

295 Eine Orientierung bietet die Fondskategorisierungs-Richtlinie der BaFin vom 22.07.2013, zuletzt geändert am 08.04.2020.

eine Legaldefinition in § 2 Abs. 9 InvStG.[296] Dort wird ein Immobilienfonds definiert als ein Investmentfonds, der gem. den Anlagebedingungen fortlaufend mehr als 50 % seines Aktivvermögens in Immobilien und Immobilien-Gesellschaften anlegt.[297] Zu beachten ist jedoch, dass der Fonds, um in diese Definition zu passen, zunächst einmal ein Investmentfonds i. S. d. InvStG sein muss.[298] Das InvStG verweist für die Eröffnung seines Anwendungsbereichs auf die Definition der Investmentvermögen nach § 1 Abs. 1 KAGB und nennt zudem sowohl ausweitende als auch einschränkende Merkmale gegenüber dem KAGB.

Das Aufsichtsrecht wiederum hat seine eigene Definition eines Immobilienfonds entwickelt und stellt aufgrund divergierender Intentionen andere Anforderungen an das Vorliegen eines solchen.[299] Durch die enge Verzahnung von KAGB und InvStG stellt sich allerdings die Frage, was unter einem Immobilienfonds zu verstehen ist und ob aufgrund des Vorliegens eines aufsichtsrechtlichen Immobilienfonds auch das Vorliegen eines Immobilienfonds im investmentsteuerrechtlichen Sinne anzunehmen ist.[300]

1. Der Immobilienfonds im Sinne des KAGB

Das KAGB kennt zwar den Terminus „Immobilienfonds" nicht, spricht dafür allerdings von dem „Immobilien-Sondervermögen", welches wohl umgangssprachlich als der Immobilienfonds im aufsichtsrechtlichen Sinne bezeichnet werden kann.[301]

Aufsichtsrechtlich wird das Immobilien-Sondervermögen als Publikums-AIF in § 1 Abs. 19 Nr. 23 KAGB definiert als ein Sondervermögen, das nach den Anlagebedingungen das bei ihm eingelegt Geld in Immobilien anlegt.[302]

---

296 *Wenzel*, Brandis/Heuermann, Ertragsteuerrecht, § 2 InvStG Rn. 54; *Hoffmann*, Korn, Einkommensteuergesetz, § 2 InvStG Rn. 72.

297 *Wenzel*, Brandis/Heuermann, Ertragsteuerrecht, § 2 InvStG Rn. 54; *Hoffmann*, Korn, Einkommensteuergesetz, § 2 InvStG Rn. 73.

298 *Hoffmann*, Korn, Einkommensteuergesetz, § 2 InvStG Rn. 73.

299 *Hartrott/Goller*, BB 2013, 1603 (1603 ff.); *Schwerdfeger*, Die Regulierung des offenen Immobilienfonds nach dem Kapitalanlagegesetzbuch.

300 Zur Anwendungskongruenz aus KAGB und InvStG siehe auch: *Schäfer/Conzen*, Praxishandbuch Immobilien-Investitionen, S. 216.

301 So wohl auch *Hartrott/Goller*, BB 2013, 1603 (1603); *Schwerdfeger*, Die Regulierung des offenen Immobilienfonds nach dem Kapitalanlagegesetzbuch, S. 4; *Zetzsche/Nast*, Assmann/Wallach/Zetzsche, Kapitalanlagegesetzbuch, § 91 KAGB Rn. 18.

302 Die Norm entspricht wortgenau der Vorgängervorschrift des § 66 InvG.

Den §§ 230 ff. KAGB sind spezifische Anforderungen an das Immobilien-Sondervermögen zu entnehmen, welche mit Hilfe des Definitionskatalogs aus § 1 KAGB eine einheitliche Definition ermöglichen.[303] Würde sich die Definition allein aus § 1 Abs. 19 Nr. 23 KAGB ergeben, wäre ausschließlich eine Anlage der Mittel in Immobilien möglich.[304] Durch den Katalog der zulässigen Vermögensgegenstände aus § 231 KAGB ergibt sich jedoch ein weitaus größeres Anlagespektrum des Immobilien-Sondervermögens. Auch der Grundsatz der Risikomischung aus § 243 KAGB ist ein wesentliches Merkmal des Immobilien-Sondervermögens und bedarf folglich einer Berücksichtigung in der Definition.

Ein Sondervermögen ist ein inländisches Investmentvermögen in Vertragsform, das von einer Verwaltungsgesellschaft für Rechnung der Anleger nach Maßgabe des KAGB und den Anlagebedingungen, nach denen sich das Rechtsverhältnis der Verwaltungsgesellschaft zu den Anlegern bestimmt, verwaltet wird. Ein Investmentvermögen wiederum ist jeder Organismus für gemeinsame Anlagen, der von einer Vielzahl von Anlegern Kapital einsammelt, um es gemäß einer festgelegten Anlagestrategie zum Nutzen dieser Anleger zu investieren, und der kein operativ tätiges Unternehmen außerhalb des Finanzsektors ist.

Unter dem aufsichtsrechtlichen Begriff des offenen Immobilienfonds versteht man ein durch eine KVG treuhänderisch verwaltetes, rechtlich unselbstständiges Immobilien-Sondervermögen, welches mit dem Ziel der Gewinnerzielung und mit einer gewissen Risikostreuung vor allem in Immobilien und immobiliengleiche Rechte investiert.[305] Als Immobilien gelten gem. § 1 Abs. 19 Nr. 21 KAGB Grundstücke, grundstücksgleiche Rechte und vergleichbare Rechte nach dem Recht anderer Staaten. Die KVG darf für das Immobilien-Sondervermögen bebaute, in Bebauung befindliche und unbebaute Grundstücke erwerben, soweit die unbebauten Grundstücke zur alsbaldigen eigenen Bebauung und Nutzung bestimmt sind. Auch der Erwerb von Erbbau- und Nießbrauchsrechten, Beteiligungen an Immobilien-Gesellschaften und Vermögensgegenständen zum Liquiditätsmanagement wie beispielsweise Bankguthaben, REIT-Aktien und Derivaten zu Absicherungszwecken ist möglich.[306] Immobilien oder

303 *Kloyer/Seidenschwann*, Assmann/Wallach/Zetzsche, Kapitalanlagegesetzbuch, § 230 KAGB Rn. 8.

304 *Kloyer/Seidenschwann*, Assmann/Wallach/Zetzsche, Kapitalanlagegesetzbuch, § 230 KAGB Rn. 9.

305 Vgl. *Klug*, Offene Immobilienfonds: Zeit für stabile Werte, S. 7; *Hartrott/Goller*, BB 2013, 1603 (1608).

306 Vgl. *Hartrott/Goller*, BB 2013, 1603 (1608).

Immobilien-Gesellschaften in Drittstaaten mit Währungsrisiken dürfen nach § 233 KAGB nur unter bestimmten Voraussetzungen und nur bis maximal 30 % des Fondvermögens erworben werden. Aufgrund des Grundsatzes der Risikomischung darf der Wert einer Immobilie im Zeitpunkt des Erwerbs nicht mehr als 15 % des Wertes des Sondervermögens betragen.[307]

Ein offener Immobilienfonds i. S. d. § 230 ff KAGB kann gem. § 91 Abs. 3 KAGB ausschließlich in der Vertragsform des Sondervermögens aufgelegt werden, die Rechtsformen der Investment-AG und -KG aus § 91 Abs. 1 KAGB sind unzulässig.[308] Auch ein geschlossener AIF i. S. d. §§ 261 ff. KAGB kann ein Immobilienfonds sein.[309] Ein AIF ist dann geschlossen, wenn er nicht offen ist, wenn also den Anlegern kein jährliches Rückgaberecht ihrer Anteilsscheine gem. § 1 Abs. 4 Nr. 2 KAGB zusteht. Sowohl geschlossene als auch offene Immobilienfonds können als Publikums- oder als Spezialfonds ausgestaltet sein. Ein wesentlicher Unterschied besteht jedoch in der zulässigen Rechtsform. Während offene Immobilienfonds ausschließlich in der Rechtsform eines Sondervermögens ausgestaltet sein können, steht geschlossenen Immobilienfonds sowohl die Rechtsform einer Investment-AG, als auch die Rechtsform einer Investment-KG offen.

2. Der Immobilienfonds im Sinne des InvStG

Wie eingangs erwähnt findet sich eine Legaldefinition des investmentsteuerrechtlichen Immobilienfonds-Begriffs in § 2 Abs. 9 S. 1 InvStG. Diese setzt jedoch zunächst die Eröffnung des Anwendungsbereichs des Investmentsteuergesetzes gem. § 1 InvStG voraus.[310] Grundsätzlich sollen sämtliche durch das KAGB erfasste Kapitalanlagevehikel in den Anwendungsbereich des InvStG fallen, um einen Gleichlauf zwischen Steuer- und Aufsichtsrecht zu erreichen und in der Praxis Abgrenzungsprobleme zu vermeiden.[311] Es fallen zunächst alle, auch geschlossene Investmentvermögen, welche durch das KAGB reguliert werden, in den Anwendungsbereich des InvStG. Ausgeschlossen sind nach § 1

---

307 *Kloyer/Seidenschwann*, Assmann/Wallach/Zetzsche, Kapitalanlagegesetzbuch, § 243 KAGB Rn. 1.

308 *Zetzsche/Nast*, Assmann/Wallach/Zetzsche, Kapitalanlagegesetzbuch, § 91 KAGB Rn. 18; *Hartrott/Goller*, BB 2013, 1603 (1607).

309 Vgl. *Hartrott/Goller*, BB 2013, 1603 (1605); *Schäfer/Conzen*, Praxishandbuch Immobilien-Investitionen, S. 196.

310 *Hoffmann*, Korn, Einkommensteuergesetz, § 2 InvStG Rn. 73.

311 BT-Drs. 18/8045, S. 54.

Abs. 3 InvStG lediglich Investmentvermögen in der Rechtsform einer Personengesellschaft sowie REIT-Aktiengesellschaften nach § 1 Abs. 1 REIT-G.

Die Definition des InvStG für die Fondskategorie des Immobilienfonds lehnt sich an die Kategorisierung der Bundesanstalt für Finanzdienstleistungsaufsicht[312] an.[313] Maßgeblich für die Namensgebung ist, dass der Fonds fortlaufend mehr als 50 % seines Wertes in die die Fondskategorie bezeichnenden Vermögensgegenstände anlegt. Ein Immobilienfonds muss demnach fortlaufend mehr als 50 % seines Wertes direkt oder indirekt über Immobilien-Gesellschaften in Immobilien investieren. Da das InvStG die Begriffe „Immobilie" und „Immobilien-Gesellschaft" nicht selbst definiert, sind über den Verweis in § 2 Abs. 1 InvStG die aufsichtsrechtlichen Begriffsbestimmungen des KAGB heranzuziehen.[314] Das InvStG bestimmt lediglich, dass unter bestimmten Voraussetzungen Anteile an anderen Immobilienfonds sowie Anteile an REITs wertanteilig als Immobilien zu berücksichtigen sind. Für die Zwecke des InvStG dient der Begriff des Immobilienfonds primär der Bestimmung einer steuerlichen Vorbelastung auf Fondsebene, um den Anleger eine partielle Steuerfreistellung zu gewähren.[315]

3. *Fazit*

Die Definition des Immobilienfonds knüpft terminologisch an dessen Wesen an, die kollektive Anlage in Immobilien und Immobilien-Gesellschaften.[316] Insofern scheint es sich bei dem Immobilienfonds des KAGB und dem des InvStG um identische Konstrukte zu handeln, welche lediglich unter divergierenden Termini, also „Immobilien-Sondervermögen" und Immobilienfonds, einheitlich als Immobilienfonds zu begreifen sind. Eine konsequente Differenzierung erfordert jedoch auch die Frage nach den tatbestandlichen Anforderungen hinter der Definition. So ist unter dem Begriff der „Immobilie" in der Definition nach dem KAGB und nach der Definition des InvStG im Grundsatz dasselbe zu verstehen, tatbestandlich werden jedoch unterschiedliche Anforderungen an eine solche gestellt. Auch sieht der Immobilienfonds des InvStG

312 Vgl. Fondkategorie-Richtlinie vom 22.07. 2013.

313 BT-Drs. 18/8045, S. 69.

314 *Hahne/Schober*, BB 2021, 86 (87); *Hoffmann*, Korn, Einkommensteuergesetz, § 2 InvStG Rn. 15; *Wenzel*, Brandis/Heuermann, Ertragsteuerrecht, § 2 InvStG Rn. 55.

315 *Wenzel*, Brandis/Heuermann, Ertragsteuerrecht, § 2 InvStG Rn. 54.

316 Vgl. Art. 2 der Fondskategorisierungs-Richtlinie der BaFin vom 22.07.2013, zuletzt geändert am 08.04.2020.

keine Risikostreuung vor, verlangt auf der anderen Seite aber nur eine fünfzigprozentige Anlage in Immobilien. Ein Immobilien-Sondervermögen darf ausschließlich in die zulässigen Vermögensgegenstände investieren, ohne dass hier eine quotale Aufteilung vorgesehen ist. Logischerweise unterscheiden sich die tatbestandlichen Anforderungen aufgrund der hinter der Definition stehenden Intention von Aufsichtsrecht und Steuerrecht. Dies berücksichtigend scheint es weder möglich noch praktikabel, eine identische Definition des Immobilienfonds für den allgemeinen Sprachgebrauch zu konstruieren. Unter dem Gesichtspunkt, dass das KAGB und das InvStG eng beieinander liegende und miteinander verknüpfte Regelwerke sind, wäre es aber zumindest hier wünschenswert, einen weitgehenden terminologischen Gleichlauf zu erreichen.

Summa summarum lässt sich feststellen, dass ein Immobilienfonds eine kollektive Geldanlage ist, welche überwiegend in Immobilien und Immobilien-Gesellschaften investiert. Je nachdem, ob es sich um einen aufsichtsrechtlichen oder einen investmentsteuerrechtlichen Immobilienfonds handelt, divergiert was unter einer Immobilie zu verstehen ist, in welchem Umfang eine Anlage in die Entsprechenden Vermögenswerte notwendig ist und ob weitere Anforderungen an die Aufteilung des Vermögens zu stellen sind.

II. Zivilrechtliche Konstruktion eines offenen (Publikums-) Immobilienfonds

Zivilrechtlich beteiligt sind an einem Investmentfonds in Vertragsform grundsätzlich die Anleger als Investoren, die KVG, welche das Investmentvermögen der Anleger verwaltet, und die Verwahrstelle, welche das Investmentvermögen organisatorisch getrennt von der KVG hält. Diese drei Beteiligten bilden das sog. Investmentdreieck[317], oder auch Investmentviereck[318].

Ein etwas detaillierteres Konstruktionsmodell für offene Immobilienfonds könnte in dem Investment-Pentagonium von *Wimmer* gesehen werden, welches auf die Rechtsträger des InvG abstellt und so zu einer Beteiligung von Kapitalanlagegesellschaft (KAG), Depotbank, Immobilien-Sondervermögen, Anteilscheininhaber und eines Sachverständigenausschusses als Eckpunkte

---

317 Ausführlich: *Dorn*, Investmentsteuerrecht, S. 54; *Schäfer/Conzen*, Praxishandbuch Immobilien-Investitionen, S. 198.

318 Wird eine Investmentgesellschaft extern verwaltet, so bilden die Anleger, die Investmentgesellschaft, die externe KVG sowie die Verwahrstelle ein sog. Investmentviereck; vgl. *Dorn*, Investmentsteuerrecht, S. 54.

gelangt.[319] Diese Konstruktion hat mit der Einführung des KAGB und dem damit verbundenen Außerkrafttreten des InvG im Jahr 2013 jedoch sowohl terminologisch wie auch zivilrechtlich einigen Anpassungsbedarf erfahren.

1. Die Kapitalverwaltung

Den ersten Eckpunkt des offenen Immobilienfonds bildet die Kapitalverwaltung. In § 6 InvG wurde die Kapitalanlagegesellschaft als ein Unternehmen definiert, dessen Geschäftsbereich darauf gerichtet ist, inländische Investmentvermögen oder EU-Investmentvermögen zu verwalten und Dienstleistungen oder Nebendienstleistungen zu erbringen. Nach heutiger Rechtslage fungiert als Fondsmanager die sog. Kapitalverwaltungsgesellschaft, welche in den §§ 17 bis 25 KAGB ihre allgemeinen Bestimmungen findet. Neben der Umbenennung der Gesellschaft liegt eine Abweichung zur Regelung nach dem InvG darin, dass das KAGB dem materiellen Ansatz folgt, welcher die Eigenschaft eines Fondsverwalters zwingend an die Verwaltung eines AIF oder eines Investmentvermögens knüpft, während das InvG dem formellen Ansatz folgte, welches die bewusste Entscheidung eines Fondsverwalters, einen bestimmten Fondstypus zu verwalten, ausreichen ließ, um unter das InvG zu fallen.[320]

Unter Berücksichtigung der für ein Investmentvermögen vom KAGB vorgesehenen möglichen Organisationsformen, dem Sondervermögen i. S. d. § 1 Abs. 10 KAGB oder der Investmentgesellschaft i. S. d. § 1 Abs. 11 KAGB, muss ein Investmentvermögen i. S. d. § 1 Abs. 1 KAGB zwingend eine Verwaltungsgesellschaft haben, welche das Investmentvermögen verwaltet.[321]

a) Die Kapitalverwaltungsgesellschaft

Nach der Definition des § 17 Abs. 1 KAGB ist eine Kapitalverwaltungsgesellschaft ein inländisches Unternehmen, dessen Geschäftsbetrieb darauf gerichtet ist, inländische Investmentvermögen, EU-Investmentvermögen oder ausländische AIF zu verwalten.[322] Die Legaldefinition des § 17 Abs. 1 KAGB ist stets

---

319 Vgl. *Wimmer*, Die Besteuerung mittelbarer Immobilieninvestitionen aus Anlegersicht: eine steuerökonomische und steuerrechtliche Analyse unter besonderer Berücksichtigung offener Immobilienfonds, S. 284.

320 Vgl. *Wollenhaupt/Beck*, DB 2013, 1950 (1950); *Winterhalder*, Weitnauer/Boxberger/Anders, KAGB, § 17 KAGB Rn. 2.

321 Vgl. *Häuselmann*, Investmentanteile, Kap. 3 Rn. 36.

322 Der Begriff des Unternehmens als wesentliches Merkmal der das Investmentvermögen verwaltenden Einheit oder Person ist angelehnt an die Definition der KAG in § 2 Abs. 4 InvG. Damit geht der deutsche Gesetzgeber über die von der

zusammen mit den Begriffsbestimmungen in § 1 Abs. 14 bis 18 KAGB zu lesen.[323] Ein Immobilienfonds wird in der Regel in der Rechtsform eines Sondervermögens ausgestaltet sein, sodass begriffsnotwendig eine externe KVG zu bestellen ist, welche das Vermögen verwaltet.[324]

Eine externe KVG ist von dem Investmentvermögen oder im Namen des Investmentvermögens bestellt und ist auf Grund dieser Bestellung für die Verwaltung des Investmentvermögens verantwortlich. Sie darf gem. § 18 KAGB nur in der Rechtsform einer AG, GmbH oder einer KG, bei der persönlich haftender Gesellschafter ausschließlich eine GmbH ist, betrieben werden. Zur Aufnahme ihres Geschäftsbetriebs bedarf sie zudem einer Erlaubnis der Bundesanstalt für Finanzdienstleistungsaufsicht (BaFin). Diese Erlaubnispflicht regelt § 20 Abs. 1 KAGB, welcher im Wesentlichen dem § 7 Abs. 1 InvG entspricht. Von dieser grundsätzlich alle KVGs umfassenden Erlaubnispflicht besteht lediglich für kleine geschlossene Fonds eine Ausnahme durch die De-Minimis-Regelung.[325]

Möchte die KVG eine solche Erlaubnis beantragen, so hat sie nach § 22 KAGB eine Vielzahl von Anforderungen zu erfüllen. Unter anderem müssen die Zuverlässigkeit und die fachliche Eignung der Gesellschafter dargelegt sowie Angaben zu den Anlagestrategien und der Vergütungspolitik gemacht werden. Weitere Anforderung an eine externe KVG ist zudem ein Startkapital von mindestens 125.000 Euro, welches sich je nach Höhe des zu verwaltenden Vermögens auf bis zu 10 Millionen Euro erhöhen kann.[326]

Die sich aus dem KAGB ergebende Staffelung der Kapitalanforderungen ist im Vergleich zum InvG progressiver geworden, wodurch deutlich früher zusätzliche Eigenmittel zur Verfügung gestellt werden müssen und was im Zusammenhang mit den weiteren Regelungen des KAGB, wie den Organisations- und Verhaltensregeln, den Regelungen zum Risiko- und Liquiditätsmanagement und zum Leverage[327] sowie der Produktregulierung, zu einer weitaus

---

AIFM-RL vorgegeben Bandbreite hinaus, welche in Art. 4 lit. B AIFM-RL den Fondsmanager als juristische Person („legal person") definiert. Im Ergebnis wird damit zunächst eine Vielzahl von möglichen Rechtsformen erfasst. Vgl. *Winterhalder*, Weitnauer/Boxberger/Anders, KAGB, § 17 KAGB Rn. 7.

323 Vgl. *Winterhalder*, Weitnauer/Boxberger/Anders, KAGB, § 17 KAGB Rn. 5.

324 Vgl. *Dorn*, Investmentsteuerrecht, S. 92; *Häuselmann*, Investmentanteile, Kap. 3 Rn. 39.

325 Näher dazu vgl. *Jesch/Alten*, RdF 2013, 191 (191 ff.).

326 § 25 Abs. 1 Nr. 1 und 2 KAGB.

327 Jede Methode, mit der die Verwaltungsgesellschaft den Investitionsgrad eines von ihr verwalteten Investmentvermögens durch Kreditaufnahme,

intensiveren Regulierung der Kapitalverwaltung führt.[328] Durch diese Verdichtung der Regulierung haben sich konkrete Anforderungen an die KVG herausgebildet, welche nun auch den „grauen Markt“ der geschlossenen Fonds mit einbeziehen.

b) Tätigkeit einer KVG

Wie sich aus § 17 Abs. 1 KAGB ergibt, besteht die Tätigkeit der KVG primär in der Verwaltung des Investmentvermögens, also der Portfolioverwaltung und dem Risikomanagement. Diese Begriffe sind im KAGB nicht näher definiert, umfassen inhaltlich jedoch die Anschaffung und Veräußerung von Vermögensgegenständen, die Verwaltung der Einkunftserzielung aus den Vermögensgegenständen für gemeinschaftliche Rechnung der Anleger sowie die Verfahren zur systematischen Erkennung, Beurteilung, Steuerung, Kontrolle und Überwachung von Risiken.[329] Auch administrative Aufgaben sowie Tätigkeiten im Zusammenhang mit den Vermögensgegenständen fallen in ihre Verantwortung. Im Wesentlichen besteht ihre Tätigkeit im An- und Verkauf von Immobilien, der Realisierung von Projektentwicklungen, der Optimierung des Immobilienbestands, der Verwaltung der Liquiditätsreserven sowie dem weiteren Immobilienmanagement.[330]

Die aktive Bewirtschaftung der Gebäude wird sie jedoch zumeist nicht selbst übernehmen, da sie sich in ihrer Tätigkeit lediglich auf die Verwaltung des Fondsvermögens beschränkt und im Rahmen der Auslagerung von Dienstleistungen anderweite Aufgaben an Dritte übertragen kann.[331] Die Immobilien, welche die KVG verwaltet, können naturgemäß nicht von einer Verwahrstelle

---

Wertpapier-Darlehen, in Derivate eingebettete Hebelfinanzierungen oder auf andere Weise erhöht, § 1 Abs. 19 Nr. 25 KAGB.

328 Vgl. *E. de Lope/M. Rösch*, Praxishandbuch Immobilienfondsmanagement und -investition, S. 226.

329 Ausführlich zu den Begriffen Portfolioverwaltung und Risikomanagement siehe: *Schwerdfeger*, Die Regulierung des offenen Immobilienfonds nach dem Kapitalanlagegesetzbuch, S. 94 ff.

330 Vgl. *Wimmer*, Die Besteuerung mittelbarer Immobilieninvestitionen aus Anlegersicht: eine steuerökonomische und steuerrechtliche Analyse unter besonderer Berücksichtigung offener Immobilienfonds, S. 285.

331 Vgl. *Lindauer*, Immobilien und Steuern, S. 26; *Hartrott/Goller*, BB 2013, 1603 (1606); Ausführlich zur Auslagerung von Tätigkeiten der KVG siehe: *Schwerdfeger*, Die Regulierung des offenen Immobilienfonds nach dem Kapitalanlagegesetzbuch, S. 107 ff.

verwahrt werden, sodass sich diese in ihrer Tätigkeit auf eine Überwachung der Rechtmäßigkeit des Handelns der KVG beschränkt.[332] Die KVG hat jedoch die Aufgabe, die Verwahrstelle zu beauftragen, sodass zwischen der Verwahrstelle und der KVG in der Regel ein gemischttypischer Vertrag, welcher auf eine entgeltliche Geschäftsbesorgung mit dienst- und werkvertraglichen Elementen gerichtet ist, bestehen wird.[333]

Die Tätigkeiten der KVG unterliegen einer Art Mindeststandard, welcher in Form der Wohlverhaltenspflichten in den §§ 26–30 KAGB geregelt und durch Art. 16 ff. Level 2-VO konkretisiert wird.[334] Zu diesen Wohlverhaltenspflichten gehören als Kardinalspflicht der Grundsatz des Handelns im Anlegerinteresse, die Pflicht zur Identifikation, Vermeidung und Auflösung von Interessenkonflikten, Organisations- und Sorgfaltspflichten, das Gebot der Fairness, sowie das Verbot von Glücksspiel.[335]

Neben dem direkten Erwerb kann die KVG die Immobilien gem. §§ 231 Abs. 1 Nr. 7, 234 KAGB auch mittelbar über eine Beteiligung an einer die Immobilien haltenden Gesellschaft erwerben.

2. Die Verwahrstelle

Eine KVG ist dazu verpflichtet, für jedes von ihr verwaltete Investmentvermögen eine Verwahrstelle zu beauftragen.[336] Obwohl in der Praxis eine enge wirtschaftliche Beziehung zwischen KVG und Verwahrstelle bestehen wird, soll die Verwahrstelle in der Ausübung ihrer Tätigkeit unabhängig von der KVG und ausschließlich im Interesse der Anleger handeln.[337] Aufgrund dieser Schutzfunktion der Verwahrstelle nimmt sie eine besondere Rolle im KAGB ein.[338]

---

332 Die Verwahrstelle hat nicht etwa die Zweckmäßigkeit des Handelns der KVG zu kontrollieren, sondern lediglich die Vereinbarkeit der Maßnahmen der KVG mit den gesetzlichen Bestimmungen sowie den Anlagebedingungen zu überwachen; vgl. *Chromek*, K/M/F/S, Bank- und Kapitalmarktrecht, Teil 16 Rn. 16.189.

333 Vgl. *Chromek*, K/M/F/S, Bank- und Kapitalmarktrecht, Teil 16 Rn. 16.187.

334 *Schwerdfeger*, Die Regulierung des offenen Immobilienfonds nach dem Kapitalanlagegesetzbuch, S. 99.

335 Ausführlich zu den Wohlverhaltenspflichten siehe: *Schwerdfeger*, Die Regulierung des offenen Immobilienfonds nach dem Kapitalanlagegesetzbuch, S. 99–106.

336 Vgl. *Wollenhaupt/Beck*, DB 2013, 1950 (1956); *Häuselmann*, Investmentanteile, Kap. 3 Rn. 62.

337 Vgl. *Dorn*, Investmentsteuerrecht, S. 60; *Häuselmann*, Investmentanteile, Kap. 3 Rn. 58.

338 BaFin v. 07.10.2015 – WA 41-Wp 2137-2013/0068 (R 8/2015) – Aufgaben und Pflichten der Verwahrstelle – 1. Einführung, S. 1.

Trotz der Differenzierung des KAGB zwischen OGAW-Verwahrstellen und AIF-Verwahrstellen unterscheiden sich deren Aufgaben im Grunde jedoch nicht voneinander.[339]

Die Kapitalverwaltungsgesellschaft hat in erster Linie die Aufgabe, Entscheidungen zu treffen, während das KAGB der Verwahrstelle bestimmte Aufgaben der technischen Abwicklung, die Verwahrung des Investmentvermögens sowie verschiedene Kontrollfunktionen zuweist.[340] Die Verwahrstelle hat die laufende Tätigkeit der KVG in Bezug auf die von ihr verwahrten Investmentvermögen in den aufsichtsrechtlich entscheidenden Details zeitnah zu begleiten, auf Vereinbarkeit mit dem deutschen und europäischen Kapitalanlagerecht sowie mit den vertraglichen Grundlagen des jeweiligen Investmentvermögens zu prüfen und den Bestand der Vermögensgegenstände vor Verlust zu sichern.[341]

Die § 70 KAGB; § 85 KAGB normieren zur Vermeidung einer Interessenkollision eine entsprechende Verhaltensweise bei der Ausführung der Tätigkeiten einer Verwahrstelle. Im Rahmen der Kontrollfunktion der Verwahrstelle hat diese beispielsweise gem. § 76 KAGB; § 83 KAGB die Eintragung der Verfügungsbeschränkungen in das Grundbuch zu überwachen. Bestimmte Geschäfte der KVG bedürfen zudem der Zustimmung der Verwahrstelle nach § 75 KAGB; § 84 KAGB. Sowohl die Beauftragung als auch der Wechsel einer Verwahrstelle bedürfen der Genehmigung durch die BaFin. Sollte die KVG gegen Bestimmungen des KAGB oder die Anlagebestimmungen verstoßen, so ist die Verwahrstelle verpflichtet, die sich aus der Verletzung ergebenden Rechte der Anleger im eigenen Namen geltend zu machen, § 78 Abs. 1 KAGB; § 89 KAGB.

Als taugliche Verwahrstelle für OGAW sind nach § 68 Abs. 2 KAGB inländische CRR-Kreditinstitute i. S. d. § 1 Abs. 3d KWG mit einer Zulassung zum Depotgeschäft i. S. d. § 1 Abs. 1 S. 2 Nr. 5 KWG sowie Zweigniederlassungen von ausländischen CRR-Kreditinstituten i. S. d. § 53b Abs. 1 S. 1 KWG vorgesehen.[342] Nach § 80 Abs. 2 Nr. 2 KAGB können als AIF-Verwahrstellen zudem auch Finanzdienstleistungsinstitute mit Erlaubnis für das eingeschränkte Verwahrgeschäft bestellt werden.

---

339 Vgl. *Häuselmann*, Investmentanteile, Kap. 3 Rn. 58.

340 BaFin v. 07.10.2015 – WA 41-Wp 2137-2013/0068 (R 8/2015) – Aufgaben und Pflichten der Verwahrstelle – 1. Einführung,.

341 BaFin v. 07.10.2015 – WA 41-Wp 2137-2013/0068 (R 8/2015) – Aufgaben und Pflichten der Verwahrstelle – 1. Einführung.

342 Vgl. *Häuselmann*, Investmentanteile, Kap. 3 Rn. 59.

Vor der Einführung des KAGB wurde im InvG der Terminus „Depotbank“ verwendet. Diese fanden in den §§ 20 ff. InvG ihre rechtlichen Grundlagen. Neben dieser terminologischen Änderung und einigen Anpassungen auf der Grundlage der AIFM-RL haben sich die Aufgaben der Verwahrstelle durch die Einführung des KAGB jedoch nicht wesentlich geändert.[343] Insbesondere geht eine Verschärfung des Haftungsregimes für Verwahrstellen mit der Umsetzung der Vorgaben der AIFM-RL einher.[344] Diese haften nun verschuldensunabhängig für das Abhandenkommen von Finanzinstrumenten, und zwar auch dann, wenn diese von einem Unterverwahrer verwahrt wurden. § 88 Abs. 1 S. 3 KAGB sieht eine sehr enge Exkulpationsmöglichkeit der Verwahrstelle für extreme Fälle äußerer Gewalt vor.

3. *Die Anleger*

Der Anleger ist derjenige, dem der Investmentanteil oder der Spezial-Investmentanteil nach § 39 AO zuzurechnen ist.[345]

Der Anleger als wirtschaftlich Berechtigter begründet mit dem Erwerb eines Anteilsscheins ein Rechtsverhältnis mit der KVG, welches als ein Vermögensverwaltungsvertrag sowohl Bestandteile eines entgeltlichen Geschäftsbesorgungsvertrags (§ 675 BGB) enthält als auch das wirtschaftliche Eigentum an den Anlagegenständen verbrieft und dessen Inhalt sich aus den jeweiligen Anlagebedingungen ergibt.[346] Der Anteil an einem offenen Immobilienfonds unterscheidet sich von einem Anteil an einem geschlossenen Immobilienfonds dadurch, dass der Anteilsinhaber eines offenen Immobilienfonds einen Anteil an einem Grundstücks-Sondervermögen erwirbt und nicht etwa das Miteigentum an einem bestimmten Grundstück.[347] Ein Anteil an einem Sondervermögen wird gem. § 95 KAGB als Anteilsschein verbrieft, welcher entweder auf den Namen oder auf den Inhaber lauten und von der Verwahrstelle sowie der KVG unterzeichnet werden muss.

---

343 Vgl. *Klusak*, Weitnauer/Boxberger/Anders, KAGB, § 68 KAGB Rn. 1.

344 Vgl. *Wollenhaupt/Beck*, DB 2013, 1950 (1957).

345 Die Definition des Anlegers findet sich in § 2 Abs. 10 InvStG.

346 Vgl. *Zöll*, B/S/V, Investment, Kap. 2, Abschnitt 2, Immobilien-Sondervermögen, Rn. 10; *Lindemann*, Besteuerung von Aktienfonds nach der Unternehmensteuerreform, S. 43; *Wimmer*, Die Besteuerung mittelbarer Immobilieninvestitionen aus Anlegersicht: eine steuerökonomische und steuerrechtliche Analyse unter besonderer Berücksichtigung offener Immobilienfonds, S. 287, 288.

347 Vgl. *Dornheim*, Bordewin/Brandt, EStG, § 21 EStG Rn. 215.

4. *Das Sondervermögen*

Nach § 1 Abs. 10 KAGB sind Sondervermögen inländische Investmentvermögen in Vertragsform die von einer Verwaltungsgesellschaft für Rechnung der Anleger nach Maßgabe des KAGB und den Anlagebedingungen, nach denen sich das Rechtsverhältnis der Verwaltungsgesellschaft zu den Anlegern bestimmt, verwaltet werden. Das InvStG verweist in § 27 Nr. 1 InvStG auf die Definition des Sondervermögens aus § 1 Abs. 10 KAGB. Obwohl die Norm die zulässigen Rechtsformen von inländischen Spezial-Investmentfonds regelt, hat § 1 Abs. 10 KAGB allgemeine Bedeutung für das InvStG.

Die §§ 92 bis 107 KAGB enthalten allgemeine Vorschriften für Sondervermögen. Das Sondervermögen ist zivilrechtlich nicht rechtsfähig. Steuerlich erfasst werden kann daher nur der Investmentfonds, welcher jedenfalls steuerrechtlich rechtsfähig ist.[348] Vermögensgegenstände, welche zum Sondervermögen gehören, können sich nach Maßgabe der Anlagebedingungen entweder im Eigentum der KVG oder im Miteigentum der Anleger befinden.[349] Verfügt die KVG neben dem Sondervermögen über weiteres eigenes Vermögen, so hat sie diese getrennt voneinander zu halten. Das Sondervermögen ist eine unselbstständige Vermögensmasse, die einer externen KVG bedarf, um es treuhänderisch im eigenen Namen und für dessen Rechnung zu verwalten.[350]

5. *Das Immobilien-Sondervermögen*

Das Immobilien-Sondervermögen stellt eine weitere Ecke des Investment-Fünfecks dar.[351] Ein Wesensmerkmal der Immobilien-Investmentvermögen ist, dass diese ausschließlich als Sondervermögen und nicht etwa als Investmentgesellschaften zulässig sind.[352] Die Rechtsform des Sondervermögens ist die einzig in Betracht kommende Rechtsform für offene inländische Immobilien-Sondervermögen.[353]

---

348 Vgl. *Dorn*, Investmentsteuerrecht, S. 92.

349 Befinden sich die zum Sondervermögen gehörenden Vermögensgegenstände im Eigentum der KVG, spricht man auch von der sog. Treuhandlösung.

350 Vgl. *Klug*, Offene Immobilienfonds: Zeit für stabile Werte, S. 41.

351 Vgl. *Wimmer*, Die Besteuerung mittelbarer Immobilieninvestitionen aus Anlegersicht: eine steuerökonomische und steuerrechtliche Analyse unter besonderer Berücksichtigung offener Immobilienfonds, S. 288.

352 Vgl. *Häuselmann*, Investmentanteile, Kap. 3 Rn. 75.

353 Vgl. § 91 Abs. 3 KAGB.

Für Immobilien-Sondervermögen enthalten die §§ 230–260 KAGB besondere aufsichtsrechtliche Vorschriften, welche die Investitionsmöglichkeiten der Sondervermögen einschränken und an vielen Stellen die allgemeinen Bestimmungen zur Optimierung des Anlegerschutzes ergänzen.[354] Gem. § 230 Abs. 1 KAGB gelten für Immobilien-Sondervermögen die Vorschriften der §§ 192 bis 211 KAGB sinngemäß, soweit sich nicht aus den §§ 231 bis 260 KAGB etwas anderes ergibt.

Obwohl die Vermögensgegenstände, welche zum Immobilien-Sondervermögen gehören, nach § 245 KAGB ausschließlich im Eigentum der KVG stehen können, sind sie wirtschaftlich den Anlegern zuzurechnen.

Ein Sondervermögen ist nach § 1 Abs. 10 KAGB ein inländisches offenes Investitionsvermögen in Vertragsform, welches von einer Verwahrstelle für Rechnung der Anleger verwaltet wird. Ein Investmentvermögen wiederum ist nach § 1 Abs. 1 KAGB jeder Organismus für gemeinsame Anlagen, der von einer Anzahl von Anlegern Kapital einsammelt, um es gem. einer festgelegten Anlagestrategie zum Nutzen dieser Anleger zu investieren, und der kein operativ tätiges Unternehmen außerhalb des Finanzsektors ist.

Das Sondervermögen ist nicht etwa Träger eigener Rechte und Pflichten, sondern als Immobilien-Sondervermögen nach § 245 KAGB stets Eigentum der KVG, was in der Folge eine Miteigentümerstellung[355] der Anteilseigner ausschließt.[356]

a) Zulässige Vermögensgegenstände eines Immobilien-Sondervermögens

In welche Vermögensgegenstände die AIF-Kapitalverwaltungsgesellschaft für ein Immobilien-Sondervermögen investieren darf, bestimmt abschließend die Vorschrift des § 231 KAGB.[357] Zu den zulässigen Vermögensgegenständen gehören bebaute Grundstücke wie Mietwohn- oder Geschäftsgrundstücke, Grundstücke im Zustand der Bebauung sowie unbebaute Grundstücke, soweit diese zur alsbaldigen eigenen Bebauung und Nutzung bestimmt sind.

---

354 *Schwerdfeger*, Die Regulierung des offenen Immobilienfonds nach dem Kapitalanlagegesetzbuch, S. 147.

355 Es würde sich dabei um die sog. „Miteigentumslösung" handeln, welche grundsätzlich neben der sog. „Treuhandlösung" frei gewählt werden kann.

356 Vgl. *Wimmer*, Die Besteuerung mittelbarer Immobilieninvestitionen aus Anlegersicht: eine steuerökonomische und steuerrechtliche Analyse unter besonderer Berücksichtigung offener Immobilienfonds, S. 288.

357 Die Norm entspricht inhaltlich der Vorgängervorschrift des § 67 InvG. Im Detail siehe: *Döser*, Patzer/Döser/Kempf, Investmentrecht, § 231 KAGB Rn. 1 ff.

Zur Präzisierung der Anforderungen an die jeweiligen Vermögensgegenstände ist auf die Begriffsbestimmungen des Bewertungsgesetzes zurückzugreifen.[358]

aa) Mietwohngrundstücke

Die Definition des Begriffs der Mietwohngrundstücke richtet sich nach § 75 Abs. 1 Nr. 1 i. V. m. Abs. 2 BewG.[359] Entsprechend der Vorschrift sind Mietwohngrundstücke solche Grundstücke, welche zu mehr als achtzig Prozent Wohnzwecken dienen mit Ausnahme der Ein- und Zweifamilienhäuser.[360] Die Berechnung erfolgt dabei nach der Jahresrohmiete gem. § 79 BewG, wobei die Jahresrohmiete das Gesamtentgelt eines Jahres umfasst, welches die Mieter oder Pächter für die Benutzung des Grundstücks zahlen, und nicht etwa nach der Nutzfläche des Grundstücks.[361] Die gesamte Jahresrohmiete wird aufgeteilt in die Miete für Wohnraum auf der einen Seite und die Miete für gewerblichen oder öffentlichen Zwecken dienenden Grundstücksteilen auf der anderen Seite.[362] Auf der Seite der Miete für Wohnraum ist auch die Miete für Nebenräume wie beispielsweise Garagen, Schuppen oder Stallgebäude mit einzurechnen.[363]

bb) Geschäftsgrundstücke

Der Begriff der Geschäftsgrundstücke umfasst gem. § 75 Abs. 1 Nr. 2 i. V. m. Abs. 3 BewG die Grundstücke, welche zu mehr als achtzig Prozent eigenen oder fremden gewerblichen oder öffentlichen Zwecken dienen.[364] Wie bei den Mietwohngrundstücken liegt auch bei den Geschäftsgrundstücken der Quotenbestimmung die Jahresrohmiete als Berechnungsgrundlage zugrunde.[365] Eine

---

358 *Kloyer/Seidenschwann*, Assmann/Wallach/Zetzsche, Kapitalanlagegesetzbuch, § 231 KAGB Rn. 20; *Schwerdfeger*, Die Regulierung des offenen Immobilienfonds nach dem Kapitalanlagegesetzbuch, S. 151.

359 *Kloyer/Seidenschwann*, Assmann/Wallach/Zetzsche, Kapitalanlagegesetzbuch, § 231 KAGB Rn. 22.

360 *Halaczinsky*, Rössler/Troll, BewG, § 75 Rn. 16.

361 *Kloyer/Seidenschwann*, Assmann/Wallach/Zetzsche, Kapitalanlagegesetzbuch, § 231 KAGB Rn. 22; *Schwerdfeger*, Die Regulierung des offenen Immobilienfonds nach dem Kapitalanlagegesetzbuch, S. 151.

362 *Halaczinsky*, Rössler/Troll, BewG, § 75 Rn. 16.

363 *Halaczinsky*, Rössler/Troll, BewG, § 75 Rn. 16.

364 *Kloyer/Seidenschwann*, Assmann/Wallach/Zetzsche, Kapitalanlagegesetzbuch, § 231 KAGB Rn. 24.

365 *Hinrichts/Virreira Winter*, Baur/Tappen, § 231 KAGB Rn. 9; *Halaczinsky*, Rössler/Troll, BewG, § 75 Rn. 25.

Verwendung des Grundstücks für gewerbliche Zwecke setzt eine selbstständige nachhaltige Betätigung voraus, die mit Gewinnabsicht unternommen wird und sich als Beteiligung am allgemeinen wirtschaftlichen Verkehr darstellt.[366] Dies wird regelmäßig vorliegen, wenn die Räume insgesamt oder auch nur einzeln als Verkaufsräume oder Büroräume genutzt werden.[367]

cc) Gemischtgenutzte Grundstücke

Der Begriff der gemischtgenutzten Grundstücke wird in § 75 Abs. 1 Nr. 2 i. V. m. Abs. 4 BewG definiert. Unter solchen sind Grundstücke zu verstehen, die teils Wohnzwecken und teils eigenen oder fremden gewerblichen oder öffentlichen Zwecken dienen und nicht Mietwohngrundstücke, Geschäftsgrundstücke oder Ein- oder Zweifamilienhäuser sind.[368]

dd) Grundstücke im Zustand der Bebauung

Neben den Grundstücken, welche bereits mit den soeben dargestellten Gebäuden bebaut sind, zählen auch Grundstücke im Zustand der Bebauung nach § 231 Abs. 1 S. 1 Nr. 2 KAGB zu den von einem Immobilien-Sondervermögen erwerbbaren Vermögensgegenständen. Anders als bei den bebauten und unbebauten Grundstücken kann sich bei der Spezifizierung der Anforderungen an ein im Zustand der Bebauung befindliches Grundstück nicht der Begriffsbestimmungen des BewG bedient werden.[369] Von einem Zustand der Bebauung kann gesprochen werden, wenn die Bebauung bereits begonnen hat, aber noch nicht vollständig abgeschlossen ist.[370] Die KVG des Immobilien-Sondervermögens darf ein solches Grundstück nur dann erwerben, wenn eine genehmigte Bauplanung die Nutzung als Mietwohngrundstück, Geschäftsgrundstück oder als gemischt genutztes Grundstück vorsieht und mit dem Abschluss der Baumaßnahmen in angemessener Zeit gerechnet werden kann. Ist ein Grundstück bereits bebaut, befindet sich jedoch in einem Stadium wesentlicher Umbauten

---

366 Mit Verweis auf die Definition der Gewerblichkeit aus § 15 Abs. 2 EStG vgl.: *Halaczinsky*, Rössler/Troll, BewG, § 75 Rn. 23.

367 *Kloyer/Seidenschwann*, Assmann/Wallach/Zetzsche, Kapitalanlagegesetzbuch, § 231 KAGB Rn. 24; *Hinrichts/Virreira Winter*, Baur/Tappen, § 231 KAGB Rn. 9.

368 *Kloyer/Seidenschwann*, Assmann/Wallach/Zetzsche, Kapitalanlagegesetzbuch, § 231 KAGB Rn. 26.

369 *Hinrichts/Virreira Winter*, Baur/Tappen, § 231 KAGB Rn. 11; *Schwerdfeger*, Die Regulierung des offenen Immobilienfonds nach dem Kapitalanlagegesetzbuch, S. 153.

370 *Hinrichts/Virreira Winter*, Baur/Tappen, § 231 KAGB Rn. 11.

oder Ergänzungsbauten, ist es als ein Grundstück im Zustand der Bebauung anzusehen.[371] Das Gesetz sieht in § 231 Abs. 1 Nr. 2 Buchst. c KAGB zudem eine Anlagegrenze vor. Die KVG darf Grundstücke im Zustand der Bebauung für das Sondervermögen nur dann erwerben, wenn der Erwerbspreis aller solcher Grundstücke 20 % des Wertes des Sondervermögens nicht übersteigt.[372]

ee) Unbebaute Grundstücke

Unbebaute Grundstücke darf die KVG für das Sondervermögen gem. § 231 Abs. 1 Nr. 3 KAGB nur zum Zwecke der alsbaldigen Bebauung erwerben. Nach § 72 Abs. 1 BewG sind unbebaute Grundstücke solche, auf denen sich keine benutzbaren Gebäude befinden.[373] Das Kriterium der alsbaldigen Bebauung soll sicherstellen, dass keine Grundstücke zu reinen Spekulationszwecken erworben werden, sondern der Erwerber die Realisierung eines konkreten Bebauungsvorhabens intendiert.[374] Auch für die Anlage des Sondervermögens in unbebaute Grundstücke sieht das Gesetz eine festgeschriebene Erwerbsgrenze von 20 % vor.[375]

dd) Erbbaurechte

Die KVG des Sondervermögens kann gem. § 231 Abs. 1 S. 1 Nr. 4 KAGB auch Erbbaurechte erwerben.[376] Die Anforderungen an den Erwerb entsprechen denen des Grundstückserwerbs nach § 231 Abs. 1 S. 1 Nr. 1–3 KAGB.[377]

---

371 *Hinrichts/Virreira Winter*, Baur/Tappen, § 231 KAGB Rn. 11.

372 *Kloyer/Seidenschwann*, Assmann/Wallach/Zetzsche, Kapitalanlagegesetzbuch, § 231 KAGB Rn. 30.

373 Ausführlich dazu siehe: *Kloyer/Seidenschwann*, Assmann/Wallach/Zetzsche, Kapitalanlagegesetzbuch, § 231 KAGB Rn. 32 ff.

374 *Hinrichts/Virreira Winter*, Baur/Tappen, § 231 KAGB Rn. 13; *Kloyer/Seidenschwann*, Assmann/Wallach/Zetzsche, Kapitalanlagegesetzbuch, § 231 KAGB Rn. 33; *Schwerdfeger*, Die Regulierung des offenen Immobilienfonds nach dem Kapitalanlagegesetzbuch, S. 155.

375 *Kloyer/Seidenschwann*, Assmann/Wallach/Zetzsche, Kapitalanlagegesetzbuch, § 231 KAGB Rn. 34.

376 Ausführlich siehe: *Kloyer/Seidenschwann*, Assmann/Wallach/Zetzsche, Kapitalanlagegesetzbuch, § 231 KAGB Rn. 35–39.

377 *Hinrichts/Virreira Winter*, Baur/Tappen, § 231 KAGB Rn. 14; *Kloyer/Seidenschwann*, Assmann/Wallach/Zetzsche, Kapitalanlagegesetzbuch, § 231 KAGB Rn. 35.

ee) Weitere zugelassene Vermögensgegenstände

Nach § 231 Abs. 1 S. 1 Nr. 5, 6 i. V. m. S. 2 KAGB können neben den gesetzlich zugelassenen Vermögensgegenständen auch andere Vermögensgegenstände zulässig sein, soweit deren Erwerb in den Anlagebedingungen vorgesehen ist. Darunter fallen insbesondere „andere" Grundstücke nach § 231 Abs. 1 S. 1 Nr. 5 KAGB sowie Nießbrauchsrechte nach § 231 Abs. 1 S, 1 Nr. 6 KAGB.[378] Auch Beteiligungen an Immobilien-Gesellschaften und sonstige Vermögensgegenstände wie Bankguthaben, Geldmarktinstrumente, Investmentanteile, Wertpapiere, Aktien von REIT-AGs sowie Derivate zu Absicherungszwecken können im Rahmen der Liquiditätsgrenzen des § 253 KAGB von der KVG für das Sondervermögen erworben werden.[379]

b) Grundsatz der Risikomischung

Die KVG des Sondervermögens kann grundsätzlich frei in die zulässigen Vermögensgegenstände investieren, hat hierbei jedoch das Gebot der Risikomischung aus § 243 KAGB zu beachten. Demnach werden der KVG zwei Anlagegrenzen gesetzt, welche sie von vornherein zur Diversifizierung bei der Anlage ihrer Mittel zwingen und damit dem Anlegerschutz dienen sollen.[380] Ohne eine solche Regelung bestünde die Gefahr immenser Verluste der Anleger, sollte der Wertverfall einer Immobilie eintreten, welche den Großteil des Sondervermögens ausmacht.[381] Der Wert einer einzelnen Immobilie darf nicht mehr als 15 % des Wertes des Sondervermögens ausmachen. Dadurch steht es der KVG zwar grundsätzlich frei, auch größere Immobilien zu erwerben, machen diese jedoch mehr als 10 % des Wertes des Sondervermögens aus, darf die Gesamtanlage in solche Immobilien nicht mehr als 50 % des Wertes des Sondervermögens betragen.[382]

---

378 *Schwerdfeger*, Die Regulierung des offenen Immobilienfonds nach dem Kapitalanlagegesetzbuch, S. 156.

379 *Kloyer/Seidenschwann*, Assmann/Wallach/Zetzsche, Kapitalanlagegesetzbuch, § 231 KAGB Rn. 52; Ausführlich siehe: *Schwerdfeger*, Die Regulierung des offenen Immobilienfonds nach dem Kapitalanlagegesetzbuch, S. 157 ff.

380 *Kloyer/Seidenschwann*, Assmann/Wallach/Zetzsche, Kapitalanlagegesetzbuch, § 243 KAGB Rn. 1.

381 *Kloyer/Seidenschwann*, Assmann/Wallach/Zetzsche, Kapitalanlagegesetzbuch, § 243 KAGB Rn. 1.

382 *Kloyer/Seidenschwann*, Assmann/Wallach/Zetzsche, Kapitalanlagegesetzbuch, § 243 KAGB Rn. 2; *Kautenburger-Behr*, Weitnauer/Boxberger/Anders, KAGB, § 243 Rn. 1.

6. Der Sachverständigenausschuss

Das Investment-Fünfeck enthielt ehedem als letzte Ecke den nach § 77 Abs. 1 InvG vorgesehenen Sachverständigenausschuss, welcher von einem Immobilien-Sondervermögen bestellt werden musste.[383] Hintergrund dieses Ausschusses ist die Tatsache, dass sich der Wert der Anteilscheine an dem Wert der Vermögensgegenstände eines Sondervermögens bemisst und sich eine möglichst exakte und unabhängige Bewertung von Immobilien, im Gegensatz zu beispielsweise Aktien, welche über einen Börsenkurs verfügen, nur durch eine von der KVG unabhängige Stelle erreichen lässt.[384]

Mit der Einführung des KAGB wurde der Begriff des Sachverständigenausschusses jedoch obsolet. In Anlehnung an den § 77 Abs. 1 S. 1 InvG sieht der § 250 Abs. 1 Nr. 1 KAGB nun eine Bewertung der Vermögensgegenstände durch zwei voneinander unabhängige externe Bewerter vor.[385] Der von § 77 Abs. 1 S. 1 InvG geforderte Sachverständigenausschuss bestand aus drei Sachverständigen, welche als Hauptgutachter oder Nebengutachter an der Bewertung von Vermögensgegenständen mitwirken und von der KAG bestellt werden sollten.[386] Das KAGB gesteht in § 216 Abs. 1 S. 1 KAGB der KVG grundsätzlich ein eigenes Bewertungsrecht zu, welches für Immobilien-Sondervermögen durch § 250 Abs. 1 Nr. 1 KAGB jedoch ausgeschlossen wird. Abgesehen davon ist § 216 KAGB auch auf Immobilien-Sondervermögen vollumfänglich anwendbar.[387]

Anders als der Sachverständigenausschuss des InvG kann ein Bewerter nach dem KAGB auch eine juristische Person sein, § 216 Abs. 1 KAGB. Die für die Bewertung von Vermögensgegenständen i. S. d. § 231 Abs. 1 S. 1 Nr. 1 bis 6 KAGB zuständigen Bewerter haften gegenüber der KVG wie schon die Immobilien-Sachverständigen nach dem InvG unbeschränkt. Dies ist in § 216 Abs. 7 KAGB normiert. Die Bewertung der Beteiligung an einer Immobilien-Gesellschaft hat jedoch gem. § 250 Abs. 1 Nr. 2 KAGB durch einen Abschlussprüfer i. S. d. § 319

---

383 Vgl. *Wimmer*, Die Besteuerung mittelbarer Immobilieninvestitionen aus Anlegersicht: eine steuerökonomische und steuerrechtliche Analyse unter besonderer Berücksichtigung offener Immobilienfonds, S. 289.

384 Vgl. *Kulsak*, B/S/L, § 77 InvG Rn. 1; *Wind/Fritz*, Weitnauer/Boxberger/Anders, KAGB, § 250 Rn. 1.

385 Vgl. *Leopoldsberger*, A/W/Z, KAGB, § 250 Rn. 1; *Wind/Fritz*, Weitnauer/Boxberger/Anders, KAGB, § 250 Rn. 2.

386 Vgl. § 77 Abs. 1a, Abs. 2 InvG.

387 Vgl. *Zöll*, B/S/V, Investment, § 250 KAGB, Rn. 2; *Wind/Fritz*, Weitnauer/Boxberger/Anders, KAGB, § 250 Rn. 4.

Abs. 1 S. 1 und S. 2 HGB[388] zu erfolgen, welcher im Vergleich zur vorherigen Rechtslage nun einem weitaus höheren Risikopotenzial ausgesetzt ist.[389]

Die Änderungen sollen insgesamt dem Anlegerschutz dienen und die Unabhängigkeit der Bewertung stärken; sie dienen zudem der Umsetzung von Art. 19 der AIFM-RL 2011/61/EU.[390]

7. Aufsichtsrechtliche Besonderheiten bei Spezial-Immobilienfonds

Für Immobilien-Spezial-Sondervermögen gelten im Grundsatz dieselben Regelungen wie für Publikums-Sondervermögen, wenn nicht in den §§ 273 ff. KAGB abweichende Regelungen enthalten sind. Im Vergleich genießt das Spezial-Immobilien-Sondervermögen eine erhöhte Flexibilität gegenüber dem Publikums-Immobilien-Sondervermögen, da beispielsweise in Bezug auf die Belastung von Immobilien der Leverage von 30 % auf maximal 60 % erhöht werden kann.[391] Das InvStG enthält jedoch für Spezial-Investmentfonds eigene Regelungen, welche in den §§ 25 ff. InvStG normiert sind. Um also als ein Spezial-Investmentfonds i. S. d. InvStG angesehen zu werden, muss das Investmentvermögen bestimmte Voraussetzungen zur Aufsicht, Risikostreuung, Vermögenszusammensetzung und Kreditaufnahme erfüllen. Neben der Einhaltung der Anlagebestimmungen aus § 26 InvStG sowie der Gewerbesteuerbefreiung aus § 15 Abs. 2 InvStG werden an einen inländischen Spezial-Investmentfonds zudem abschließende Rechtsformanforderungen gestellt. Gem. § 27 InvStG kann ein inländischer Spezial-Investmentfonds entweder in der Form eines Sondervermögens nach § 1 Abs. 10 KAGB, oder in der Form einer InvAGmvK nach § 108 KAGB gebildet werden.

Das Hauptmerkmal eines Spezial-AIF, sowohl im aufsichtsrechtlichen wie auch im investmentsteuerrechtlichen Sinne ist, dass nur bestimmte Anlegergruppen zulässig sind. So ist üblicherweise eine Vielzahl von Anlegern an einem Publikums-Fonds beteiligt, während die Anzahl der Anleger eines Spezial-Fonds in der Regel eher überschaubar ist.[392] Gesetzlich geregelt ist dies in § 26

388 Wirtschaftsprüfer und Wirtschaftsprüfungsgesellschaften.

389 Vgl. *Doublier/Lemnitzer*, E/D/D, KAGB, § 250 Rn. 3.

390 Vgl. BT-Drs. 17/12294, S. 269; *Leopoldsberger*, A/W/Z, KAGB, § 250 Rn. 3; *Wind/Fritz*, Weitnauer/Boxberger/Anders, KAGB, § 250 Rn. 2.

391 Vgl. *Hartrott/Goller*, BB 2013, 1603 (1609); *Schäfer/Conzen*, Praxishandbuch Immobilien-Investitionen, S. 498.

392 Vgl. *Schäfer/Conzen*, Praxishandbuch Immobilien-Investitionen, S. 498.

Nr. 8 InvStG, nach dem sich an dem Investmentfonds unmittelbar und mittelbar insgesamt nicht mehr 100 Anleger beteiligen dürfen.

Der aufsichtsrechtliche und der steuerrechtliche Begriff des Spezial-Investmentvermögens ist nicht identisch, sodass das Vorliegen eines Spezial-AIF i. S. d. KAGB nicht automatisch zur Qualifikation als Spezial-Investmentfonds i. S. d. InvStG führt.[393] Jedes Investmentvermögen, welches in den Anwendungsbereich des InvStG fällt, muss unabhängig von und zusätzlich zu etwaigen aufsichtsrechtlichen Vorgaben die Anforderungen des § 26 InvStG erfüllen, um für steuerliche Zwecke als ein Spezial-Investmentvermögen angesehen werden zu können.[394]

8. *Fazit*

Das allgemeine Konstrukt eines Investment-Dreiecks ist für den offenen inländischen Immobilienfonds nicht ausreichend. Zivilrechtliche lässt er sich auch weiterhin als ein Investment-Fünfeck darstellen und hat neben den terminologischen Änderungen auch eine dichtere Regulierung durch das KAGB sowie eine intensivere Aufsicht erfahren.[395] Die Intention des Gesetzgebers, mit dem KAGB ein geschlossenes und allumfängliches Regelwerk für sämtliche Fondsvehikel zu schaffen, ist besonders mit Blick auf das InvStG begrüßenswert, da dieses die steuerliche Handhabung sämtlicher Fondsvehikel intendiert. Für offene inländische Immobilienfonds ergeben sich nur marginale Abweichungen des Anwendungsbereichs, sodass ein weitaus anwenderfreundlicheres, wenn auch nicht perfekt ineinandergreifendes System geschaffen wurde.

B. Besteuerung auf Fondsebene

Handelt es sich bei dem offenen inländischen Immobilienfonds um einen Investmentfonds i. S. d. § 1 InvStG, richtet sich die Besteuerung des Fonds und der Anleger ausschließlich nach den Vorschriften des InvStG.[396] Das InvStG unterscheidet zwischen (Publikums-) Investmentfonds und Spezial-Investmentfonds. Für (Publikums-) Investmentfonds enthält Kapitel 2 in den §§ 6 bis 15 InvStG Vorschriften über die Besteuerung des Investmentfonds

---

393 *Buge*, Herrmann/Heuer/Raupach, EStG/KStG, § 26 InvStG Rn. 1.

394 *Buge*, Herrmann/Heuer/Raupach, EStG/KStG, § 26 InvStG Rn. 1.

395 Vgl. *Hartrott/Goller*, BB 2013, 1603 (1612).

396 Vgl. *Dorn*, Investmentsteuerrecht, S. 30; *Schäfer/Conzen*, Praxishandbuch Immobilien-Investitionen, S. 498; *Lechner*, RdF 2016, 208 (209).

und in den §§ 16 bis 22 InvStG Vorschriften über die Besteuerung der Anleger. Kapitel 3 regelt in den §§ 25 bis 33 InvStG die Besteuerung von Spezial-Investmentfonds und in den §§ 34 bis 51 InvStG die Besteuerung der Anleger eines Spezial-Investmentfonds. (Publikums-) Investmentfonds sind daher auch als Kapitel-2-Fonds und Spezial-Investmentfonds als Kapitel-3-Fonds zu bezeichnen.[397] Die Besteuerung nach dem InvStG folgt im Grundsatz dem Trennungsprinzip, sodass eine steuerliche Belastung zum einen auf der Ebene des Investmentfonds und zum anderen auf der Ebene des Anlegers stattfindet.[398]

Die ursprüngliche Aufteilung zwischen Investmentfonds und Investitionsgesellschaften ist nach der Reform des InvStG obsolet geworden, da für Zwecke der Besteuerung im Investmentsteuerrecht nun zwischen (Publikums-)Investmentfonds und Spezial-Investmentfonds differenziert wird.[399] Diese unterliegen unterschiedlichen Besteuerungsregimen. Für als Publikums-Investmentfonds ausgestaltete Immobilienfonds gilt ein intransparentes Besteuerungsregime, wie dies bei Beteiligungen an Kapitalgesellschaften üblich ist.[400] Konkret findet demnach eine Besteuerung auf der Ebene des Fonds und noch einmal eine Besteuerung auf der Ebene des Anlegers im Falle der Ausschüttung statt. Die steuerliche Vorbelastung auf der Ebene des Investmentfonds soll auf der Seite des Anlegers durch das Teilfreistellungssystem neutralisiert und zum Teil sogar überkompensiert werden.[401] Für die Zwecke des Teilfreistellungssystems werden die Investmentfonds entsprechend ihren Anlagebedingungen in drei Kategorien unterteilt, für welche jeweils bei Erreichen einer bestimmten Investitionsquote eine Freistellung der Erträge auf der Ebene des Anlegers gewährt wird. Unterschieden wird zwischen Aktienfonds, Immobilienfonds und Mischfonds. Die der jeweiligen Fondskategorie gewährten Freistellungen unterscheiden sich aufgrund der in ihrer Kategorie üblichen steuerlichen Vorbelastung. In dem grundsätzlich dem Prinzip einer Cash-Flow-Besteuerung folgendem System der Investmentbesteuerung stellt die sog. Vorabpauschale eine Besonderheit dar. Durch die Vorabpauschale werden auch bei einem thesaurierenden

---

397 Vgl. *Ebner*, RdF 2019, 314 (314).

398 *Roth*, GWR 2016, 457 (457); *Stadler/Bindl*, DStR 2016, 1953 (1953); *Lechner*, RdF 2016, 208 (209).

399 Vgl. *Dorn*, Investmentsteuerrecht, S. 109; *Hoch*, Die Besteuerungssystematik von Kapitalanlagen, S. 322, 324; *Roth*, GWR 2016, 457 (457).

400 Vgl. *Schäfer/Conzen*, Praxishandbuch Immobilien-Investitionen, S. 477; *Häuselmann*, Investmentanteile, Kap. 6 Rn. 99.

401 BT-Drs. 18/8045, S. 91.

Investmentfonds Ausschüttungen fingiert und somit eine Besteuerung der Wertsteigerung erfasst.

Die Besteuerung der als Spezial-Investmentfonds aufgelegten Immobilienfonds folgt im Grundsatz dem Prinzip der Intransparenz, bietet jedoch die Möglichkeit, zu einer transparenten Besteuerung zu optieren. Macht der Spezial-Investmentfonds von seinem Wahlrecht zur Transparenz Gebrauch, werden die von dem Spezial-Investmentfonds erwirtschafteten Erträge direkt auf der Ebene des Anlegers besteuert. Ansonsten gelten für den Spezial-Investmentfonds die allgemeinen Besteuerungsgrundsätze der §§ 6 ff. InvStG.

I. Besteuerung auf der Ebene des Publikums-Immobilienfonds

Auf der Ebene des Publikums-Immobilienfonds ergibt sich aufgrund des Trennungsprinzips eine Steuerbelastung von bestimmten erwirtschafteten Erträgen mit Körperschaftsteuer sowie ggf. Gewerbesteuer. Durch § 6 Abs. 2 S. 2 InvStG wird bestimmt, welche Einkünfte auf der Ebene des Investmentfonds der Steuerpflicht unterliegen.[402] Mit allen anderen Einkünften ist der Investmentfonds steuerbefreit.[403] Die üblicherweise für unbeschränkt steuerpflichtige Körperschaften geltende Auflistung des § 2 Abs. 1 EStG ist für die Zwecke des InvStG ohne Bedeutung.[404] Es unterliegen gem. § 6 Abs. 2 S. 2 InvStG nur drei Einkunftsarten des Investmentfonds der Steuerpflicht. Dazu zählen inländische Beteiligungseinnahmen, inländische Immobilienerträge und sonstige inländische Einkünfte.[405]

Zu den inländischen Beteiligungseinnahmen gehören nach § 6 Abs. 3 InvStG Einnahmen nach § 43 Abs. 1 S. 1 Nr. 1 und 1a EStG und Entgelte, Einnahmen und Bezüge nach § 2 Nr. 2 Buchst. a bis c KStG. Konkret stellen damit insbesondere die Dividenden von AG, SE oder KGaA, die Gewinnausschüttungen einer GmbH sowie etwaige Gewinne aus der Veräußerung von Dividendenscheinen und zukünftigen Gewinnansprüchen inländische Beteiligungseinnahmen dar.[406]

---

402 *Hoffmann*, Korn, Einkommensteuergesetz, § 6 InvStG Rn. 1; *Mann*, Brandis/Heuermann, Ertragsteuerrecht, § 6 InvStG Rn. 1.

403 Vgl. *Roth*, GWR 2016, 457 (458); *Dorn*, Investmentsteuerrecht, S. 112; *Mann*, Brandis/Heuermann, Ertragsteuerrecht, § 6 InvStG Rn. 27.

404 Vgl. *Häuselmann*, Investmentanteile, Kap. 6 Rn. 45.

405 *Mann*, Brandis/Heuermann, Ertragsteuerrecht, § 6 InvStG Rn. 26, 26a.

406 Vgl. *Hahne*, DStR 2017, 2310 (2310); *Kelterborn/Küpper*, BB 2017, 2263 (2263); *Häuselmann*, Investmentanteile, Kap. 6 Rn. 48.

Inländische Immobilienerträge werden in § 6 Abs. 4 InvStG definiert als Einkünfte aus der Vermietung und Verpachtung sowie die Gewinne aus der Veräußerung von im Inland belegenen Grundstücken und grundstücksgleichen Rechten. Im Rahmen dieser Untersuchung sind die inländischen Immobilienerträge von besonderer Relevanz und werden daher noch vertieft betrachtet.

Die sonstigen inländischen Einkünfte werden in § 6 Abs. 5 InvStG bestimmt. Bei dieser Norm handelt es sich um einen Auffangtatbestand, welcher auch die inländischen Einkünfte i. S. d. § 49 Abs. 1 EStG, mit Ausnahme der Einkünfte aus wesentlichen Beteiligungen aus § 49 Abs. 1 Nr. 2 Buchst. e EStG, auf der Ebene des Investmentfonds der Steuerpflicht unterwirft.[407] Alle weiteren Einkünfte des Investmentfonds können steuerfrei vereinnahmt werden.[408] Dazu zählen beispielsweise Zinsen, Veräußerungsgewinne aus Wertpapieren, Gewinne aus Termingeschäften, ausländische Dividenden und ausländische Immobilienerträge.[409]

Sind an dem Investmentfonds steuerbefreite Anleger beteiligt, besteht die Möglichkeit einer insoweit geltenden Steuerbefreiung auf der Ebene des Investmentfonds nach § 8 InvStG.

1. Körperschaftsteuer

Die Körperschaftsteuerpflicht eines Investmentfonds findet in § 6 InvStG ihre gesetzliche Verankerung.[410] Die Norm fingiert in Abs. 1 den Investmentfonds zugleich als ein selbstständiges Körperschaftsteuersubjekt. Ein inländischer Investmentfonds gilt als Zweckvermögen i. S. v. § 1 Abs. 1 Nr. 5 KStG, ein ausländischer Investmentfonds als Vermögensmasse i. S. v. § 2 Nr. 1 KStG. Ob ein Investmentfonds in- oder ausländisch ist, richtet sich nach dem nationalen Recht, dem er unterfällt.[411] Der Ort der Geschäftsleitung oder des etwaigen Sitzes des Investmentfonds ist für die Zwecke der persönlichen Körperschaftsteuerpflicht unbeachtlich.[412] Sachlich ist die Körperschaftsteuerpflicht für inländische und ausländische Investmentfonds jedoch einheitlich geregelt.[413]

---

407 *Kelterborn/Küpper*, BB 2017, 2263 (2264).

408 Eine ausführliche Auflistung der nicht steuerbaren Erträge eines Investmentfonds bietet: *Häuselmann*, Investmentanteile, Kap. 6 Rn. 62 ff.

409 BT-Drs. 18/8045, S. 72.

410 *Mann*, Brandis/Heuermann, Ertragsteuerrecht, § 6 InvStG Rn. 1; *Hoffmann*, Korn, Einkommensteuergesetz, § 6 InvStG Rn. 1.

411 § 2 Abs. 2, Abs. 3 InvStG.

412 BMF v. 21.05.2019 – IV C 1 – S 1980-1/16/10010:001, Rn. 6.1.

413 BMF v. 21.05.2019 – IV C 1 – S 1980-1/16/10010:001, Rn. 6.3.

Sie unterliegen gleichermaßen mit den in § 6 Abs. 2 S. 2 InvStG angeführten Einkünften der Besteuerung. Die einheitliche Regelung ist eine Reaktion des Gesetzgebers auf EU-rechtliche Risiken, die wie nach der vor 2018 geltenden Rechtslage bei der Anwendung von unterschiedlichen Besteuerungstechniken auftreten könnten.[414] Die Erhebung der Kapitalertragsteuer richtet sich nach § 7 InvStG. Bei Einkünften, die einem Steuerabzug unterliegen, beträgt die Kapitalertragsteuer 15 % des Kapitalertrags. Nach § 7 Abs. 2 InvStG hat die Kapitalertragsteuer für Einkünfte, welche einem Steuerabzug unterliegen, abgeltende Wirkung.

a) Körperschaftsteuerpflicht

Bis zum 31.12.2019 wurde die Körperschaftsteuerpflicht eines Investmentfonds von § 6 Abs. 2 S. 1 InvStG auf abschließend bestimmte Einkünfte beschränkt. Darunter fielen inländische Beteiligungseinnahmen, inländische Immobilienerträge und sonstige inländische Einkünfte. Alle weiteren Einkünfte des Investmentfonds unterfielen nicht der Körperschaftsteuer, wodurch der Investmentfonds lediglich als partiell körperschaftsteuerpflichtig zu bezeichnen war.[415]

Der § 6 Abs. 2 InvStG wurde mit Geltung ab dem 01.01.2020 durch das Gesetz zur weiteren steuerlichen Förderung der Elektromobilität und zur Änderung weiterer steuerlicher Vorschriften[416] neu gefasst. In § 6 Abs. 1 S. 1 InvStG n. F. heißt es nun: „*Investmentfonds sind vorbehaltlich des Satzes 2 steuerfrei*“. In Satz 2 werden, wie bereits in der alten Fassung, inländische Beteiligungseinnahmen, inländische Immobilienerträge und sonstige inländische Einkünfte von der Steuerfreiheit ausgenommen. Damit hat sich im Grundsatz nur die Formulierung geändert, was laut Gesetzgeber deutlicher die in der Norm enthaltene Steuerbefreiung zum Ausdruck bringen soll.[417]

§ 6 Abs. 2 S. 3 InvStG bestimmt zudem, dass die nach § 6 Abs. 2 S. 2 InvStG steuerpflichtigen Einkünfte zugleich inländische Einkünfte gem. § 2 Nr. 1 KStG sind. Der Gesetzgeber wollte damit klarstellen, dass die entsprechenden Einkünfte auch bei ausländischen Investmentfonds der beschränkten Körperschaftsteuerpflicht unterliegen.[418]

---

414 Vgl. BT-Drs. 18/8045, S. 72.

415 Vgl. *Dorn*, Investmentsteuerrecht, S. 112; *Haase*, IStR 2019, 616 (617); *Hoch*, Die Besteuerungssystematik von Kapitalanlagen, S. 325.

416 JStG 2019 v. 12.12.2019, BGBl. I 2019, 2451 = BStBl. I 2020, 17.

417 BT-Drs. 19/13436, S. 173.

418 BT-Drs. 18/8045, S. 72.

b) Inländische Immobilienerträge i. S. v. § 6 Abs. 4 InvStG

Nach § 6 Abs. 2 S. 2, Abs. 4 InvStG unterliegen die inländischen Immobilienerträge eines Investmentfonds der hiesigen Körperschaftsteuerpflicht.[419] Nach § 6 Abs. 4 S. 1 Nr. 1 InvStG zählen zu den inländischen Immobilienerträgen die Einkünfte aus der Vermietung und Verpachtung von im Inland belegenen Grundstücken oder grundstücksgleichen Rechten.[420] § 6 Abs. 4 S. 1 Nr. 2 InvStG bestimmt, dass neben den Einkünften aus Vermietung und Verpachtung auch die Gewinne aus der Veräußerung von im Inland belegenen Grundstücken unter den Begriff der Immobilienerträge fallen.[421] Die Erträge aus der Vermietung und Verpachtung sowie die Gewinne aus der Veräußerung von im Ausland belegenen Immobilien sind für den Investmentfonds steuerfrei zu vereinnahmen.

Hält ein Investmentfonds als ein Dachfonds Anteile an einem Spezial-Investmentfonds, so stellen die ausgeschütteten und ausschüttungsgleichen inländischen Immobilienerträge aus der Beteiligung an dem Spezial-Investmentfonds als Zielfonds für den Dachfonds inländische Immobilienerträge dar, wenn der Ziel-Spezial-Investmentfonds von der Transparenzoption aus § 33 InvStG Gebrauch gemacht hat.[422] Nach § 33 Abs. 2 S. 1 InvStG werden die Einkünfte auf der Ebene des Dachfonds zu inländischen Immobilienerträgen i. S. d. § 6 Abs. 4 InvStG umqualifiziert. Dadurch unterfallen die üblicherweise für den Investmentfonds steuerfrei zu vereinnahmenden Spezial-Investmenterträge der Steuerpflicht.[423]

Erträge aus Immobilien-Gesellschaften i. S. d. § 1 Abs. 19 Nr. 22 KAGB sowie Ausschüttungen aus einer inländischen REIT-AG stellen keine inländischen Immobilienerträge dar.[424] Etwas anderes gilt nur, wenn es sich dabei um eine vermögensverwaltende Grundstückspersonengesellschaft mit im Inland belegenen Grundstücken handelt.[425] Aufgrund der Bruchteilsbetrachtung des § 39 Abs. 2 Nr. 2 AO erzielt ein Investmentfonds aus der Beteiligung an einer vermögensverwaltenden Objekt-Personengesellschaft originäre inländische

419 *Mann*, Brandis/Heuermann, Ertragsteuerrecht, § 6 InvStG Rn. 45.

420 *Hoffmann*, Korn, Einkommensteuergesetz, § 6 InvStG Rn. 37.

421 *Hoffmann*, Korn, Einkommensteuergesetz, § 6 InvStG Rn. 37.

422 *Mann*, Brandis/Heuermann, Ertragsteuerrecht, § 6 InvStG Rn. 45; *Häuselmann*, Investmentanteile, Kap. 6 Rn. 55.

423 Vgl. *Häuselmann*, Investmentanteile, Kap. 6 Rn. 55.

424 *Mann*, Brandis/Heuermann, Ertragsteuerrecht, § 6 InvStG Rn. 46; *Häuselmann*, Investmentanteile, Kap. 6 Rn. 56.

425 Vgl. *Häuselmann*, Investmentanteile, Kap. 6 Rn. 56.

Immobilienerträge i. S. d. § 6 Abs. 4 InvStG.[426] Der Gewinn aus einer Veräußerung der entsprechenden Beteiligung an einer Immobilienhaltenden Personengesellschaft hingegen stellt grundsätzlich keinen Gewinn aus der Veräußerung eines Grundstücks dar.[427] Es bleiben insoweit nur die Besteuerungstatbestände des § 6 Abs. 5 S. 1 Nr. 1 InvStG i. V. m. § 49 Abs. 1 Nr. 2 Buchst. f S. 1 Doppelbuchst. bb EStG oder i. V. m. § 49 Abs. 1 Nr. 8 EStG anwendbar, sodass sonstige Einkünfte des Investmentfonds vorliegen.

Um etwaige Besteuerungslücken für den Fall zu schließen, in dem ein Investmentfonds einen Personengesellschaftsanteil nach Ablauf der zehnjährigen Behaltensfrist des § 23 Abs. 1 S. 1 Nr. 1 EStG veräußert, wurde nachträglich der § 6 Abs. 6a InvStG eingeführt.[428] Durch die Norm gilt die Anschaffung oder Veräußerung einer unmittelbaren oder mittelbaren Beteiligung an einer Personengesellschaft als Anschaffung oder Veräußerung der anteiligen Wirtschaftsgüter.

aa) § 6 Abs. 4 S. 1 Nr. 1 InvStG, Einkünfte aus Vermietung und Verpachtung

Die Besteuerung der Erträge aus Vermietung und Verpachtung knüpft zunächst an ein im Inland belegenes Grundstück oder grundstücksgleiches Recht an.

Der Begriff der Vermietung und Verpachtung entspricht nicht dem des § 21 EStG, sondern ist nach den allgemeinen steuerlichen Grundsätzen auszulegen und richtet sich daher nach dem abstrakten Ertragstypus.[429] Demzufolge meint die Vermietung und Verpachtung i. S. d. § 6 Abs. 4 Nr. 1 InvStG die zeitliche Überlassung zur Nutzung gegen Entgelt.[430] Divergierend von § 21 Abs. 1 S. 1 Nr. 4 EStG fällt die Veräußerung von Miet- und Pachtzinsforderungen mangels ausdrücklicher Nennung nicht unter den Tatbestand des § 6 Abs. 4 Nr. 1 InvStG.[431] Im Gegensatz zu § 21 Abs. 1 S. 1 Nr. 1 EStG und § 49 Abs. 1 Nr. 6 EStG spricht § 6 Abs. 4 InvStG nicht umfassend von der Vermietung und Verpachtung von „*Grundvermögen, insbesondere von Grundstücken, Gebäuden, etc. … und Rechten, die den Vorschriften des bürgerlichen Rechts über Grundstücke unterliegen*", sondern lediglich von der Vermietung und Verpachtung von

---

426 Vgl. *Haug*, IWB 2018, 6 (6); *Häuselmann*, Investmentanteile, Kap. 6 Rn. 57.

427 Vgl. *Haug*, IWB 2018, 6 (6); *Häuselmann*, Investmentanteile, Kap. 6 Rn. 57.

428 Vgl. BT-Drs. 19/13436, S. 174.

429 Vgl. *Mann*, Brandis/Heuermann, Ertragsteuerrecht, § 6 InvStG Rn. 47; *Dorn*, Investmentsteuerrecht, S. 115; *Hoffmann*, Korn, Einkommensteuergesetz, § 6 InvStG Rn. 38.

430 *Mann*, Brandis/Heuermann, Ertragsteuerrecht, § 6 InvStG Rn. 47.

431 Vgl. *Mann*, Brandis/Heuermann, Ertragsteuerrecht, § 6 InvStG Rn. 47.

„im Inland belegenen Grundstücken und grundstücksgleichen Rechten“, sodass die Formulierung des § 6 Abs. 4 InvStG enger gefasst ist als die des § 21 EStG.[432] Maßgeblich für die Zwecke des § 6 Abs. 4 InvStG ist also der zivilrechtliche Begriff des Grundstücks, nicht der des Grundvermögens i. S. d. § 68 Abs. 1 BewG.[433] Ein Grundstück ist ein katastermäßig vermessener und bezeichneter Teil der Erdoberfläche, der im Grundbuch als „Grundstück“ geführt ist.[434]

Bei grundstücksgleichen Rechten handelt es sich um beschränkt dingliche Rechte an Grundstücken, die kraft besonderer gesetzlicher Anordnung materiell- und verfahrensrechtlich im Wesentlichen wie Eigentum an Grundstücken behandelt werden.[435] In der Praxis relevant sind insbesondere das Erbbaurecht, das Wohnungseigentum, das Bergbaurecht sowie das selbstständige Gebäudeeigentum.[436] Keine grundstücksgleichen Rechte sind Grundpfandrechte wie die Grundschuld oder die Hypothek.[437]

bb) § 6 Abs. 4 S. 1 Nr. 2 InvStG, Gewinne aus der Veräußerung von im Inland belegenen Grundstücken oder Grundstücksgleichen Rechten

Auch die Gewinne aus der Veräußerung von im Inland belegenen Grundstücken und grundstücksgleichen Rechten unterfallen dem Begriff der inländischen Immobilienerträge. Der durch das JStG 2019 eingeführte § 6 Abs. 6a InvStG bestimmt zudem, dass auch die Anschaffung oder Veräußerung einer unmittelbaren oder mittelbaren Beteiligung an einer immobilienhaltenden Personengesellschaft als Anschaffung oder Veräußerung der anteiligen Wirtschaftsgüter gilt.[438]

Zur Gewinnermittlung bei Veräußerungsgeschäften wird ausdrücklich auf § 23 Abs. 3 S. 1 bis 4 EStG verwiesen, sodass sich der Gewinn aus der Differenz zwischen dem erzielten Veräußerungserlös einerseits und den Anschaffungs- oder Herstellungskosten sowie Werbungskosten andererseits ergibt, was in der Folge auch zu Verlusten als negativen Gewinnen führen kann.[439]

---

432 *Klein*, Herrmann/Heuer/Raupach, EStG/KStG, § 6 InvStG Rn. 25.
433 Vgl. *Mann*, Brandis/Heuermann, Ertragsteuerrecht, § 6 InvStG Rn. 49.
434 Vgl. BGH v. 19.12.1967 – V BLw 24/67, BGHZ 49, 145.
435 *C Heinze*, Staudinger, vor §§ 873–902 BGB Rn. 23.
436 Vgl. *Mann*, Brandis/Heuermann, Ertragsteuerrecht, § 6 InvStG Rn. 49.
437 Vgl. *Mann*, Brandis/Heuermann, Ertragsteuerrecht, § 6 InvStG Rn. 49.
438 *Mann*, Brandis/Heuermann, Ertragsteuerrecht, § 6 InvStG Rn. 53.
439 Vgl. *Dorn*, Investmentsteuerrecht, S. 116; BMF v. 21.05.2019 – IV C 1 – S 1980-1/16/10010 :001, Rn. 6.28.

In dieser Hinsicht hat sich insoweit eine Neuerung ergeben, als dass nach dem InvStG a. F. die Veräußerung von Grundstücken durch ausländische Investmentfonds außerhalb der Zehnjahresfrist nur dann steuerpflichtig war, wenn die Veräußerungsgewinne an den Anteilscheininhaber ausgeschüttet werden und sich dessen Investmentanteile einem Betriebsvermögen zuordnen ließen.[440] Eine entsprechende Steuerfreistellung galt gem. § 2 Abs. 3 InvStG a. F. für Privatanleger, fehlte jedoch für betriebliche und körperschaftsteuerpflichtige Anleger.[441] Durch die Neuerung sind die Gewinne aus der Veräußerung von im Inland belegenen Grundstücken und grundstücksgleichen Rechten auf Ebene des Fonds stets körperschaftsteuerpflichtig, wodurch dem privaten Anleger die zehnjährige Spekulationsfrist bei einer Investition über einen Fonds verwehrt bleibt, welche er im Rahmen eines direkten Investments jedoch nutzen könnte.[442] Richtigerweise ist der Anleger eines Immobilienfonds nicht mit einem Grundstücksbesitzer zu vergleichen, sodass es zweifelhaft sein kann, ob eine zu rechtfertigende Benachteiligung vorliegt. Jedoch wird in der Gesetzesbegründung zum InvStG oftmals die intendierte Angleichung der Investmentanlage mit der Direktanlage hervorgehoben. Dass im Gegensatz zu den privaten Veräußerungsgeschäften alle Veräußerungsgewinne des Investmentfonds, unabhängig von der Besitzzeit, steuerpflichtig sind, rechtfertigt der Gesetzgeber zum einen mit dem Leistungsfähigkeitsprinzip und zum anderen mit der Immobilienteilfreistellung auf der Ebene des Anlegers.[443] Die Teilfreistellung solle einen Ausgleich für die Steuerbelastung auf der Ebene des Investmentfonds darstellen und es sei nicht sachgerecht, wenn keine Besteuerung von Immobilienerträgen auf Fondsebene erfolgt.[444]

Im Ergebnis führt dies zu einer Schlechterstellung der privaten Anleger, welche sich für eine Investition über einen Fonds entscheiden.

Zudem unterliegen die inländischen Immobilienerträge keinem Steuerabzug. Sie sind im Rahmen der Veranlagung zu erklären.

---

440 Vgl. *Wassermeyer*, IStR 2001, 193 (196); *Hoch*, Die Besteuerungssystematik von Kapitalanlagen, S. 325–326.

441 Vgl. *Hoch*, Die Besteuerungssystematik von Kapitalanlagen, S. 326.

442 Vgl. *Dorn*, Investmentsteuerrecht, S. 116.

443 BT-Drs. 18/8045, S. 73.

444 BT-Drs. 18/8045, S. 73.

c) § 6 Abs. 3 InvStG, inländische Beteiligungseinnahmen

Inländische Beteiligungseinnahmen sind Einnahmen nach § 43 Abs. 1 S. 1 Nr. 1 und 1a EStG sowie Entgelte, Einnahmen und Bezüge nach § 2 Nr. 2 Buchst. a bis c KStG.[445] Darunter fallen insbesondere Dividenden, Bezüge aus Genussrechten, mit denen das Recht am Gewinn und Liquidationserlös einer Kapitalgesellschaft verbunden ist, verdeckte Gewinnausschüttungen und Bezüge nach Auflösung oder aus einer Kapitalherabsetzung.[446] Das Beteiligungsprivileg des § 8b KStG findet nach § 6 Abs. 6 InvStG auf Fondsebene keine Anwendung.[447] Eine Steuerbefreiung von Dividenden ist demnach auf Fondsebene ausgeschlossen. Die inländischen Beteiligungseinnahmen unterliegen im Gegensatz zu den inländischen Immobilienerträgen einem abgeltende Wirkung entfaltenden Steuerabzug, sodass eine Berücksichtigung von Werbungskosten ausgeschlossen ist.[448]

Ein Immobilienfonds kann die Immobilien nicht nur direkt, sondern auch indirekt über Immobilien-Gesellschaften halten. In einem solchen Fall erzielt der Immobilienfonds Beteiligungseinnahmen i. S. d. § 6 Abs. 3 InvStG. Die Beteiligungseinnahmen sind dann als inländische zu qualifizieren, wenn die ausschüttende Kapitalgesellschaft im Inland ansässig ist.[449]

Zu den inländischen Beteiligungseinnahmen zählen jedenfalls die Dividenden und Ausschüttungen von Immobilien-Gesellschaften in der Rechtsform einer Kapitalgesellschaft.

d) Ausschüttungen von REITs

Inländische REIT-Gesellschaften sind regelmäßig in der Rechtsform einer Aktiengesellschaft aufgelegt.[450] Insoweit sind die Dividenden eines REITs auf der Ebene des Investmentfonds als Anleger als inländische Beteiligungseinnahmen i. S. d. § 6 Abs. 3 InvStG zu qualifizieren.[451]

---

445 *Mann*, Brandis/Heuermann, Ertragsteuerrecht, § 6 InvStG Rn. 35; Ausführlich siehe: *Hahne*, DStR 2017, 2310 (2311 ff.).

446 BMF v. 21.05.2019 – IV C 1 – S 1980-1/16/10010:001, Rn. 6.5.

447 *Mann*, Brandis/Heuermann, Ertragsteuerrecht, § 6 InvStG Rn. 70.

448 Vgl. *Dorn*, Investmentsteuerrecht, S. 114; *Häuselmann*, Investmentanteile, Kap. 6 Rn. 52.

449 Vgl. BT-Drs. 18/8045, S. 73.

450 *Wienbracke*, NJW 2007, 2721 (2721).

451 *Sagasser/Leuschner*, Assmann/Schütze/Buck-Heeb, Handbuch des Kapitalanlagerechts, § 27 Rn. 186.

Der Referentenentwurf des JStG 2019[452] sah vor, den § 6 Abs. 4 S. 1 InvStG um eine Nr. 3 zu ergänzen. Der § 6 Abs. 4 S. 1 Nr. 3 InvStG-E hatte in der Fassung des Referentenentwurfs den folgenden Wortlaut: „*Inländische Immobilienerträge sind Ausschüttungen aus inländischen REIT-Aktiengesellschaften sowie Gewinne aus der Veräußerung von Anteilen an inländischen REIT-Aktiengesellschaften, es sei denn, die inländischen REIT-Aktiengesellschaften halten unmittelbar oder mittelbar keine im Inland belegenen Grundstücke oder grundstücksgleichen Rechte*“. Die Qualifikation der Dividenden aus REIT-AGs als inländische Immobilienerträge sei sachgerechter als eine Qualifikation als inländische Beteiligungseinnahmen, da die Umsatzerlöse einer inländischen REIT-AG gem. § 12 Abs. 3 Buchst. a REITG zu mindestens 75 % aus Immobilien stammen müssen.[453] Zudem wird die Besteuerung von Veräußerungsgewinnen aus Beteiligungen an inländischen REIT-AGs sichergestellt, da es sich hierbei um eine mittelbare Veräußerung von inländischen Immobilien handelt.[454] Die Regelung des § 6 Abs. 4 S. 1 Nr. 3 InvStG-E sollte nur dann nicht greifen, wenn der inländische REIT ausschließlich in ausländische Immobilien investiert. Es sollte dem Investmentfonds die Möglichkeit eingeräumt werden nachzuweisen, dass der REIT keine inländischen Immobilien hält. Investiert der REIT auch nur teilweise in inländische Immobilien, sollen die Ausschüttungen und Veräußerungsgewinne in voller Höhe der Besteuerung bei dem vereinnahmenden Investmentfonds unterliegen. Eine Aufteilung zwischen inländischen und ausländischen Immobilieneinkünften soll im Sinne einer Vereinfachung des Besteuerungsverfahrens nicht erfolgen. Die Überprüfung der jeweiligen Investitionsquote in in- oder ausländische Immobilien sei gerade in mehrstufigen Investitionsstrukturen nur mit einem unverhältnismäßigen Aufwand möglich.[455] Für den Fall, dass die Dividenden des REITs nicht unter die Definition

452 Referentenentwurf eines Gesetzes zur weiteren steuerlichen Förderung der Elektromobilität und zur Änderung weiterer steuerlicher Vorschriften des Bundesministeriums für Finanzen vom 08.05.2019.

453 Referentenentwurf eines Gesetzes zur weiteren steuerlichen Förderung der Elektromobilität und zur Änderung weiterer steuerlicher Vorschriften des Bundesministeriums für Finanzen vom 08.05.2019, S. 177.

454 Referentenentwurf eines Gesetzes zur weiteren steuerlichen Förderung der Elektromobilität und zur Änderung weiterer steuerlicher Vorschriften des Bundesministeriums für Finanzen vom 08.05.2019, S. 177.

455 Referentenentwurf eines Gesetzes zur weiteren steuerlichen Förderung der Elektromobilität und zur Änderung weiterer steuerlicher Vorschriften des Bundesministeriums für Finanzen vom 08.05.2019, S. 177.

der Immobilienerträge nach § 6 Abs. 4 S. 1 Nr. 3 InvStG-E fallen, sollen sie weiterhin inländische Beteiligungseinnahmen darstellen.

aa) Kritik

Die geplante Ergänzung des § 6 Abs. 4 S. 1 InvStG um die Ausschüttungen aus REIT-Beteiligungen stieß in der Praxis auf viel Kritik. Verschiedene Verbände und Organisationen wurden dazu aufgefordert, zu dem Referentenentwurf Stellung zu nehmen.[456] Dazu zählen unter anderem der Bundesverband deutscher Kapitalbeteiligungsgesellschaften, der Zentrale Immobilien Ausschuss e.V. sowie der Bundesverband Investment und Asset Management e.V.[457]

Eine Umqualifizierung von Ausschüttungen aus inländischen REITs und Gewinnen aus der Veräußerung von deutschen REIT-Aktien würde sowohl die Kapitalverwaltungsgesellschaften als auch die Finanzverwaltung administrativ belasten, weil hierdurch bei einer Vielzahl von Investmentfonds die Pflicht zur Abgabe von Körperschaftsteuererklärungen ausgelöst würde.[458] Dieser administrative Mehraufwand stehe zudem in keinem Verhältnis zu der wirtschaftlichen Bedeutung deutscher REITs. Es existieren derzeit nur fünf deutsche REITs, und da die steuerlichen Regelungen zur Förderung der Auflage von REITs (§ 3 Nr. 70 EStG) zeitlich bereits abgelaufen sind, sei auch nicht mehr mit der Auflage weiterer deutscher REITs zu rechnen.[459]

Der administrative Mehraufwand wird dadurch bedingt, dass die inländischen Beteiligungseinnahmen im Gegensatz zu den inländischen Immobilienerträgen einem Kapitalertragsteuerabzug unterliegen. Die Kennzeichnung der entsprechenden Erträge erfolgt bei einigen Unternehmen durch einen externen Finanzdienstleister, welcher jedoch nicht erkennen kann, welche Investitionen eine REIT-Gesellschaft getätigt hat.[460] Wie nun ermittelt werden soll, ob ein REIT in inländische oder in ausländische Immobilien investiert, bleibt unbeantwortet. Ohne eine aktive Kommunikation müssten die Verwahrstellen zur

---

456 BMF v. 08.05.2019 – IV A 2 – S 1910/18/10063-02, DOK 2019/0231067.

457 BMF v. 08.05.2019 – IV A 2 – S 1910/18/10063-02, DOK 2019/0231067.

458 BVI-Stellungnahme zum Referentenentwurf eines Gesetzes zur weiteren steuerlichen Förderung der Elektromobilität und zur Änderung weiterer steuerlicher Vorschriften vom 04.06.2019, S. 8.

459 BVI-Stellungnahme zum Referentenentwurf eines Gesetzes zur weiteren steuerlichen Förderung der Elektromobilität und zur Änderung weiterer steuerlicher Vorschriften vom 04.06.2019, S. 8.

460 Stellungnahme der deutschen Kreditwirtschaft vom 05.07.2019, S. 13.

Vermeidung von Haftungsrisiken wohl pauschal einen Steuerabzug vornehmen oder separate Regelungen für den Steuerabzug schaffen.[461]

bb) Bewertung

Die im Referentenentwurf angedachte Regelung des § 6 Abs. 4 S. 1 Nr. 3 InvStG-E wurde nicht in die Endfassung aufgenommen. Dieser Schritt ist insbesondere unter Berücksichtigung des unverhältnismäßigen Mehraufwandes begrüßenswert. Auch wenn die Erträge aus einem REIT tatsächlich eher den Immobilienerträgen gleichen als den Dividenden, so würde eine Verkomplizierung der Anlage in REITs deren ohnehin geringe Bedeutung noch weiter torpedieren. Die Rechtsform des REIT würde unattraktiver werden und damit die Regelung im Widerspruch zur Intention des Gesetzgebers bei der Schaffung des German-REITs stehen.[462] Auch das Ziel des Gesetzgebers bei der Reform der Investmentbesteuerung, ein vereinfachtes und kohärentes System zu schaffen, würde mit dieser Sonderregelung tangiert werden. Wie bereits im InvStG a. F. waren es die Vielzahl an „Reparaturnormen", die zu einer massiven Undurchdringlichkeit der Materie geführt haben. Ein weiterer Nachteil bestünde zudem in der Steuerpflicht der Veräußerungsgewinne von Anteilen an REITs. Derzeit gelten REIT-Anteile als Anteile an Kapitalgesellschaften, sodass Veräußerungsgewinne explizit von der Steuerpflicht ausgenommen sind.[463] Eine ausdrückliche Begründung, warum § 6 Abs. 4 S. 1 Nr. 3 InvStG-E nicht umgesetzt wurde, fehlt bisweilen. Die Nichtaufnahme lässt sich jedoch vermutlich auf die angesprochene Kritik zurückführen.

e) Steuerbefreiung auf Ebene des Investmentfonds

Erzielt der Investmentfonds Umsätze, welche grundsätzlich der Steuerpflicht unterliegen, können diese unter Umständen steuerbefreit sein.[464] Ob eine entsprechende Steuerbefreiung vorliegt, richtet sich nach Anforderungen, welche nicht an den Investmentfonds selbst, sondern an dessen Anleger anknüpfen. Diese partielle anlegerbezogene Steuerbefreiung entspricht dem System der Investmentbesteuerung, welches de facto eine „Quellensteuervorbelastung" auf

461 Stellungnahme der deutschen Kreditwirtschaft vom 05.07.2019, S. 13.

462 Zu den Hintergründen der Schaffung des G-REIT siehe: *Wienbracke*, NJW 2007, 2721 (2721).

463 Vgl. *Hagen/Schober*, BB 2019, 1693 (1694).

464 Zur Steuerbefreiung auf der Ebene des Investmentfonds siehe auch: *Lechner*, RdF 2016, 208 (212).

Investmenterträge der Anleger bewirkt, um den Gleichklang mit einer Direktanlage durch diese Anleger herzustellen.[465]

Hierbei können zwei verschiedene Ansätze unterschieden werden. Nach § 8 InvStG sind auf Antrag des Investmentfonds bestimmte Einkünfte steuerbefreit. Es können nach § 8 Abs. 1 InvStG entweder alle steuerpflichtigen Einkünfte i. S. d. § 6 Abs. 2 InvStG von der Steuer befreit werden oder aber nach § 8 Abs. 2 InvStG nur die inländischen Immobilienerträge. Eine Steuerbefreiung ist für solche Anleger möglich, welche selbst steuerbefreit sind. Der Investmentfonds kann daher selbst in dem Umfang steuerbefreit sein, in dem sich die Beteiligung der steuerbegünstigten Anleger befindet.[466]

Eine Steuerbefreiung für quotal sämtliche Einkünfte nach § 8 Abs. 1 Nr. 1 InvStG ist möglich, soweit an dem Fonds Anleger beteiligt sind, welche die Voraussetzungen des § 44a Abs. 7 S. 1 EStG erfüllen. Dazu zählen gemeinnützige, mildtätige oder kirchliche Anleger wie Körperschaften, Personenvereinigungen und Vermögensmassen, die gemeinnützigen, mildtätigen oder kirchlichen Zwecken i. S. d. § 5 Abs. 1 Nr. 9 KStG dienen, oder Stiftungen des öffentlichen Rechts, die gemeinnützigen oder mildtätigen Zwecken dienen, oder juristische Personen des öffentlichen Rechts, die kirchlichen Zwecken dienen, sowie mit diesen vergleichbare ausländische Anleger. Eine Steuerbefreiung für sämtliche Einkünfte ist nach § 8 Abs. 1 Nr. 2 InvStG auch dann möglich, wenn es sich um Anleger handelt, welche sich unmittelbar oder mittelbar im Rahmen von zertifizierten Altersvorsorgeverträgen oder Basisrentenverträgen an dem Investmentfonds beteiligen.

Eine quotale Steuerbefreiung der von dem Investmentfonds erzielten inländischen Immobilienerträge ist dann möglich, wenn es sich bei den Anlegern um juristische Personen des öffentlichen Rechts handelt, bei denen die Anteile an dem Investmentfonds nicht einem Betrieb gewerblicher Art zuzurechnen sind, oder um von der Körperschaftsteuer befreite inländische Körperschaften, Personenvereinigungen oder Vermögensmassen.

Neben der Anforderung an die Qualifikation des Anlegers setzt die quotale Steuerbefreiung zudem voraus, dass der steuerbegünstigte Anleger seit mindestens drei Monaten sowohl zivilrechtlicher als auch wirtschaftlicher Eigentümer des Investmentanteils ist und der Investmentfonds die Voraussetzungen für eine Kapitalertragsteuer-Anrechnung nach § 36a EStG erfüllt.

---

465 *Häuselmann*, Investmentanteile, Kap. 6 Rn. 70.

466 *Hoch*, Die Besteuerungssystematik von Kapitalanlagen, S. 328.

f) Einkünfteermittlung auf Fondsebene

Grundsätzlich werden die Einkünfte des Investmentfonds im Rahmen der Veranlagung ermittelt. Lediglich die Einnahmen, welche als inländische Beteiligungseinnahmen dem Steuerabzug mit abgeltender Wirkung unterliegen, werden nicht in die Veranlagung mit einbezogen. Die Einkünfteermittlung auf Fondsebene unterscheidet folglich zwischen den im Rahmen der Veranlagung zu ermittelnden inländischen Immobilienerträge einschließlich der sonstigen inländischen Einkünfte und den inländischen Beteiligungseinnahmen, welche dem Steuerabzug unterliegen.[467] Nach § 6 Abs. 7 S. 3 InvStG ist eine Verlustverrechnung zwischen den zu veranlagenden Einkünften sowie den Einkünften, welche einem Steuerabzug unterliegen, ausgeschlossen.[468]

aa) Einkünfteermittlung mittels Veranlagung

Im Rahmen der Veranlagung werden die inländischen Immobilienerträge sowie die sonstigen inländischen Einkünfte ermittelt. Zentrale Norm ist hierbei § 6 Abs. 7 InvStG. Die Vorschrift ordnet an, dass die Einkünfte des Investmentfonds nach dem Nettoprinzip als Überschuss der Einnahmen über die Werbungskosten zu ermitteln sind. Hierbei sind die allgemeinen Grundsätze der §§ 8 bis 12 EStG anzuwenden, soweit sie nicht durch § 6 Abs. 7 InvStG modifiziert werden.[469] Maßgeblich für den Begriff der Einnahmen ist folglich der allgemeine Einnahmen-Begriff des § 8 EStG, sodass grundsätzlich auch Einkünfte aus Gewerbebetrieb eingeschlossen sind, die ein Investmentfonds beispielsweise aus der Beteiligung an einer inländischen gewerblich tätigen Personengesellschaft erzielt.[470] Allerdings wird der Umfang der nicht-abziehbaren Werbungskosten in § 6 Abs. 7 S. 2 InvStG über einen Rechtsgrundverweis auf § 4 Abs. 5–7 EStG erweitert und untersagt infolgedessen insbesondere den Abzug der Gewerbesteuer als Werbungskosten.[471]

Es können ausschließlich die Werbungskosten berücksichtigt werden, welche in einem wirtschaftlichen Zusammenhang mit den steuerpflichtigen

---

467 *Mann*, Brandis/Heuermann, Ertragsteuerrecht, § 6 InvStG Rn. 75.

468 Vgl. auch: BMF v. 21.05.2019 – IV C 1 – S 1980-1/16/10010:001, BStBl. I 2019, 527, Rn. 6.40.

469 BMF v. 21.05.2019 – IV C 1 – S 1980-1/16/10010:001, BStBl. I 2019, 527, Rn. 6.42.

470 *Häuselmann*, Investmentanteile, Kap. 6 Rn. 89; *Mann*, Brandis/Heuermann, Ertragsteuerrecht, § 6 InvStG Rn. 77.

471 *Mann*, Brandis/Heuermann, Ertragsteuerrecht, § 6 InvStG Rn. 78; *Sagasser/Leuschner*, Assmann/Schütze/Buck-Heeb, Handbuch des Kapitalanlagerechts, § 27 Rn. 216; a. A wohl: *Häuselmann*, Investmentanteile, Kap. 6 Rn. 89.

Einnahmen stehen.[472] Stehen die Werbungskosten mit nicht steuerpflichtigen Einkünften wie beispielsweise ausländischen Immobilienerträgen in einem wirtschaftlichen Zusammenhang, so kommt kein Werbungskostenabzug in Betracht.[473] Ein wirtschaftlicher Zusammenhang der Werbungskosten mit den nicht dem Steuerabzug unterliegenden Einkünften bestimmt sich nach dem allgemeinen Veranlassungsprinzip.[474] Mit inländischen Immobilienerträgen i. S. d. § 6 Abs. 4 S. 1 InvStG stehen insbesondere die AfA auf inländische Gebäude als Werbungskosten in einem wirtschaftlichen Zusammenhang mit den Erträgen.[475] Hierbei ist zu beachten, dass die niedrigen AfA-Sätze für Immobilien im Privatvermögen (derzeit 2 % oder 2,5 %) Anwendung finden.[476] Auch im Fall der Veräußerung eines inländischen Grundstücks oder grundstücksgleichen Rechts sind zur Ermittlung des Gewinns die Vorschriften für den Fall einer Veräußerung von Immobilien im Privatvermögen anzuwenden.[477] Es kommen nur die Abschreibungssätze für Wirtschaftsgüter des Privatvermögens in Betracht.[478] Da der Veräußerungsgewinn aus dem Unterschied zwischen Veräußerungspreis einerseits und den Anschaffungs- und Herstellungskosten andererseits ermittelt wird, sind die für die laufende Einkünftebesteuerung berücksichtigten AfA-Beträge bei den Anschaffungskosten abzuziehen und erhöhen dadurch den Veräußerungsgewinn.[479]

Bei Einkünften, die einem Steuerabzug unterliegen, ist eine Verlustverrechnung ausgeschlossen. Für den Investmentfonds besteht lediglich bei Einkünften, die keinem Steuerabzug unterliegen, die Möglichkeit der Verlustverrechnung. Es können daher auch die Verluste aus einer Immobilienanlage mit positiven Einkünften einer anderen Immobilie verrechnet werden.[480]

---

472 *Hoffmann*, Korn, Einkommensteuergesetz, § 6 InvStG Rn. 63; *Sagasser/Leuschner*, Assmann/Schütze/Buck-Heeb, Handbuch des Kapitalanlagerechts, § 27 Rn. 217.

473 BMF v. 21.05.2019, – IV C 1 – S 1980-1/16/10010:001, BStBl. I 2019, 527, Rn. 6.42.

474 BMF v. 21.05.2019 – IV C 1 – S 1980-1/16/10010:001, BStBl. I 2019, 527, Rn. 6.44.

475 BMF v. 21.05.2019 – IV C 1 – S 1980-1/16/10010:001, BStBl. I 2019, 527, Rn. 6.45.

476 *Sagasser/Leuschner*, Assmann/Schütze/Buck-Heeb, Handbuch des Kapitalanlagerechts, § 27 Rn. 222.

477 *Sagasser/Leuschner*, Assmann/Schütze/Buck-Heeb, Handbuch des Kapitalanlagerechts, § 27 Rn. 222.

478 BT-Drs. 18/8045, S. 75; *Hoffmann*, Korn, Einkommensteuergesetz, § 6 InvStG Rn. 66.

479 *Sagasser/Leuschner*, Assmann/Schütze/Buck-Heeb, Handbuch des Kapitalanlagerechts, § 27 Rn. 222.

480 BT-Drs. 18/8045, S. 75.

bb) Einkünfteermittlung bei dem Steuerabzug unterliegenden Einkünften

Auf der Ebene des Investmentfonds wird die Steuer für inländische Beteiligungseinnahmen i. S. d. § 6 Abs. 3 InvStG einheitlich durch den Steuerabzug an der Quelle erhoben.[481] Im Gegensatz zu den zu veranlagenden Einkünften ist der Werbungskostenabzug bei Einkünften, welche einem Steuerabzug unterliegen, ebenso wie die Verlustverrechnung ausgeschlossen.[482] Das Gesetz spricht ausdrücklich von „Einnahmen“, d. h. die Kapitalerträge sind brutto ohne Werbungskosten als steuerpflichtig zu erfassen.[483] In diese Kategorie fallen insbesondere die inländischen Beteiligungseinnahmen nach § 6 Abs. 3 InvStG, welche im Ergebnis einer Bruttobesteuerung unterliegen.[484] Neben den inländischen Beteiligungseinnahmen ist es denkbar, dass auch die ausgeschütteten und ausschüttungsgleichen inländischen Immobilienerträge aus der Beteiligung eines Investmentfonds an einem Spezial-Investmentfonds in diese Kategorie fallen.[485]

Ausschlaggebende Norm ist § 7 InvStG, nach der die Steuerpflicht durch den Steuerabzug an der Quelle abgegolten ist.[486] Die Kapitalertragsteuer beträgt nach § 7 Abs. 1 S. 1 InvStG 15 % einschließlich des Solidaritätszuschlags.[487] Wird dennoch Solidaritätszuschlag erhoben, so mindert sich die Kapitalertragsteuer in der Höhe, dass die Summe aus der geminderten Kapitalertragsteuer und dem Solidaritätszuschlag 15 % des Kapitalertrags beträgt. Hier unterscheidet sich die Steuerbelastung im Vergleich zu den inländischen Immobilienerträgen und sonstigen inländischen Einkünften, welche grundsätzlich ebenfalls mit 15 % Kapitalertragsteuer belastet werden, hierbei jedoch noch zusätzlich der Solidaritätszuschlag anfällt.[488]

---

481 *Hahne*, DStR 2017, 2310 (2314).

482 *Häuselmann*, Investmentanteile, Kap. 6 Rn. 87; *Sagasser/Leuschner*, Assmann/Schütze/Buck-Heeb, Handbuch des Kapitalanlagerechts, § 27 Rn. 201.

483 *Sagasser/Leuschner*, Assmann/Schütze/Buck-Heeb, Handbuch des Kapitalanlagerechts, § 27 Rn. 204; *Mann*, Brandis/Heuermann, Ertragsteuerrecht, § 6 InvStG Rn. 30.

484 *Mann*, Brandis/Heuermann, Ertragsteuerrecht, § 6 InvStG Rn. 75; *Delp*, DB 2017, 447 (448).

485 BT-Drs. 18/8045, S. 76.

486 *Hahne*, DStR 2017, 2310 (2314).

487 *Sagasser/Leuschner*, Assmann/Schütze/Buck-Heeb, Handbuch des Kapitalanlagerechts, § 27 Rn. 203.

488 Vgl. *Dorn*, Investmentsteuerrecht, S. 123.

Das Besteuerungskonzept des § 7 InvStG bezieht den Investmentfonds hinsichtlich der Steuererhebung in die Regelbesteuerung von Körperschaften ein und etabliert ein auf den §§ 43 ff. EStG aufbauendes, jedoch für die Zwecke der Fondsbesteuerung modifiziertes System des Kapitalertragsteuereinbehalts auf der Fondseingangsseite.[489]

g) Vergleich der Steuerlast bei direkten und indirekten Immobilieninvestitionen auf Fondsebene

Die Einnahmen eines Immobilienfonds aus unmittelbar gehaltenem inländischem Grundbesitz stellen inländische Immobilienerträge dar. Hält ein Immobilienfonds jedoch Anteile an einer Immobilien-Gesellschaft, so erzielt er inländische Beteiligungseinnahmen. Die inländischen Beteiligungseinnahmen werden i. H. v. 15 % ohne Solidaritätszuschlag besteuert.[490] Im Falle der inländischen Immobilienerträge fällt hingegen zusätzlich Solidaritätszuschlag an.[491] Ein weiterer Unterschied liegt in der Steuerpflicht von Veräußerungsvorgängen. Veräußert ein Investmentfonds eine inländische Immobilie, so hat er den Gewinn aus der Veräußerung zu versteuern.[492] Eine korrespondierende Steuerpflicht von Gewinnen aus der Veräußerung von Anteilen an Immobilien-Gesellschaften existiert hingegen nicht. Zu berücksichtigen ist jedoch, dass eine steuerliche Vorbelastung auf der Ebene der Immobilien-Gesellschaft vorliegt. Der Fonds kommt bei den mittels Veranlagung ermittelten Einkünften in den Genuss der Verlustverrechnung und des Werbungskostenabzugs, was ihm bei inländischen Beteiligungseinnahmen verwehrt bleibt.[493] Zu berücksichtigen ist jedoch, dass aufgrund der Auslagerung des operativen Geschäfts auf die Immobilien-Gesellschaft für den Fonds keine beträchtliche Benachteiligung durch anfallende Werbungskosten entstehen dürfte. Insofern kann sich eine indirekte Anlage des Immobilienfonds ggf. steuerlich bezahlt machen.

---

489 Vgl. *Häuselmann*, Investmentanteile, Kap. 6 Rn. 99, 100.

490 *Mann*, Brandis/Heuermann, Ertragsteuerrecht, § 6 InvStG Rn. 30; *Sagasser/Leuschner*, Assmann/Schütze/Buck-Heeb, Handbuch des Kapitalanlagerechts, § 27 Rn. 203.

491 *Mann*, Brandis/Heuermann, Ertragsteuerrecht, § 6 InvStG Rn. 45.

492 *Hoffmann*, Korn, Einkommensteuergesetz, § 6 InvStG Rn. 39; *Sagasser/Leuschner*, Assmann/Schütze/Buck-Heeb, Handbuch des Kapitalanlagerechts, § 27 Rn. 223.

493 *Mann*, Brandis/Heuermann, Ertragsteuerrecht, § 6 InvStG Rn. 79.

2. *Gewerbesteuer*

Obwohl der Investmentfonds im Grundsatz nur seine inländischen Beteiligungseinnahmen, inländischen Immobilienerträge und sonstigen inländischen Einkünfte zu versteuern hat, ist durch die Einführung des Trennungsprinzips auch die Frage nach einer gewerbesteuerpflichtigen Tätigkeit des Investmentfonds virulent geworden. Mit der Einführung des § 15 InvStG findet sich eine spezialgesetzliche Regelung zur Gewerbesteuerpflicht für Investmentfonds.[494] Gem. § 15 Abs. 1 InvStG gelten Investmentfonds als sonstige juristische Personen des privaten Rechts nach § 2 Abs. 3 GewStG, deren gewerbliche Tätigkeit nach § 15 Abs. 4 InvStG einen wirtschaftlichen Geschäftsbetrieb bildet.[495] Sie sind daher grundsätzlich gewerbesteuerpflichtig. Von der Gewerbesteuerpflicht sind auch ausländische Investmentfonds erfasst, soweit diese eine inländische Betriebsstätte i. S. d. § 12 AO unterhalten.[496]

Eine Gewerbesteuerbefreiung ist jedoch nach § 15 Abs. 2 und 3 InvStG möglich.[497] Voraussetzung für die Befreiung nach § 15 Abs. 2 InvStG ist, dass sich der objektive Geschäftszweck des Investmentfonds auf die Anlage und Verwaltung seiner Mittel für gemeinschaftliche Rechnung beschränkt und er seine Vermögensgegenstände nicht in wesentlichem Umfang aktiv unternehmerisch bewirtschaftet. Das InvStG weicht insoweit von den allgemeinen Grundsätzen zur Bestimmung der gewerblichen Einkünfte nach § 15 EStG ab und stellt eigene Anforderungen an die Gewerbesteuerpflicht.[498] Im Zusammenhang mit der Gewerbesteuer stellt sich regelmäßig die Frage nach der Abgrenzung zwischen einer gewerblichen und einer vermögensverwaltenden Tätigkeit. Da diese Abgrenzung im Einzelfall sehr schwierig sein kann, haben die Finanzverwaltung und die Gerichte über die Jahre eine Vielzahl an Kriterien und Einzelfallentscheidungen hervorgebracht. Für die spezialgesetzliche Vorschrift in § 15 InvStG kann jedoch nur bedingt auf dieses Repertoire an Auslegungshilfen zurückgegriffen werden.[499] Es müssen vielmehr die Besonderheiten der

---

494 *Mann*, Brandis/Heuermann, Ertragsteuerrecht, § 15 InvStG Rn. 1.

495 Damit entspricht § 15 Abs. 1 InvStG der bisherigen Regelung in § 11 Abs. 1 S. 1 InvStG a. F. in der Fassung des AIFM-Steuer-Anpassungsgesetzes.

496 *Häuselmann*, Investmentanteile, Kap. 6 Rn. 22.

497 Der § 15 Abs. 2 InvStG stellt einen speziellen gewerbesteuerlichen Befreiungstatbestand dar.

498 *Mann*, Brandis/Heuermann, Ertragsteuerrecht, § 15 InvStG Rn. 26.

499 Vgl. BMF v. 21.05.2019 – IV C 1 – S 1980-1/16/10010:001, BStBl. I 2019, 527, Rn. 15.8.

Investmentanlage berücksichtigt werden, welche dann im Zusammenspiel mit den allgemeinen Grundsätzen zu einer eigenständigen Abgrenzungssystematik zusammengefügt werden können.

a) Allgemeines

Im Grundsatz kann zwischen drei Ertragsteuern unterschieden werden: der Einkommensteuer, der Körperschaftsteuer und der Gewerbesteuer. Die Gewerbesteuer ist die älteste unter den Ertragsteuern.[500] Sie hat heutzutage eine Gestalt, welche sich seit ihrer Einführung 1810 in Preußen trotz diverser Reformalternativen im Kern kaum verändert hat.[501] Als Real- und Objektsteuer besteuert sie die wirtschaftliche Leistungsfähigkeit einer Sache oder eines Objekts, nämlich des Gewerbebetriebs.[502] Anknüpfungspunkte der Steuerpflicht sind das im Betrieb arbeitende Kapital und der im Betrieb erwirtschaftete Ertrag, sodass die persönlichen Verhältnisse des Unternehmers keine Berücksichtigung finden.[503] Obwohl dem Bund im Rahmen der konkurrierenden Gesetzgebung die Kompetenz zum Erlass des GewStG zusteht, wird die Gewerbesteuer in § 1 GewStG als Gemeindesteuer bezeichnet. Bedingt wird dies durch den Umstand, dass das Aufkommen der Gewerbesteuer nach Art. 106 Abs. 6 GG den Gemeinden zusteht und diese unter Beteiligung der Finanzämter für die Verwaltung der Gewerbesteuer zuständig sind.[504]

Die Erhebung der Gewerbesteuer setzt das Vorliegen eines inländischen Gewerbebetriebs voraus. Der Begriff des Gewerbebetriebs ist nach § 15 Abs. 2 EStG definiert als eine selbstständige nachhaltige Betätigung, die mit der Absicht, Gewinn zu erzielen, unternommen wird und sich als Beteiligung am allgemeinen wirtschaftlichen Verkehr darstellt. Besondere Schwierigkeiten ergeben sich in diesem Zusammenhang bei der Abgrenzung des Gewerbebetriebs zur Vermögensverwaltung.

---

500 Ausführlich dazu siehe: *Zitzelsberger*, Grundlagen der Gewerbesteuer, S. 5–71.

501 *Birk u. a.*, Steuerrecht, § 6 Rn. 1313; *Kirchhof*, FR 2010, 961 (961 ff.).

502 *Alber/Szczesny*, Körperschaftsteuer und Gewerbesteuer, S. 161.

503 *Alber/Szczesny*, Körperschaftsteuer und Gewerbesteuer, S. 161.

504 Neben der Gewerbesteuer ist die Grundsteuer die zweite Gemeinde- und Realsteuer. Auch das Aufkommen der Grundsteuer steht den Gemeinden zu und wie auch die Gewerbesteuer knüpft sie an ein Objekt, den Grundbesitz, als Steuersubjekt an.

b) Allgemeine Grundsätze der Abgrenzung zwischen gewerblicher und vermögensverwaltender Tätigkeit

Wirtschaftlich betrachtet ergeben sich primär zwei Möglichkeiten, um Immobilien als Investitionsgegenstand zu nutzen: Die Immobilie kann entweder vermietet werden, oder es können Immobilien angekauft und gewinnbringend wieder verkauft werden. Diese beiden Möglichkeiten können sowohl den Rahmen einer Vermögensverwaltung als auch den einer gewerblichen Tätigkeit einnehmen. Bei der Vermietungstätigkeit stehen im Vordergrund die Fragen, welche Sonderleistungen der Vermieter neben der Gebrauchsüberlassung erbringen und welcher unternehmerischen Organisation er sich bedienen darf, um nicht den Rahmen der reinen Vermögensverwaltung zu verlassen.[505] Im Rahmen des An- und Verkaufs von Immobilien wird der Rahmen der Vermögensverwaltung insbesondere quantitativ abgegrenzt. Eine Definition der Vermögensverwaltung findet sich in § 14 S. 3 AO. Dieser beschränkt die Vermögensverwaltung auf die Nutzung von Vermögen und nennt beispielhaft die verzinsliche Anlage von Kapital sowie die Vermietung oder Verpachtung von unbeweglichem Vermögen.

aa) Grundsätze der Abgrenzung bei Vermietung und Verpachtung

Allein die Vermietung bzw. Verpachtung von Grundstücken oder Immobilien kann für sich genommen keinen Gewerbebetrieb begründen, wie sich bereits aus der bloßen Existenz von § 21 EStG und § 14 AO ergibt.[506] Es müssen demnach weitere Sonderleistungen oder andere Umstände hinzutreten, welche der Tätigkeit einen gewerblichen Charakter geben können.[507] Dies kann insbesondere dann der Fall sein, wenn der Vermieter besondere Verpflichtungen übernimmt, die über das hinausgehen, was mit der Vermietung eines Gebäudes üblicherweise verbunden ist.[508] Der Rahmen der privaten Vermögensverwaltung wird auch dann überschritten, wenn die Gebrauchsüberlassung der Grundstücksfläche sich als einheitlicher Teil einer über sie hinausgehenden Gesamtleistung darstellt oder wenn wegen des häufigen Mieterwechsels bei

---

505 Unterschieden wird durch die Rechtsprechung zwischen „üblicher" und „hotelmäßiger" Vermietung; vgl. *Hufeld*, BeckOK EStG, Kirchhof/Kulosa/Ratschow, § 15 Rn. 1060, 1061.

506 *Krumm*, Kirchhof/Seer, EStG, § 15 Rn. 69.

507 BFH v. 13.11.1996 – XI R 31/95, BStBl. II 1997, 247, Rn. 22.

508 Ausführlich siehe: *Bode*, Brandis/Heuermann, Ertragsteuerrecht, § 15 EStG Rn. 115.

kurzfristiger Überlassung eine besondere Organisation vorgehalten wird.[509] Die Grundsätze der Abgrenzung werden von einer Vielzahl von Einzelfällen aus der Rechtsprechung ergänzt, deren Darstellung allein vermutlich das Thema einer Dissertation sein könnte.

bb) Grundsätze der Abgrenzung beim Immobilienhandel

Auch für die Abgrenzung zwischen privater Vermögensverwaltung und gewerblichen Immobilienhandel ist das Gesamtbild der Verhältnisse und die Verkehrsanschauung maßgebend.[510] Zu beurteilen ist, ob die Tätigkeit des Steuerpflichtigen dem Bild entspricht, das nach der Verkehrsauffassung einen Gewerbebetrieb ausmacht.[511] Im Gegensatz zur Vermietung und Verpachtung lässt sich der Grundstückshandel im Rahmen privater Vermögensverwaltung durch ein vom BFH etabliertes quantitatives Merkmal zum Gewerbebetrieb abgrenzen. Der BFH hat Mitte der siebziger Jahre[512] die sog. „Drei-Objekt-Grenze" entwickelt, welche er 1986 erstmals in einer Entscheidung publiziert hat.[513] Das Vorliegen eines gewerblichen Grundstückshandels ist regelmäßig anzunehmen, wenn innerhalb von fünf Jahren zwischen Anschaffung bzw. Errichtung und Veräußerung mindestens vier Immobilienobjekte veräußert werden. Im Umkehrschluss ist bei weniger als vier Veräußerungen im genannten Zeitraum regelmäßig von einer privaten Vermögensverwaltung auszugehen. Die Entwicklung der Drei-Objekt-Grenze ist eine Konkretisierung des Grundsatzes, dass das wesentliche Merkmal des gewerblichen Grundstückshandels in der Veräußerungsabsicht des Steuerpflichtigen bei Erwerb liegt.[514] Insofern hat die Drei-Objekt-Grenze nur indizielle Wirkung und es muss primär die Kaufintention des Steuerpflichtigen ermittelt werden.

c) Die Besonderheiten der Investmentanlage

Die allgemeinen Grundsätze zur Abgrenzung einer gewerblichen von einer vermögensverwaltenden Tätigkeit sind bei der Beurteilung einer aktiven

---

509 BFH v. 18.05.1999 – III R 65/97, BStBl. II 1999, 619, Rn. 29; BFH v. 25.10.1988 – VIII R 262/80, BStBl. II 1989, 291, Rn. 13; BFH v. 09.04.2003 – X R 21/00, BStBl. II 2003, 520, Rn. 22; BFH v. 06.10.1982 – I R 7/79, BStBl. II 1983, 80, Rn. 7.

510 BFH v. 03.07.1995 – GrS 1/93, BStBl. II 1995, 617, Rn. 30; BFH v. 10.12.2001 – GrS 1/98, BStBl. II 2002, 291, Rn. 27.

511 BFH v. 15.03.2005 – X R 39/03, BStBl. II 2005, 817, Rn. 33.

512 BFH v. 02.06.1976 – I R 57/74 (unveröffentlicht).

513 BFH v. 09.12.1986 – VIII R 317/82, BStBl. II 1988, 244.

514 Vgl. *Hartrott*, BB 2010, 2271 (2271).

unternehmerischen Bewirtschaftung der Vermögensgegenstände eines Investmentfonds nicht unmittelbar anwendbar.[515] Sie bilden jedoch das Fundament der Beurteilung, da sie zunächst heranzuziehen sind, um eine möglicherweise vermögensverwaltende Tätigkeit zu bestimmen. Ist nach den allgemeinen Grundsätzen eine solche gegeben, kann auch für die Zwecke des InvStG von einer Vermögensverwaltung ausgegangen werden. Liegt jedoch nach den allgemeinen Grundsätzen eine gewerbliche Tätigkeit vor, so ist unter Berücksichtigung der Besonderheiten der Investmentanlage zu prüfen, ob darin eine aktive unternehmerische Bewirtschaftung im investmentsteuerrechtlichen Sinne zu sehen ist.[516] Insofern können die Besonderheiten der Investmentanlage nur den Rahmen des Gewerbebetriebs eingrenzen, nicht jedoch zur Negierung einer Vermögensverwaltung führen.

Das BMF bezeichnet in seinem Schreiben vom 21.5.2019 die professionelle, standardisierte, kollektive Verwaltung eines Vermögens für die Anleger als das Wesensmerkmal eines Investmentfonds.[517] Hierbei soll die berufliche Expertise des Verwalters immanenter Bestandteil und nicht etwa ein Merkmal für eine aktive unternehmerische Bewirtschaftung sein. Auch der wert- und zahlenmäßige Umfang der Geschäfte des Investmentfonds soll bis zu einem gewissen Rahmen kein Indiz für eine aktive unternehmerische Bewirtschaftung sein.

d) Objektiver Geschäftszweck

Die Steuerbefreiung des § 15 Abs. 2 InvStG setzt zunächst voraus, dass der Investmentfonds seinen objektiven Geschäftszweck auf die Anlage und Verwaltung seiner Mittel für gemeinschaftliche Rechnung der Anleger beschränkt.[518]

Ein Immobilienfonds beschränkt seinen objektiven Geschäftszweck auf die Anlage und Verwaltung seiner Mittel für gemeinschaftliche Rechnung der Anteils- und Aktieninhaber, wenn er in die nach § 231 KAGB zulässigen Vermögensgegenstände mit der Absicht investiert, regelmäßig Mieterträge aus direkt und indirekt gehaltenen Immobilien zu erzielen, Erträge auch in der Form von Dividenden und Zinsen zu erzielen sowie einen Wertzuwachs der Immobilie anstrebt.[519]

---

515 BMF v. 21.05.2019 – IV C 1 – S 1980-1/16/10010:001, BStBl. I 2019, 527, Rn. 15.8.

516 BMF v. 21.05.2019 – IV C 1 – S 1980-1/16/10010:001, BStBl. I 2019, 527, Rn. 15.8.

517 BMF v. 21.05.2019 – IV C 1 – S 1980-1/16/10010:001, BStBl. I 2019, 527, Rn. 15.9.

518 Das Kriterium hat für die Praxis eine eher untergeordnete Relevanz, vgl. *Mann*, Brandis/Heuermann, Ertragsteuerrecht, § 15 InvStG Rn. 20.

519 Vgl. BMF v. 21.05.2019 – IV C 1 – S 1980-1/16/10010:001, BStBl. I 2019, 527, Rn. 15.5.

Betragen die Einnahmen aus einer aktiven unternehmerischen Bewirtschaftung in einem Geschäftsjahr weniger als 5 % der gesamten Einnahmen des Fonds, so gelten die Voraussetzungen des § 15 Abs. 2 InvStG gem. § 15 Abs. 3 InvStG bereits als erfüllt, sodass sich eine weitere Prüfung des zweiten Absatzes erübrigt.

Unter die Gewerbesteuerpflicht können nur die gewerblichen Tätigkeiten des Fonds fallen, also insbesondere nicht die vermögensverwaltenden Tätigkeiten. Liegt eine aktive unternehmerische Bewirtschaftung vor, wird gem. § 15 Abs. 4 InvStG ein gewerbesteuerpflichtiger wirtschaftlicher Geschäftsbetrieb gebildet, so dass es nicht zwangsläufig zu einer Infektion des gesamten Investmentfonds kommt.[520]

e) Problem der aktiven unternehmerischen Bewirtschaftung

Um eine Gewerbesteuerpflicht des Fonds ausschließen zu können, ist es notwendig, dass keine „aktive unternehmerische Bewirtschaftung" vorliegt. Problematisch ist jedoch, wie eine solche zu definieren ist, da der Begriff gesetzlich weder definiert oder konkretisiert wird.[521] Eine Ausnahme für Immobilienfonds findet sich in § 15 Abs. 2 S. 2 InvStG. Hält der Immobilienfonds Immobilien indirekt über Immobilien-Gesellschaften, führt eine aktive unternehmerische Bewirtschaftung nicht zur Gewerbesteuerpflicht. Dies wirkt sich jedoch nicht auf eine etwaige Gewerbesteuerpflicht der Immobilien-Gesellschaft selbst aus. Damit ist es für Immobilienfonds beispielsweise möglich, das Betreiben von energieerzeugenden Anlagen in Immobilien-Gesellschaften auszulagern, ohne selbst aktiv unternehmerisch tätig zu sein.[522] Eine Gewerbesteuerpflicht besteht in einem solchen Fall ggf. nur auf der Ebene der Immobilien-Gesellschaft.

Das BMF hat mit Schreiben vom 03.03.2015[523] Grundsätze für den Begriff der „aktiven unternehmerischen Bewirtschaftung" aufgestellt, welche durch das Schreiben vom 21.05.2019[524] aufgegriffen und an das neue InvStG angepasst wurden. Nach den sich aus dem BMF-Schreiben ergebenden Grundsätzen soll nicht allein die allgemeine Abgrenzung zwischen Vermögensverwaltung und Gewerblichkeit maßgeblich sein, sondern ein engerer

---

520 *Klein*, Herrmann/Heuer/Raupach, EStG/KStG, § 15 InvStG Rn. 5.

521 *Häuselmann*, Investmentanteile, Kap. 6 Rn. 27; *Mann*, Brandis/Heuermann, Ertragsteuerrecht, § 15 InvStG Rn. 26.

522 BMF v. 21.05.2019 – IV C 1 – S 1980-1/16/10010:001, BStBl. I 2019, 527, Rn. 15.15.

523 BMF v. 03.03.2015 – IV C1 – S 1980 – 1/13/10007:003, BStBl. I 2015 S. 227.

524 BMF v. 21.05.2019 – IV C 1 – S 1980-1/16/10010:001, BStBl. I 2019, 527.

Begriff unter Berücksichtigung der Besonderheiten der Investmentanlage etabliert werden.

aa) Vermietungs- und Verpachtungstätigkeiten

Im Rahmen einer Vermietungstätigkeit wird der Rahmen der passiven Vermögensverwaltung verlassen und damit eine schädliche aktive unternehmerische Bewirtschaftung begründet, wenn die Vermietungstätigkeit den Charakter eines kurzfristigen Beherbergungsbetriebs annimmt oder die erbrachten Leistungen über die bei einer Vermietung üblichen Verwaltungs- und Unterhaltungsleistungen der Immobilien wesentlich hinausgehen.[525]

Bei Zusatzleistungen oder Nebenleistungen des Vermieters gegenüber dem Mieter ist regelmäßig nicht von einer aktiven unternehmerischen Bewirtschaftung auszugehen.[526] Dies gilt jedoch nur dann, wenn diese Leistungen nicht das bei langfristigen Vermietungen „übliche" Maß überschreiten.[527] Angesichts dieser Formulierung drängt sich die Frage auf, was unter einer „üblichen" Zusatz- oder Nebenleistung zu verstehen ist. Das BMF-Schreiben führt aus, dass zur Bestimmung des üblichen Maßes die regionalen und nationalen Gepflogenheiten mit zu berücksichtigen sind, sofern sie von dem Investmentfonds nachgewiesen wurden. Eine Überschreitung des üblichen Maßes soll regelmäßig bei einer Annäherung an den für einen Hotelbetrieb typischen Leistungsrahmen oder der Bereithaltung von Büroflächen zur kurzfristigen Nutzung überschritten werden.

Für die Auslegung der „Üblichkeit" ist daher die Verkehrsauffassung unter Berücksichtigung der spezifischen Nutzungsart im Zeitpunkt der Rechtsanwendung zugrunde zu legen, was jedoch zu einem Ausschluss des Rückgriffs auf die langjährige Rechtsprechung zu dem Thema der Gewerblichkeit führt.[528]

Im Rahmen der Vermietungstätigkeit wird seitens des BMF zudem regelmäßig nicht von einer aktiven unternehmerischen Bewirtschaftung ausgegangen bei:[529]

---

525 BMF v. 21.05.2019 – IV C 1 – S 1980-1/16/10010:001, BStBl. I 2019, 527, Rn. 15.16.

526 BMF v. 21.05.2019 – IV C 1 – S 1980-1/16/10010:001, BStBl. I 2019, 527, Rn. 15.17.

527 BMF v. 21.05.2019 – IV C 1 – S 1980-1/16/10010:001, BStBl. I 2019, 527, Rn. 15.17.

528 Vgl. *Schäfer/Conzen*, Praxishandbuch Immobilien-Investitionen, S. 213; *Demleitner*, BB 2015, 1307 (1310).

529 BMF v. 21.05.2019 – IV C 1 – S 1980-1/16/10010:001, BStBl. I 2019, 527, Rn. 15.17.

- abgeschlossenen Mietverhältnissen mit einer vertraglichen Laufzeit von mindestens einem Monat,
- einer Reinigung der Gemeinschafts- und Außenflächen,
- einer Vereinbarung von Umsatzmieten,
- einem häufigen Mieterwechsel bei dem Grunde nach langfristig abgeschlossenen Mietverhältnissen,
- Marketing-/Werbeleistungen, es sei denn, die vorgenommenen Werbemaßnahmen führen aufgrund ihres Umfangs und ihrer Qualität zur Gewerblichkeit,
- geringfügigen Einnahmen aus Nebentätigkeiten, wie zum Beispiel der Energieerzeugung mittels Photovoltaikanlagen, Blockheizkraftwerken und vergleichbaren Anlagen, wobei die Bagatellgrenze des § 15 Abs. 3 InvStG zu beachten ist,
- kurzfristigen Vermietungen zur kurzzeitigen Überbrückung von Leerständen.

bb) Veräußerungen

Eine aktive unternehmerische Bewirtschaftung liegt vor, wenn sich die Geschäftstätigkeit des Immobilienfonds in Abgrenzung zur Vermögensverwaltung als Grundstückshandel darstellt. Problematisch ist, dass eine Vermögensverwaltung grundsätzlich auch das Erzielen von Gewinnen aus der Veräußerung von angeschafften Vermögensgegenständen umfasst, dies jedoch zu einem gewerblichen Grundstückhandel abgegrenzt werden muss. Die Anwendung der üblicherweise diesem Zweck dienenden Drei-Objekte-Grenze ist hier allerdings ausgeschlossen.[530] Das BMF-Schreiben sieht stattdessen eine „Einzelobjektbetrachtung", eine „Portfoliobetrachtung" sowie eine Ausnahme für Portfoliotransaktionen vor.

Nach der Einzelobjektbetrachtung wird bereits dann ein gewerblicher Grundstückshandel angenommen, wenn Immobilien mit dem Ziel der kurzfristigen Weiterveräußerung erworben werden.[531] Ist dieses Kriterium nicht erfüllt, gilt nach der Portfoliobetrachtung, dass der Umschlag von Immobilien für die Tätigkeit des Investmentfonds nicht prägend sein darf. Wird ein Portfolio an Immobilien erworben, ist es möglich, als eine Ausnahme zur Einzelobjektbetrachtung, eine dieser Immobilien auch mit dem Ziel der kurzfristigen Weiterveräußerung zu erwerben, wenn sie für das Gesamtportfolio von untergeordneter Bedeutung ist. Als Schwellenwert werden hier 10 % der gesamten Anschaffungskosten des Portfolioerwerbs angesetzt.[532] Es bleiben

530 Vgl. *Hensel*, RdF 2019, 204 (208).
531 BMF v. 21.05.2019 – IV C 1 – S 1980-1/16/10010:001, BStBl. I 2019, 527, Rn. 15.18.
532 BMF v. 21.05.2019 – IV C 1 – S 1980-1/16/10010:001, BStBl. I 2019, 527, Rn. 15.19.

bei der Einzelobjekt- sowie bei der Portfoliobetrachtung jedoch zum einen solche Immobilien unberücksichtigt, deren Verkauf zwingend erforderlich war, um dem Rückgabeverlangen der Anleger nachkommen zu können, und zum anderen auch Veräußerungen im Rahmen der Abwicklung eines Investmentfonds.[533]

(1) Besonderheiten bei der Einzelobjektbetrachtung
Auch wenn die sog. Drei-Objekte-Grenze für das Vorliegen eines als aktive unternehmerische Bewirtschaftung anzusehenden Grundstückshandels nicht anzuwenden ist, besitzt die Anzahl der veräußerten Objekte eine jedenfalls indizielle Wirkung. Für die Zwecke des § 15 InvStG ist unter einer Immobilie jedes in einem Grundbuchblatt geführte Grundstück i. S. d. § 3 Abs. 1 GBO zu verstehen.[534] Jede einzelne Wohnung, an der Sondereigentum besteht, stellt eine eigenständige Immobilie dar.[535] In diesem Zusammenhang können in der Praxis Probleme entstehen, wenn ein Gebäude mit mehreren Wohneinheiten veräußert werden soll.

Im Sinne der Einzelobjektbetrachtung ist die Veräußerung einer Immobilie für das Vorliegen einer aktiven unternehmerischen Bewirtschaftung kein Indiz, wenn an der Immobilie Baumaßnahmen durchgeführt werden, deren Aufwand als Herstellungskosten zu qualifizieren sind, wenn die Immobilie nach Abschluss einer solchen Baumaßnahme noch mindestens drei Jahre gehalten wird (sog. Nachhaltefrist) oder die Immobilie vor Beginn einer solchen Baumaßnahme mindestens drei Jahre gehalten wurde (sog. Vorhaltefrist) oder innerhalb der letzten drei Jahre vor Veräußerung der Immobilie die Kosten für die durchgeführten oder abgeschlossenen Baumaßnahmen 15 % des zuletzt festgestellten Verkehrswertes der Immobilie nicht übersteigen (15 %-Grenze).[536] Auch die Konzeption oder Entwicklung einer Immobilie stellt kein Indiz für eine aktive unternehmerische Bewirtschaftung dar, wenn die Absicht besteht, die Immobilie zu vermieten und im Bestand zu halten, um dauerhaft Erträge zu erwirtschaften.[537] Von einer solchen Absicht ist auszugehen, wenn die Immobilie mindestens drei Jahre nach ihrer Fertigstellung gehalten wird.[538]

533 BMF v. 21.05.2019 – IV C 1 – S 1980-1/16/10010:001, BStBl. I 2019, 527, Rn. 15.20.
534 BMF v. 21.05.2019 – IV C 1 – S 1980-1/16/10010:001, BStBl. I 2019, 527, Rn. 15.21.
535 BMF v. 21.05.2019 – IV C 1 – S 1980-1/16/10010:001, BStBl. I 2019, 527, Rn. 15.21.
536 BMF v. 21.05.2019 – IV C 1 – S 1980-1/16/10010:001, BStBl. I 2019, 527, Rn. 15.22.
537 BMF v. 21.05.2019 – IV C 1 – S 1980-1/16/10010:001, BStBl. I 2019, 527, Rn. 15.23.
538 Das BMF spricht hier von einer sog. Neubau-Nachhaltefrist.

Für einen Investmentfonds, der den Neubau und Verkauf von neuen Wohnungen intendiert, ergibt sich eine Verpflichtung, die neugebauten Wohnungen mindestens drei Jahre lang zu bewirtschaften. Eine rein auf den Neu- und/oder Ausbau von Wohnungseigentum ausgerichtete Fondsstruktur ist unter diesem Gesichtspunkt absolut unwirtschaftlich. Investmentfonds können in der Folge nur dann in den Wohnungsbau investieren, wenn sie die erbauten Wohnungen auch bewirtschaften wollen.

(2) Portfoliobetrachtung

Nur wenn im Rahmen der Einzelobjektbetrachtung keine aktive unternehmerische Bewirtschaftung festgestellt wurde, ist in einem zweiten Schritt eine mögliche aktive unternehmerische Bewirtschaftung des gesamten Portfolios zu untersuchen.[539] Von einer solchen ist dann nicht auszugehen, wenn die für den Veräußerungszeitpunkt ermittelten Verkehrswerte der verkauften Immobilien der letzten fünf Jahre 50 % des Verkehrswertes des durchschnittlichen Immobilienbestands desselben Zeitraums nicht übersteigen oder wenn die durchschnittliche Haltedauer der in den letzten fünf Jahren veräußerten Immobilien mindestens fünf Jahre beträgt.[540] Der Verkehrswert des durchschnittlichen Immobilienbestands ist als Durchschnittswert aller von dem Fonds im Fünfjahreszeitraum durchgeführten Immobilienbewertungen zu errechnen.[541]

cc) Begrenzungen

Der Investmentfonds ist auch dann von der Gewerbesteuer befreit, wenn die Einnahmen aus einer aktiven unternehmerischen Bewirtschaftung in einem Geschäftsjahr weniger als 5 % der gesamten Einnahmen des Investmentfonds betragen. Dies gilt sowohl für im Inland als auch für im Ausland erzielte Einnahmen.[542] Die Einnahmen setzen sich aus den dem Investmentfonds zugeflossenen Gütern in Geld oder Geldwert zusammen, berücksichtigen jedoch keine Werbungskosten.[543]

Übt der Investmentfonds eine gewerbliche Tätigkeit aus und fällt diese nicht unter die Bagatellgrenze des § 15 Abs. 3 InvStG, so ist der vom Investmentfonds gebildete wirtschaftliche Geschäftsbetrieb von den übrigen Tätigkeiten des

---

539 *Sagasser/Leuschner*, Assmann/Schütze/Buck-Heeb, Handbuch des Kapitalanlagerechts, § 27 Rn. 275.

540 BMF v. 21.05.2019 – IV C 1 – S 1980-1/16/10010:001, BStBl. I 2019, 527, Rn. 15.33.

541 BMF v. 21.05.2019 – IV C 1 – S 1980-1/16/10010:001, BStBl. I 2019, 527, Rn. 15.34.

542 BMF v. 21.05.2019 – IV C 1 – S 1980-1/16/10010:001, BStBl. I 2019, 527, Rn. 15.35.

543 BMF v. 21.05.2019 – IV C 1 – S 1980-1/16/10010:001, BStBl. I 2019, 527, Rn. 15.35.

Fonds gesondert zu betrachten. Im Ergebnis führt eine aktive unternehmerische Bewirtschaftung damit nicht zu einer Infektion des gesamten Fondsgeschäfts, sodass damit die vermögensverwaltenden Tätigkeiten des Investmentfonds gewerbesteuerfrei bleiben.

f) Zwischenergebnis und Fazit zur Gewerbesteuer

In dem neuen InvStG wurde mit § 15 InvStG ein spezieller, von den allgemeinen Grundsätzen des EStG weitgehend losgelöster Gewerbesteuertatbestand eingeführt. Damit sind auch die von der Finanzverwaltung und den Gerichten über die Jahre weiterentwickelten einkommensteuerlichen Abgrenzungskriterien zum Gewerbebetrieb nicht mehr unmittelbar anwendbar. Insbesondere die Frage, wann eine aktive unternehmerische Bewirtschaftung vorliegt, dürfte zukünftig die Finanzgerichtsbarkeit beschäftigen. Es bleibt abzuwarten, ob ein vergleichbar umfangreicher Flickenteppich an Einzelentscheidungen zur Frage einer Betriebsstätte, jedoch unter Berücksichtigung der Besonderheiten einer Investmentanlage, entsteht oder ob die bestehenden Urteile auch für die Zwecke des InvStG ausreichend sind. Die Auffassung der Finanzverwaltung dürfte zukünftig nicht der einzige Anknüpfungspunkt dieser noch stark zu konkretisierenden Materie sein. Zu begrüßen ist jedoch, dass die Besonderheiten der Investmentanlage wohl primär zu Gunsten des Steuerpflichtigen heranzuziehen sind. Jedenfalls dürfte es für Immobilienfonds tendenziell attraktiver sein, wenn sie ihre Immobilien zur Vermeidung von Gewerbesteuer indirekt über Immobilien-Gesellschaften halten.

Aufgrund der bestehenden Regelung lässt sich eine Gewerbesteuerpflicht für immobilienschaffende Investmentfonds kaum vermeiden. Auch der Erwerb zwecks Modernisierung und anschließenden Verkaufs dürfte sich regelmäßig als gewerblicher Grundstückshandel qualifizieren. Das politisch hochpriorisierte Ziel des Wohnungsbaus vermag die Regelung zur Gewerbesteuer im InvStG der aktuellen Fassung nicht zu fördern. Die Finanzverwaltung geht zwar erfreulicherweise in ihrem Auslegungsschreiben auf die Besonderheiten der Investmentanlage ein, verkennt jedoch deren Potenzial für die Lösung der akuten Wohnungsnot. Unter Berücksichtigung der immensen Transaktionsvolumina einiger Immobilienfonds fällt insbesondere die für die Einzelobjektbetrachtung vorgenommene Annahme, dass jede Wohnung eines Gebäudes, an welcher Sondereigentum besteht, als eine eigenständige Immobilie zu bewerten ist, negativ auf. Der An- und Verkauf ebenso wie die Errichtung von mehrstöckigen Gebäuden, wie dies in urbanen Gegenden üblich ist, stellt zwangsläufig eine gewerbesteuerpflichtige Tätigkeit dar. Die Aufteilung in Sondereigentum nach § 8 WEG ist für die wirtschaftliche Verwertbarkeit von Immobilien essenziell, wenn es sich um einzelne Wohnungen handelt. Die Gewerbesteuerpflicht eines Investmentfonds daran zu knüpfen, ob er ein neu errichtetes Gebäude an einen großen Investor verkauft oder aber zunächst Sondereigentum an den einzelnen Wohnungen begründet und anschließend mehrere Parteien auf der Käuferseite stehen, ist schlichtweg gekünstelt und entbehrt jedwedes Pragmatismus.

3. *Zusammenfassung*

Ein Immobilienfonds kann sowohl inländische Immobilienerträge als auch inländische Beteiligungseinnahmen als steuerrelevante Erträge vereinnahmen. Unter die inländischen Immobilienerträge fallen sowohl die Einkünfte aus Vermietung und Verpachtung wie auch die Gewinne aus der Veräußerung von im Inland belegenen Grundstücken. Diese Einkünfte hat der Fonds im Wege der Veranlagung als Einnahmen über die Werbungskosten zu ermitteln und es steht ihm dazu die Möglichkeit der Verlustverrechnung offen. Für die Einkünfte eines Immobilienfonds aus der indirekten Immobilienanlage über Immobilien-Gesellschaften oder Ziel-Investmentfonds ist keine Verlustverrechnung und kein Werbungskostenabzug vorgesehen. Solche Einkünfte stellen für den Immobilienfonds inländische Beteiligungseinnahmen dar, welche durch den Steuerabzug abgegolten sind. Im Fall eines Direktinvestments hat die KVG des Immobilienfonds darauf zu achten, dass keine aktive unternehmerische Bewirtschaftung der Vermögensgegenstände stattfindet, da andernfalls Gewerbesteuer anfallen kann.

II. Besteuerung auf der Ebene des Spezial-Immobilienfonds

Ein Spezial-Investmentfonds liegt vor, wenn ein Investmentfonds die Voraussetzungen für eine Gewerbesteuerbefreiung nach § 15 Abs. 2 und 3 erfüllt und in der Anlagepraxis nicht wesentlich gegen die sich aus § 26 InvStG ergebenden Anlagebestimmungen verstößt.[544]

Der Besteuerung von Spezial-Investmentfonds wohnt im Gegensatz zu der Besteuerung der nicht als Spezial-Investmentfonds zu qualifizierenden Investmentfonds auch weiterhin das Prinzip der transparenten Besteuerung inne.[545]

---

544 *Wenzel*, Brandis/Heuermann, Ertragsteuerrecht, § 26 InvStG Rn. 11, 12; *Patzner/Harm*, BB 2018, 2711 (2711).

545 *Häuselmann*, Investmentanteile, Kap. 6 Rn. 150.

Das bedeutet, dass die Anleger des Spezial-Investmentfonds so besteuert werden, als hätten sie die Einkünfte des Spezial-Investmentfonds unmittelbar bezogen. Dieses Prinzip wurde jedoch nicht konsequent durch die geltenden Vorschriften umgesetzt, so dass sich die aktuelle Lage der Spezial-Investmentfondsbesteuerung je nach Gestaltung auch als semi-transparent bezeichnen lässt.[546]

Ein Investmentfonds, welcher die Voraussetzungen eines Spezial-Investmentfonds erfüllt, kann sich entweder wie ein normaler Investmentfonds, wie ein Spezial-Investmentfonds mit Transparenzoption oder aber ein Spezial-Investmentfonds ohne Transparenzoption besteuern lassen. Welche dieser drei Optionen im Einzelfall die optimale Gestaltung bietet, hängt insbesondere von dem jeweiligen Anlegertyp und dessen persönlichen steuerlichen Merkmalen ab.[547]

Geht man von der an sich intendierten transparenten Besteuerung aus, so hat diese den Vorteil, dass den Anlegern steuerliche Belastungen durch die Zwischenschaltung eines Spezial-Investmentfonds erspart bleiben.[548] So können Anleger von Spezial-Investmentfonds beispielsweise von der Befreiung ausländischer Einkünfte nach einschlägigen DBA-Bestimmungen, der Anrechnung ausländischer Quellensteuern auf Einkünfte des Spezial-Investmentfonds und den Steuerbefreiungen nach dem Teileinkünfteverfahren aus § 3 Nr. 40 EStG bzw. § 8b KStG Gebrauch machen.[549] Die Kehrseite der Medaille ist jedoch, dass eine steuerneutrale Thesaurierung nicht ausgeschütteter Einkünfte nur eingeschränkt möglich ist und die Teilfreistellung aus § 20 InvStG keine Anwendung findet.[550]

Zu beachten ist, dass nach § 25 InvStG die Vorschriften der §§ 6 bis 24 InvStG auf Spezial-Investmentfonds keine Anwendung finden, außer es findet sich in den für Spezial-Investmentfonds geltenden Vorschriften eine abweichende Regelung. Eine solche abweichende Regelung findet sich in § 29 Abs. 1 InvStG, nachdem die §§ 6 bis 7 InvStG grundsätzlich auch für Spezial-Investmentfonds anzuwenden sind, soweit diese nicht von einer Spezialvorschrift verdrängt werden.

---

546 Vgl. *Hahne/Völker*, Investmentsteuerrecht visuell, S. 140; *Bindl/Mager*, BB 2016, 2711 (2721); *Stadler/Bindl*, DStR 2016, 1953 (1953); *Lechner*, RdF 2016, 208 (208); *Häuselmann*, Investmentanteile, Kap. 6 Rn. 124.

547 Vgl. *Dorn*, Investmentsteuerrecht, S. 160.

548 Vgl. *Hahne/Völker*, Investmentsteuerrecht visuell, S. 140.

549 Vgl. *Hahne/Völker*, Investmentsteuerrecht visuell, S. 140.

550 Vgl. *Hahne/Völker*, Investmentsteuerrecht visuell, S. 140.

Eine transparente Besteuerung auf Fondsebene ergibt sich in den Fällen, in denen der Fonds die Immobilien direkt oder aber indirekt über steuerlich transparente Objekt-Personengesellschaften hält. Demgegenüber lässt sich eine semi-transparente Besteuerung auch dadurch erreichen, dass der Fonds die Immobilien mittelbar über steuerlich intransparente Holding- bzw. Objekt-Kapitalgesellschaften hält.

In Bezug auf die Anlagebestimmungen des § 26 InvStG ergeben sich für Immobilienfonds einige Besonderheiten und auch offene Fragen.

1. *Die Anlagebestimmungen des § 26 InvStG in Bezug auf als Spezial-Investmentfonds aufgelegten Immobilienfonds*

Die Anlagebestimmungen des § 26 InvStG entsprechen weitestgehend denen des § 1 Abs. 1b S. 2 InvStG a. F., welcher bereits in seiner damaligen Fassung einige Fragen offenließ.[551]

a) Ausgestaltung des Rückgaberechts nach § 26 Nr. 2 InvStG

Eine der Anlagebestimmungen für die Qualifikation als Spezial-Investmentfonds sieht vor, dass den Anlegern mindestens einmal im Jahr ein Recht zur Rückgabe oder Kündigung ihrer Anteile, Aktien oder Beteiligungen eingeräumt werden muss. In der Praxis sind solche Rückgaberechte mit detaillierten Vorgaben in Hinblick auf die Art und den Zeitpunkt der Ausübung des Rückgaberechts, die Fälligkeit des Rücknahmepreises, Rücknahmeabschläge sowie die Aussetzung der Rückgabe sehr umfassend geregelt.[552] Das BMF hat jedoch bisher nur klargestellt, dass die Aussetzung der Rücknahme aufgrund außergewöhnlicher Umstände gem. § 98 Abs. 2 S. 1 KAGB über einen Zeitraum von nicht mehr als 36 Monaten bzw. während einer höchstens auf 60 Monate begrenzten Abwicklungsphase nicht beanstandet wird.[553]

Offen und für die Praxis relevant ist jedoch die auch weiterhin ungeklärte Frage, wie sich eine Aussetzung des Rückgaberechts bei Immobilien-Sondervermögen nach § 257 KAGB auf die Erfüllung der Voraussetzungen des § 26 Nr. 2 InvStG auswirkt.

---

551 *Wenzel*, Brandis/Heuermann, Ertragsteuerrecht, § 26 InvStG Rn. 18.

552 *Bindl/Mager*, BB 2016, 2711 (2717).

553 Vgl. BMF v. 23.10.2014 – IV C 1 – S 1980-1/13/10007:007.

aa) Aussetzung der Rücknahme nach § 257 KAGB

Nach § 257 KAGB[554] hat die AIF-KVG die Rücknahme der Anteile auszusetzen und die Vermögensgegenstände zu angemessen Bedingungen zu veräußern, um die für die Rückgaben notwendigen liquiden Mittel zu beschaffen.[555] Die Aussetzung der Rücknahme hat gem. § 257 KAGB zwingend zu erfolgen, wenn die Bankguthaben und der Erlös der nach § 253 Abs. 1 KAGB angelegten Mittel zur Zahlung des Rücknahmepreises und zur Sicherstellung einer ordnungsgemäßen laufenden Bewirtschaftung nicht ausreichen oder nicht sogleich zur Verfügung stehen.

Die AIF-KVG darf für Rechnung des Immobilien-Sondervermögens nicht mehr als 49 % des Wertes des Immobilien-Sondervermögens in die in § 253 Abs. 1 KAGB aufgezählten Mittel anlegen. Zu diesen gehören Bankguthaben, Geldmarktinstrumente, Investmentanteile nach Maßgabe des § 196 KAGB, Spezial-Investmentanteile nach Maßgabe des § 196 Abs. 1 S. 2 KAGB, bestimmte Wertpapiere, Aktien von REIT-AGs oder vergleichbare Anteile ausländischer juristischer Personen, die auf bestimmten, näher definierten Märkten zugelassen sind, sowie Derivate zu Absicherungszwecken.

Abweichend von der Rechtslage gemäß den Vorschriften des InvG steht der AIF-KVG auch keine Karenzzeit von sechs Monaten mehr zur Verfügung, bis sie die Aussetzung der Anteilsrücknahme anordnen kann.[556] Nach § 257 Abs. 2 und 3 KAGB ist die Rücknahme der Anteile bis zu 36 Monate auszusetzen, wenn die liquiden Mittel auch 24 Monate nach der Aussetzung der Rücknahme noch nicht ausreichen.[557]

Wie sich eine solche Aussetzung der Rücknahme auf die Anlagebestimmung des § 26 Nr. 2 InvStG auswirkt, wird von der Finanzverwaltung bislang nicht beantwortet.

---

554 Die Vorschrift des § 257 KAGB ist angelehnt an die Vorgängerregelung in § 81 InvG; vgl. vertiefend: *Kautenburger-Behr*, Weitnauer/Boxberger/Anders, KAGB, § 257 Rn. 1 ff.

555 BR-Drs. 791/12, S. 494.

556 Vgl. *Kautenburger-Behr*, Weitnauer/Boxberger/Anders, KAGB, § 257 Rn. 15.

557 Erst 36 Monate nach der Aussetzung der Rückgabe hat jeder Anleger ein unbedingtes Recht, dass ihm gegen Rückgabe des Anteils sein Anteil am Sondervermögen aus diesem ausbezahlt wird; vgl. § 257 Abs. 3 S. 3 KAGB.

bb) Lösungsansätze im Falle des § 257 KAGB

Die Finanzverwaltung würde das Fehlen eines Rückgaberechts i. S. d. § 26 Nr. 2 InvStG nicht beanstanden, wenn die Aussetzung der Rücknahme- oder Kündigungsmöglichkeit auf einem außergewöhnlichen Umstand i. S. d. § 98 Abs. 2 KAGB beruht und die Aussetzung nicht mehr als 36 Monate andauert.[558] Im Falle des § 98 Abs. 2 KAGB steht das Aussetzen des Rückgaberechts, anders als in den Fällen nach § 257 KAGB, im Ermessen der Verwaltungsgesellschaft. Die Aussetzung des Rückgaberechts nach § 257 KAGB ist zudem aufgrund der fehlenden Liquidität des Fonds mit den von § 98 Abs. 2 S. 1 KAGB erfassten Fällen vergleichbar, sodass im Grunde nichts dagegensprechen kann, dass auch im Falle des § 257 KAGB, zumindest im Rahmen der ohnehin maximal 36-monatigen Aussetzung, keine Verletzung der Voraussetzung des § 26 Nr. 2 InvStG anzunehmen ist.[559]

b) Grundsatz der Risikomischung nach § 26 Nr. 3 InvStG

Um als Spezial-Investmentfonds zu qualifizieren, muss das Vermögen des Fonds nach dem Grundsatz der Risikomischung angelegt werden. Der Fonds kann zur Wahrung der Risikomischung sein Vermögen in mehr als drei Vermögensgegenstände mit unterschiedlichen Anlagerisiken anlegen[560] oder in nicht nur unerheblichem Umfang Anteile an einem oder mehreren anderen Investmentfonds halten, wenn diese Investmentfonds ihrerseits unmittelbar oder mittelbar nach dem Grundsatz der Risikomischung angelegt sind. Für Immobilienfonds i. S. d. § 2 Abs. 9 InvStG ist es ausreichend, wenn innerhalb der vierjährigen Frist des § 244 KAGB nach deren Auflage der Grundsatz der Risikomischung eingehalten wird.[561]

Dem Wortlaut des § 26 Nr. 3 S. 3 InvStG zufolge ist der Grundsatz der Risikomischung bei mittelbaren risikogemischten Anlagen ausschließlich bei Investments über einen anderen Investmentfonds erfüllt, nicht jedoch bei Investments über beispielsweise Immobilien-Holdinggesellschaften, welche ihrerseits risikodiversifiziert in eine Vielzahl von Immobilien investieren.[562] Bei mittelbar risikogemischten Anlagen des Spezial-Investmentfonds über Immobilien-Gesellschaften, Immobilien-Holdinggesellschaften, ÖPP-Projektgesellschaften

558 BMF v. 21.05.2019 – IV C 1 – S 1980-1/16/100010:001, BStBl. I 2019, 527, Rn. 26.9.

559 Vgl. *Stadler u. a.*, BB 2021, 1559 (1560).

560 § 26 Nr. 3 S. 2 InvStG.

561 BMF v. 21.05.2019 – IV C 1 – S 1980-1/16/100010:001, BStBl. I 2019, 527, Rn. 26.17.

562 *Stadler u. a.*, BB 2021, 1559 (1561).

und über Gesellschaften, deren Unternehmensgegenstand auf die Erzeugung erneuerbarer Energien nach § 3 Nr. 21 des Erneuerbare-Energien-Gesetz (EEG) gerichtet ist, wird für die Prüfung der Risikomischung jedoch auf die in diesen Gesellschaften unmittelbar oder mittelbar gehaltenen Vermögensgegenstände durchgeschaut.[563] Im Ergebnis ist damit auch bei Investments über solche Gesellschaften eine Erfüllung des Grundsatzes der Risikomischung durch mittelbar risikogemischte Anlagen möglich.[564] Die Erweiterung der Durchschau über den Wortlaut des § 26 Nr. 3 S. 3 InvStG hinaus ist im Grunde zu begrüßen, da Investmentfonds ihre Investitionen häufig über zentrale Holdinggesellschaften bündeln. Praktikabler wäre es allerdings, wenn zur Beurteilung der Risikomischung bei mittelbaren Anlagen nicht nur Investmentfonds und einige Ausnahmen herangezogen würden, sondern der § 26 Nr. 3 S. 3 InvStG generell auf Holdingsgesellschaften ausgeweitet wird.[565]

c) Zulässige Vermögensgegenstände nach § 26 Nr. 4 InvStG

Damit sich ein Spezial-Investmentfonds als ein Immobilienfonds i. S. d. § 2 Abs. 9 InvStG qualifiziert, muss er gem. den Anlagebedingungen fortlaufend mehr als 50 % seines Aktivvermögens in Immobilien und Immobilien-Gesellschaften anlegen. Der Katalog der zulässigen Vermögensgegenstände, in die ein Spezial-Investmentfonds investieren darf, ist abschließend geregelt in § 26 Nr. 4 InvStG.[566] Als erwerbbare Vermögensgegenstände kommen für einen als Spezial-Investmentfonds aufgelegten Immobilienfonds daher insbesondere Grundstücke, grundstücksgleiche Rechte und vergleichbare Rechte nach dem Recht anderer Staaten sowie Beteiligungen an Immobilien-Gesellschaften nach § 1 Abs. 19 Nr. 22 KAGB in Frage.

Auch Anteile an Immobilienfonds, welche die Voraussetzungen einer Immobilien-Gesellschaft i. S. d. § 1 Abs. 19 Nr. 22 KAGB erfüllen, können gem. § 26 Nr. 4 Buchst. f) InvStG als Immobilien-Gesellschaft gehalten werden.[567]

---

563 BMF v. 21.05.2019 – IV C 1 – S 1980-1/16/100010:001, BStBl. I 2019, 527, Rn. 26.20.

564 Vgl. *Stadler u. a.*, BB 2021, 1559 (1561).

565 Vgl. *Bindl/Schober*, BB 2020, 599 (601).

566 Nach dem Wortlaut des § 26 Nr. 4 InvStG reicht es aus, wenn der Fonds zu mindestens 90 % seines Wertes in die aufgezählten Vermögensgegenstände investiert. Eine Anlage von unter 10 % des Wertes des Investmentfonds ist im Rahmen der sog. „Schmutzgrenze“ unschädlich. Vgl. BMF v. 21.05.2019 – IV C 1 – S 1980-1/16/100010:001, BStBl. I 2019, 527, Rn. 26.21; *Mann*, Weitnauer/Boxberger/Anders, KAGB, § 26 InvStG Rn. 15.

567 BMF v. 21.05.2019 – IV C 1 – S 1980-1/16/100010:001, BStBl. I 2019, 527, Rn. 26.23.

Die Voraussetzungen für eine Immobilien-Gesellschaft richten sich zudem ausschließlich nach § 1 Abs. 19 Nr. 22 KAGB, sodass die weiteren Voraussetzungen für Immobilien-Gesellschaften nach den §§ 231 ff. KAGB nicht erfüllt werden müssen.[568] In Folge dessen muss eine Immobilien-Gesellschaft, um für einen Spezial-Investmentfonds erwerbbar zu sein, nicht die strengen Anforderungen an die Satzung im Hinblick auf die erwerbbaren Vermögensgegenstände aus § 235 Abs. 1 KAGB und die Bewertung der Immobilien aus § 235 Abs. 2 KAGB erfüllen.[569]

d) *Gewerbesteuerbefreiung*

Eine tätigkeitsbezogene Anforderung zur Qualifikation als Spezial-Investmentfonds war bis zum 31.12.2022 die Beschränkung auf eine rein vermögensverwaltende Tätigkeit. Folglich durfte in Bezug auf die von dem Fonds gehaltenen Vermögensgegenstände keine aktive unternehmerische Bewirtschaftung erfolgen. § 26 Hs. 1 InvStG verwies für die Zwecke der Gewerbesteuerbefreiung auf die Voraussetzungen des § 15 Abs. 2 und 3 InvStG, welcher im Kontext der Gewerbesteuerbefreiung für Publikums-Investmentfonds steht und insoweit als eine allgemeingültige Regelung des InvStG angesehen werden kann.

Um eine Begünstigung von gewerblichen Einkünften aus der Erzeugung von erneuerbaren Energien in das InvStG einzuführen, hat der Gesetzgeber die Statusanknüpfung an die schädliche aktive unternehmerische Bewirtschaftung in § 26 InvStG gestrichen und stattdessen eine neue Anlagebestimmung in § 26 Nr. 7a InvStG eingeführt. Diese verweist nun nicht mehr vollumfänglich auf § 15 Abs. 2 und 3 InvStG, sondern wiederholt mit Ausnahme des § 15 Abs. 2 S. 2 InvStG den Wortlaut und ergänzt diesen um eine Sonderregelung bei erneuerbaren Energien, sodass dem Spezial-Investmentfonds fortan auch eine aktive unternehmerische Bewirtschaftung hinsichtlich erneuerbarer Energien ohne Statusverlustrisiko bis zu einer Einnahmegrenze gestattet ist.[570]

2. *Regelbesteuerung*

Im Grundsatz entspricht die Besteuerung eines Spezial-Investmentfonds der Besteuerung aller anderen Investmentfonds.[571] Nach § 25 InvStG sind die Vorschriften der §§ 6 ff. InvStG nicht auf Spezial-Investmentfonds anzuwenden, es

568 BMF v. 21.05.2019 – IV C 1 – S 1980-1/16/100010:001, BStBl. I 2019, 527, Rn. 24.23.
569 Vgl. *Stadler u. a.*, BB 2021, 1559 (1562).
570 Vgl. *Bödecker*, BeckOK InvStG, Bödecker/Ernst/Hartmann, § 26 InvStG Rn. 2.
571 *Häuselmann*, Investmentanteile, Kap. 6 Rn. 150.

sei denn, in den §§ 25 ff. InvStG werden abweichende Regelungen getroffen.[572] § 29 Abs. 1 InvStG besagt, dass die § 6 und 7 InvStG auf Spezial-Investmentfonds anzuwenden sind, soweit sich aus den § 29 bis 33 InvStG nichts Abweichendes ergibt. Abweichende Regelungen sind insbesondere die §§ 30 und 33 InvStG, welche unter bestimmten Voraussetzungen eine Steuerbefreiung auf der Ebene des Spezial-Investmentfonds vorsehen.[573]

Der Spezial-Investmentfonds ist, wie auch der Publikums-Investmentfonds, ein Körperschaftsteuersubjekt, welches im Grundsatz mit denselben inländischen Einkünften steuerpflichtig ist.[574] Dazu zählen inländische Beteiligungseinnahmen, inländische Immobilienerträge sowie sonstige inländische Einkünfte. Investmenterträge i. S. d. § 16 Abs. 1 InvStG, welche der Spezial-Investmentfonds als Dachfonds vereinnahmt, stellen keine steuerpflichtigen Einkünfte des Spezial-Investmentfonds dar, da diese keine Katalogeinkünfte nach § 6 InvStG sind.[575] Das Gleiche gilt für Spezial-Investmenterträge i. S. d. § 34 Abs. 1 InvStG, welche der Spezial-Investmentfonds als Dach-Spezial-Investmentfonds vereinnahmt.[576] Lediglich ausgeschüttete oder ausschüttungsgleiche inländische Immobilienerträge des Ziel-Spezial-Investmentfonds, welche der Dach-Spezial-Investmentfonds vereinnahmt, stellen steuerpflichtige Einkünfte des Spezial-Investmentfonds dar. Nach § 6 Abs. 4 InvStG i. V. m. § 33 Abs. 2 S. 1 InvStG werden solche Erträge zu inländischen Immobilienerträgen umqualifiziert.[577] In Ermangelung eines ausdrücklichen Verweises ist die Regelung zur Steuerbefreiung aufgrund steuerbegünstigter Anleger nach § 8 InvStG nicht für Spezial-Investmentfonds anwendbar. Die Körperschaftsteuer für die inländischen Beteiligungseinnahmen beträgt 15 % inklusive Solidaritätszuschlag, also 14,218 % Körperschaftsteuer zuzüglich 5,5 % Solidaritätszuschlag.[578] Für inländische Immobilienerträge und sonstige inländische Einkünfte ohne Steuerabzug gilt ein Körperschaftsteuersatz von 15 % zuzüglich 5,5 % Solidaritätszuschlag, also insgesamt 15,825 %.[579]

---

572 *Wenzel*, Brandis/Heuermann, Ertragsteuerrecht, § 25 InvStG Rn. 1.

573 Vgl. *Häuselmann*, Investmentanteile, Kap. 6 Rn. 150.

574 Durch den Verweis aus § 29 Abs. 1 InvStG gilt die Aufzählung der steuerpflichtigen Einnahmen eines Investmentfonds aus § 6 InvStG für den Spezial-Investmentfonds entsprechend.

575 *Häuselmann*, Investmentanteile, Kap. 6 Rn. 153.

576 *Häuselmann*, Investmentanteile, Kap. 6 Rn. 154.

577 Vgl. *Häuselmann*, Investmentanteile, Kap. 6 Rn. 154.

578 Vgl. *Patzner/Harm*, BB 2018, 2711 (2712).

579 Vgl. *Patzner/Harm*, BB 2018, 2711 (2712).

Für einen Spezial-Investmentfonds besteht die Möglichkeit, von der Regelbesteuerung abzuweichen und durch die Ausübung der Transparenzoption eine Steuerbefreiung auf Fondsebene zu bewirken. Die Erträge werden im Ergebnis direkt bei den Anlegern des Spezial-Investmentfonds erfasst.

3. Transparenzoption nach §§ 30 und 33 InvStG

Die KVG des Spezial-Investmentfonds hat die Möglichkeit, durch die Ausübung der sog. Transparenzoption nach §§ 30 und 33 InvStG ein Entfallen der Körperschaftsteuerpflicht für inländische Beteiligungseinnahmen, inländische Immobilienerträge und sonstige inländische Einkünfte zu bewirken.[580]

Die Transparenzoption i. S. d. § 30 InvStG gilt hinsichtlich inländischer Beteiligungseinnahmen und anderer inländischer Einkünfte, welche einem Steuerabzug unterliegen.[581] Aus § 33 InvStG ergibt sich die Transparenzoption hinsichtlich inländischer Immobilienerträge und sonstiger inländischer Einkünfte ohne Steuerabzug.[582] Beide Optionen stehen dem Fonds offen und können unabhängig voneinander genutzt werden.[583] Erzielt ein Spezial-Investmentfonds daher Einnahmen, welche sowohl die Möglichkeit der Transparenzoption nach § 30 InvStG eröffnen, als auch Einnahmen, welche für die Transparenzoption nach § 33 InvStG qualifizieren, und übt nur eine dieser beiden Optionen aus, so erfolgt die Besteuerung des Fonds sowohl nach dem Transparenz- als auch nach dem Intransparenzprinzip.[584]

a) Transparenzoption nach § 30 InvStG

Die partielle Körperschaftsteuerpflicht eines Spezial-Investmentfonds umfasst sowohl dessen inländische Immobilienerträge und sonstige inländische Einkünfte als auch die inländischen Beteiligungseinnahmen. Nur für letztere sieht § 7 InvStG einen Steuerabzug gegenüber dem Anlagevehikel vor, sodass die Transparenzoption des § 30 InvStG auch nur für diese eine Steuerbefreiung vorsieht.[585] Die Option findet keine Anwendung auf inländi-

---

580 Ausführlich zur Transparenz- und Immobilien-Transparenzoption siehe *Behrens*, RdF 2017, 297 (297 ff.).

581 *Buge*, Herrmann/Heuer/Raupach, EStG/KStG, § 30 InvStG Rn. 1.

582 *Buge*, Herrmann/Heuer/Raupach, EStG/KStG, § 33 InvStG Rn. 1.

583 Vgl. *Dorn*, Investmentsteuerrecht, S. 170.

584 Vgl. *Mann*, Brandis/Heuermann, Ertragsteuerrecht, § 30 InvStG Rn. 13; *Lechner*, RdF 2016, 208 (208); *Häuselmann*, Investmentanteile, Kap. 6 Rn. 162.

585 *Buge*, Herrmann/Heuer/Raupach, EStG/KStG, § 30 InvStG Rn. 1.

sche Immobilienerträge und sonstige inländische Einkünfte des Spezial-Investmentfonds, sondern dürfte in der Praxis primär Dividenden und Dividendenausgleichszahlungen betreffen.[586]

Der Spezial-Investmentfonds kann von der Option des § 30 InvStG Gebrauch machen, indem er gegenüber dem Entrichtungspflichtigen der Kapitalertragsteuer unwiderruflich erklärt, dass den Anlegern des Spezial-Investmentfonds Steuerbescheinigungen nach § 45a Abs. 2 EStG ausgestellt werden sollen.[587] Eine besondere Form oder Frist für diese Erklärung sieht das Gesetz nicht vor.[588]

Hat der Spezial-Investmentfonds dies getan, so entfällt seine Körperschaftsteuerpflicht für die entsprechenden Erträge. § 31 InvStG ordnet an, dass nach der Ausübung der Transparenzoption der Anleger so zu behandeln ist, als wären ihm die jeweiligen Erträge selbst zugeflossen. Durch die Ausübung der Transparenzoption fingiert § 30 Abs. 1 S. 2 InvStG die Anleger als Gläubiger der inländischen Beteiligungseinnahmen oder der sonstigen inländischen Einkünfte, welche einem Steuerabzug unterliegen, sowie als Schuldner der Kapitalertragsteuer.[589] Nicht nur für Zwecke der Kapitalertragsteuer, sondern auch materiell-rechtlich werden die inländischen Beteiligungseinnahmen im Zeitpunkt des Zuflusses bei dem Spezial-Investmentfonds dem Anleger zugerechnet.[590] Die Erträge des Spezial-Investmentfonds bilden bei dem Anleger weder ausgeschüttete noch ausschüttungsgleiche Erträge, sondern werden ihm als Einnahmen zugerechnet. Folglich findet die Zurechnung brutto und ohne Berücksichtigung der Werbungskosten statt.[591] Die Werbungskosten kann der Anleger nur bei einer Rückgabe oder Veräußerung der Anteile an den Spezial-Investmentfonds nutzen.[592]

---

586 *Häuselmann*, Investmentanteile, Kap. 6 Rn. 160.

587 *Mann*, Brandis/Heuermann, Ertragsteuerrecht, § 30 InvStG Rn. 12; *Buge*, Herrmann/Heuer/Raupach, EStG/KStG, § 30 InvStG Rn. 5; *Behrens*, RdF 2017, 297 (297).

588 *Mann*, Brandis/Heuermann, Ertragsteuerrecht, § 30 InvStG Rn. 14; *Häuselmann*, Investmentanteile, Kap. 6 Rn. 164.

589 Vgl. *Mann*, Brandis/Heuermann, Ertragsteuerrecht, § 30 InvStG Rn. 20; *Behrens*, RdF 2017, 297 (297).

590 Vgl. *Mann*, Brandis/Heuermann, Ertragsteuerrecht, § 30 InvStG Rn. 20; *Stadler/Bindl*, DStR 2016, 1953 (1962).

591 Vgl. *Stadler/Bindl*, DStR 2016, 1953 (1962); *Mann*, Brandis/Heuermann, Ertragsteuerrecht, § 30 InvStG Rn. 20; *Dorn*, Investmentsteuerrecht, S. 173.

592 Vgl. *Mann*, Brandis/Heuermann, Ertragsteuerrecht, § 30 InvStG Rn. 20.

In Folge der direkten Zurechnung werden auch die Regelungen der §§ 43 ff. EStG über den Kapitalertragssteuerabzug so angewendet, als hätten die Anleger die inländischen Beteiligungseinnahmen direkt erzielt. Es findet daher der allgemeine Kapitalertragssteuerabzug von 25 % gem. § 43a Abs. 1 S. 1 Nr. 1 EStG Anwendung.[593] Wird die Transparenzoption nicht ausgeübt, deckelt § 7 Abs. 1 S. 3 InvStG die Kapitalertragsteuer samt Solidaritätszuschlag auf insgesamt 15 %, sodass die Ausübung der Transparenzoption für bestimmte Anlegergruppen nachteilig sein kann.[594]

Die Transparenzoption nach § 30 InvStG ist für die Zwecke dieser Arbeit dann von Relevanz, wenn der Spezial-Investmentfonds Immobilien indirekt über steuerlich intransparente Holding- oder Objekt-Kapitalgesellschaften hält und insoweit aus dieser Beteiligung steuerpflichtige Dividenden, Anteilsveräußerungsgewinne oder Zinserträge aus Gesellschafterdarlehen erzielt.[595]

b) *Transparenzoption nach § 33 InvStG*

Die Transparenzoption nach § 33 InvStG besteht für inländische Immobilienerträge nach § 33 Abs. 1 InvStG sowie für inländische sonstige Einkünfte, die nicht dem Steuerabzug unterliegen, gem. § 33 Abs. 4 InvStG.[596] Der Begriff der inländischen Immobilienerträge für Zwecke des § 33 InvStG richtet sich nach § 6 Abs. 4 i. V. m. § 29 Abs. 1 InvStG.[597] Dividenden einer inländischen Immobilien-Gesellschaft in der Rechtsform einer Kapitalgesellschaft gehören nicht zu den inländischen Immobilienerträgen, sondern stellen inländische Beteiligungseinnahmen dar, für welche ggf. die Transparenzoption nach § 30 InvStG ausgeübt werden kann.[598]

Der Begriff der sonstigen inländischen Einkünfte ist i. S. v. § 6 Abs. 5 i. V. m. § 29 Abs. 1 InvStG zu verstehen.[599] Unter die sonstigen inländischen Einkünfte fallen daher insbesondere Einkünfte i. S. v. § 49 EStG, soweit es sich nicht um inländische Beteiligungseinnahmen oder inländische Immobilienerträge handelt.[600] Da die sonstigen inländischen Einkünfte keinem Steuerabzug gegenüber

---

593 *Behrens*, RdF 2017, 297 (299).
594 Ausführlich siehe: *Behrens*, RdF 2017, 297 (297).
595 Vgl. auch *Bindl/Leidel*, DB 2018, 722 (725).
596 *Buge*, Herrmann/Heuer/Raupach, EStG/KStG, § 33 InvStG Rn. 1.
597 *Buge*, Herrmann/Heuer/Raupach, EStG/KStG, § 33 InvStG Rn. 5.
598 Vgl. *Buge*, Herrmann/Heuer/Raupach, EStG/KStG, § 33 InvStG Rn. 5.
599 *Buge*, Herrmann/Heuer/Raupach, EStG/KStG, § 33 InvStG Rn. 25.
600 Vgl. *Buge*, Herrmann/Heuer/Raupach, EStG/KStG, § 33 InvStG Rn. 25.

dem Spezial-Investmentfonds unterliegen dürfen, verbleiben lediglich zwei Anwendungsfälle.[601]

Zum einen gem. § 49 Abs. 1 Nr. 2 Buchst. a EStG Einkünfte aus aktiver unternehmerischer Bewirtschaftung, für die im Inland eine Betriebsstätte unterhalten wird, und zum anderen Zinseinkünfte gem. § 49 Abs. 1 Nr. 5 Buchst. c, Doppelbuchst. aa EStG, wenn das Kapitalvermögen durch inländischen Grundbesitz gesichert ist. Aufgrund der Einschränkungen für Spezial-Investmentfonds im Bereich der gewerblichen Tätigkeiten dürften Einkünfte aus aktiver unternehmerischer Bewirtschaftung primär im Fall einer Beteiligung an einer gewerblichen Personengesellschaft mit Betriebsstätte im Inland von Bedeutung sein.[602]

Zur Ausübung der Transparenzoption muss der Spezial-Investmentfonds auf ausgeschüttete Erträge oder ausschüttungsgleiche inländische Immobilienerträge Kapitalertragssteuer nach § 50 InvStG erheben, diese an die zuständige Finanzbehörde abführen und den Anlegern Steuerbescheinigungen gem. § 45a Abs. 2 EStG ausstellen.[603]

Als Rechtsfolge entfällt die partielle Körperschaftsteuerpflicht des Spezial-Investmentfonds für inländische Immobilienerträge und sonstige inländische Einkünfte ohne Steuerabzug. Allerdings ist es notwendig, dass der Fonds dafür auf alle inländischen Immobilienerträge und sonstige inländische Einkünfte ohne Steuerabzug eines Geschäftsjahres Kapitalertragsteuer erhebt.[604] Erhebt der Spezial-Investmentfonds nur auf einen Teil der inländischen Immobilienerträge Kapitalertragsteuer, ist er mit allen im Geschäftsjahr zugeflossenen Erträgen steuerpflichtig.

Nach § 33 Abs. 2 S. 4 Nr. 1 InvStG gelten die ausgeschütteten und ausschüttungsgleichen inländischen Immobilienerträge bei beschränkt steuerpflichtigen Anlegern als unmittelbar bezogene Einkünfte nach § 49 Abs. 1 Nr. 2 Buchst. f, Nr. 6 oder Nr. 8 EStG.

Sind an dem Spezial-Investmentfonds, welcher nach § 33 Abs. 1 InvStG besteuert wird, auch andere Investmentfonds oder Spezial-Investmentfonds beteiligt, ist § 33 Abs. 2 S. 1 und 2 InvStG zu beachten.

---

601 Vgl. *Mann*, Brandis/Heuermann, Ertragsteuerrecht, § 33 InvStG Rn. 50; *Buge*, Herrmann/Heuer/Raupach, EStG/KStG, § 33 InvStG Rn. 25.

602 Vgl. *Häuselmann*, Investmentanteile, Kap. 6 Rn. 172.

603 *Buge*, Herrmann/Heuer/Raupach, EStG/KStG, § 33 InvStG Rn. 5; *Mann*, Brandis/Heuermann, Ertragsteuerrecht, § 33 InvStG Rn. 10.

604 Vgl. *Dorn*, Investmentsteuerrecht, S. 179.

Die Regelung wurde noch vor dem Inkrafttreten des InvStRefG durch das StUmgBG[605] zur Vermeidung möglicher Besteuerungslücken, welche sich im Fall mehrstufiger Investmentfondsstrukturen ergeben könnten, eingeführt.[606] Ohne die Regelung hätte auch dann von dem zur Körperschaftsteuerfreiheit führenden Steuerabzug nach Abs. 1 Abstand genommen werden müssen, wenn an dem Spezial-Investmentfonds andere vereinnahmende Investmentfonds oder Dach-Spezial-Investmentfonds beteiligt gewesen wären, da allein der Abs. 1 nichts daran geändert hätte, dass auf der Ausgangsseite des (Ziel-) Spezial-Investmentfonds nach wie vor nur ausgeschüttete und ausschüttungsgleiche Erträge, also Spezial-Investmenterträge i. S. v. § 20 Abs. 1 Nr. 3a EStG, vorliegen würden, von denen nach allgemeinen Grundsätzen kein Steuerabzug vorzunehmen wäre.[607] Eine bloße Umqualifizierung der in den ausgeschütteten und ausschüttungsgleichen Erträgen enthaltenen inländischen Immobilienerträge i. S. v. § 6 Abs. 4 InvStG hätte nichts daran geändert, weil auch inländische Immobilienerträge nach allgemeinen Regeln keinem Steuerabzug unterliegen, sondern im Wege der Veranlagung zu erfassen sind.[608]

Auf der Ebene des Spezial-Investmentfonds sind durch die Ausübung der Immobilien-Transparenzoption die inländischen Immobilienerträge körperschaftsteuerfrei. Auf Anlegerebene liegen, im Gegensatz zur Transparenzoption nach § 30 InvStG, auch bei Vornahme des Steuerabzugs nach wie vor ausgeschüttete und ausschüttungsgleiche Erträge, also Spezial-Investmenterträge i. S. v. § 34 InvStG vor. Für Anleger i. S. d. § 33 Abs. 2 InvStG werden diese jedoch umqualifiziert.[609]

4. *Strukturierungsalternativen inländischer Immobilieninvestitionen*

Für einen Spezial-Investmentfonds ergeben sich verschiedene Möglichkeiten und damit verbundene steuerliche Ausgestaltungen der Immobilien-Investition. Zunächst einmal kann der Spezial-Investmentfonds direkt in Immobilien investieren. Die Investition in Immobilien über eine steuerlich transparente Objekt-Personengesellschaft weist zu dieser Alternative keine große Divergenz

---

605 StUmgBG v. 23.06.2017, BGBl. I 2017, 1682 = BStBl. I 2017, 865.

606 *Buge*, Herrmann/Heuer/Raupach, EStG/KStG, § 33 InvStG Rn. 10; *Mann*, Brandis/Heuermann, Ertragsteuerrecht, § 33 InvStG Rn. 20.

607 *Buge*, Herrmann/Heuer/Raupach, EStG/KStG, § 33 InvStG Rn. 10.

608 *Buge*, Herrmann/Heuer/Raupach, EStG/KStG, § 33 InvStG Rn. 10; *Behrens*, RdF 2017, 297 (300).

609 *Behrens*, RdF 2017, 297 (300).

auf. In beiden Fällen werden die Einkünfte aus dem jeweiligen Investment dem Fond unmittelbar zugerechnet. Die Investition in eine steuerlich intransparente Objekt-Kapitalgesellschaft hingegen führt auf der Ebene des Spezial-Investmentfonds bei einer Ausschüttung in Form von Dividenden nicht etwa zu inländischen Immobilienerträgen, sondern zu inländischen Beteiligungseinnahmen. Auch sind Investitionen über mehrstufige Strukturen als Dach-Spezial-Investmentfonds denkbar, bei denen es ebenfalls einige Besonderheiten zu beachten gibt.

a) Unmittelbare und mittelbare Investments über Objekt-Personengesellschaften

Werden Immobilien von einem Spezial-Investmentfonds unmittelbar gehalten, oder aber hält der Spezial-Investmentfonds die Immobilien mittelbar über steuerlich transparente Objekt-Personengesellschaften, so werden dem Fonds die laufenden Einkünfte aus der Vermietungstätigkeit sowie aus Immobilienveräußerungen steuerlich unmittelbar zugerechnet.[610] Der Spezial-Investmentfonds unterliegt im Zuge der partiellen Steuerpflicht mit seinen inländischen Einkünften nach § 6 Abs. 2 InvStG nämlich grundsätzlich der Steuerpflicht.[611]

Hält der Immobilienfonds inländische Immobilien unmittelbar, so unterliegen der partiellen Steuerpflicht nach § 6 Abs. 4 InvStG die laufenden Vermietungs- und Verpachtungserträge sowie die Veräußerungsgewinne.[612] Nicht erfasst sind hingegen Zinserträge aus der kurzfristigen Liquiditätsanlage, da diese regelmäßig keine sonstigen inländischen Einkünfte i. S. d. § 6 Abs. 5 Nr. 1 InvStG i. V. m. § 49 Abs. 1 Nr. 5 EStG darstellen.[613]

Da es bereits zu den Grundvoraussetzungen der Qualifikation als Spezial-Investmentfonds gehört, fällt aufgrund der Gewerbesteuerbefreiung auf Ebene des Fonds keine Gewerbesteuer an.[614] Im Wege der Veranlagung erfolgt die Besteuerung des Spezial-Investmentfonds daher mit 15 % KSt zzgl. SolZ.

Dies gilt auch für den Fall, dass der Fonds die Immobilien indirekt über steuerlich transparente Objekt-Personengesellschaften hält und daraus Beteiligungseinkünfte erzielt.[615] Veräußert die Objekt-Personengesellschaft eine

---

610 Vgl. *Bindl/Leidel*, DB 2018, 722 (722).

611 *Buge*, Herrmann/Heuer/Raupach, EStG/KStG, § 29 InvStG Rn. 5.

612 *Mann*, Brandis/Heuermann, Ertragsteuerrecht, § 6 InvStG Rn. 45.

613 Vgl. *Bindl/Leidel*, DB 2018, 722 (722).

614 *Wenzel*, Brandis/Heuermann, Ertragsteuerrecht, § 26 InvStG Rn. 15.

615 *Häuselmann*, Investmentanteile, Kap. 6 Rn. 57.

Immobilie, so erzielt der Fonds dadurch einen Immobilienveräußerungsgewinn i. S. d. § 6 Abs. 4 S. 1 Nr. 2 InvStG. Veräußert jedoch der Fonds die Anteile, welche er an der Objekt-Gesellschaft hält, so erzielt er sonstige Einkünfte i. S. d. § 6 Abs. 5 Nr. 1 InvStG i. V. m. § 49 Abs. 1 Nr. 8, §§ 22 Nr. 2, 23 Abs. 1 S. 4 EStG.[616] Dies folgt aus dem Grundsatz der Maßgeblichkeit der zivilrechtlichen Rechtslage, nach dem ein Gesellschaftsanteil und nicht eine Immobilie bzw. ein Anteil an einer Immobilie veräußert wird, sodass die Gewinne nach Ablauf der zehnjährigen Spekulationsfrist steuerfrei sind.[617]

Handelt es sich bei der inländischen Objekt-Personengesellschaft um eine gewerbliche oder gewerblich geprägte, so stellen deren Einkünfte sonstige inländische Einkünfte i. S. d. § 6 Abs. 5 Nr. 1 InvStG i. V. m. § 49 Abs. 1 Nr. 2 Buchst. a EStG dar, soweit die Einkünfte einer inländischen Betriebsstätte zuzurechnen sind.[618] Maßgeblich ist im Falle einer gewerblich geprägten Objekt-Personengesellschaft, ob sich die Geschäftsleitungsbetriebsstätte, welche regelmäßig durch die Komplementärin vermittelt wird, im Inland befindet.[619] Eine ausländische gewerbliche oder gewerblich geprägte Objekt-Personengesellschaft ohne inländische Betriebsstätte sorgt auf der Fondseingangsseite für sonstige inländische Einkünfte i. S. d. § 6 Abs. 5 Nr. 1 InvStG i. V. m. § 49 Abs. 1 Nr. 2 Buchst. f S. 1 EStG.[620]

b) *Mittelbare Investitionen über Holding- und Objekt-Kapitalgesellschaften sowie zweistufige Fondsstrukturen*

Aus der Beteiligung an einer steuerlich intransparenten Holding- oder Objekt-Kapitalgesellschaft erzielt der Spezial-Investmentfonds üblicherweise Dividenden, Anteilsveräußerungsgewinne und Zinserträge aus Gesellschafterdarlehen.[621] Grundsätzlich hat der Spezial-Investmentfonds inländische Dividenden nach § 6 Abs. 3 InvStG i. V. m. § 7 Abs. 1, 2 InvStG im Wege des Kapitalertragssteuerabzugs mit 15 % zu versteuern. Nicht unter die partielle Steuerpflicht des § 6 Abs. 2 InvStG fallen hingegen ausländische Dividenden,

---

616 Vgl. *Bindl/Leidel*, DB 2018, 722 (723); *Häuselmann*, Investmentanteile, Kap. 6 Rn. 57.

617 Vgl. *Bindl/Leidel*, DB 2018, 722 (723).

618 *Bindl/Leidel*, DB 2018, 722 (722).

619 Vgl. BFH v. 03.07.1997 – IV R 58/95, BStBl. II 1998, 86, Rn. 21.

620 Vgl. *Pfeffermann*, Herrmann/Heuer/Raupach, EStG/KStG, § 49 EStG Rn. 617; *Bindl/Leidel*, DB 2018, 722 (722).

621 *Mann*, Brandis/Heuermann, Ertragsteuerrecht, § 6 InvStG Rn. 30; *Häuselmann*, Investmentanteile, Kap. 6 Rn. 48.

die Anteilsveräußerungsgewinne sowie die Zinserträge aus Gesellschafterdarlehen.[622] Dass die Zinserträge aus Gesellschafterdarlehen aus der partiellen Steuerpflicht herausfallen, liegt daran, dass diese typischerweise nicht mit inländischem Grundbesitz gesichert sind, sondern als unbesicherte Nachrangdarlehen ausgestaltet werden und somit keine Zinserträge i. S. d. § 49 Abs. 1 Nr. 5 EStG darstellen.[623]

Auch in dieser Konstellation kann der Spezial-Investmentfonds mittels unwiderruflicher Erklärung gegenüber seiner Verwahrstelle, dass die Steuerbescheinigungen gem. § 45a Abs. 2 EStG nicht dem Fonds, sondern dessen Anlegern ausgestellt werden, von der Transparenzoption nach § 30 InvStG Gebrauch machen.[624] Dadurch entfällt jedenfalls für die inländischen Dividenden sowie die sonstigen abzugspflichtigen inländischen Einkünfte die Steuerpflicht des Spezial-Investmentfonds.

c) *Mehrstufige Fondsstrukturen*

Werden Immobilien von einem Spezial-Investmentfonds gehalten und beteiligt sich an diesem Spezial-Investmentfonds ein weiterer Spezial-Investmentfonds als Anleger und an diesem Spezial-Investmentfonds ein weiterer Spezial-Investmentfonds, entstehen mehrstufige Fondsstrukturen. Der „erste" Spezial-Investmentfonds wird als Ziel-Spezial-Investmentfonds bezeichnet. Der an diesem beteiligte als Dach-Spezial-Investmentfonds und der an diesem beteiligte als Dach-Spezial-Investmentfonds der 2. Stufe.

Wird von einem Dach-Spezial-Investmentfonds die Immobilien-Transparenzoption ausgeführt, besteht die Gefahr, dass auf die gleichen Einkünfte mehrfach ein Steuerabzug nach § 50 InvStG durchgeführt wird, nämlich einmal bei dem Ziel-Spezial-Investmentfonds und noch einmal auf der Ebene des Dach-Spezial-Investmentfonds.[625] Daher wird von § 33 Abs. 2 S. 3 InvStG das Entfallen des Steuerabzugs nach § 50 InvStG gegenüber dem Dach-Spezial-Investmentfonds angeordnet, sodass der Steuerabzug so vorzunehmen ist, als ob die inländischen Immobilienerträge den Anlegern des Dach-Spezial-Investmentfonds unmittelbar zuzurechnen wären.[626]

622 *Häuselmann*, Investmentanteile, Kap. 6 Rn. 51.
623 Vgl. *Bindl/Leidel*, DB 2018, 722 (726).
624 *Buge*, Herrmann/Heuer/Raupach, EStG/KStG, § 30 InvStG Rn. 5.
625 *Hahne/Völker*, Investmentsteuerrecht visuell, S. 152.
626 Vgl. *Hahne/Völker*, Investmentsteuerrecht visuell, S. 152.

Durch die Ausübung der Immobilien-Transparenzoption ergibt sich für eine mehrstufige Fondsstruktur daher folgendes Schema:[627]

Auf der Ebene des Ziel-Spezial-Investmentfonds entfällt aufgrund der Ausübung der Transparenzoption nach § 33 Abs. 1 InvStG die Steuerpflicht für inländische Immobilienerträge. Allerdings ist der Ziel-Spezial-Investmentfonds zur Durchführung des KESt-Abzugs nach § 50 InvStG verpflichtet. Der Dach-Spezial-Investmentfonds erzielt dann eigene inländische Immobilienerträge und ist zur Durchführung des KESt-Abzugs auf diese eigenen inländischen Immobilienerträge verpflichtet. Der Dach-Spezial-Investmentfonds der zweiten Stufe erzielt inländische Immobilienerträge des Ziel-Spezial-Investmentfonds, welche der Steuerpflicht nach § 29 Abs. 1 InvStG i. V. m. §§ 6 ff. InvStG unterliegen. Auf dieser Ebene kann die Immobilien-Transparenzoption für inländische Immobilienerträge des Dach-Spezial-Investmentfonds ausgeübt werden, sodass kein KESt-Abzug auf der Ebene des Dach-Spezial-Investmentfonds der zweiten Stufe stattfindet.

Für den Anleger stellen die durch den Ziel-Spezial-Investmentfonds erzielten inländischen Immobilienerträge Spezial-Investmenterträge nach § 34 Abs. 1 InvStG dar. Die inländischen Immobilienerträge des Dach-Spezial-Investmentfonds sind bei ausgeübter Immobilien-Transparenzoption nach § 33 Abs. 2 S. 4 InvStG zu klassifizieren.

d) Fazit

Die oben dargestellten Strukturierungsalternativen bieten einen ersten Überblick über die Möglichkeiten und steuerlichen Folgen der Immobilieninvestition eines Spezial-Investmentfonds. Da in der Regel die KVG des Spezial-Investmentfonds von der Transparenzoption Gebrauch machen wird, sind insbesondere die Auswirkungen der Anlagealternative auf Anlegerebene von Relevanz.

C. Besteuerung auf der Ebene des Anlegers

Konzeptionell unterliegt die Besteuerung der Anleger eines Immobilienfonds dem durch die Investmentsteuerreform 2018 eingeführten Trennungsprinzip, welches typischerweise bei der Besteuerung von Kapitalgesellschaften

---

627 Die folgenden Ausführungen sind angelehnt an die Abbildung aus *Hahne/Völker*, Investmentsteuerrecht visuell, S. 153.

anzutreffen ist.[628] Damit ist es im Grundsatz für den Anleger erst einmal ohne Bedeutung, wie die Erträge auf der Seite des Investmentfonds erwirtschaftet wurden und welcher steuerlichen Vorbelastung diese ggf. unterlagen.[629] Unabhängig davon, ob sich der Anleger überhaupt für die internen Vorgänge des Fonds interessiert, dürften für ihn in erster Linie die Ausschüttungen sowie die Gewinne aus der Veräußerung von Anteilen relevant sein. Die Ausschüttungen des Fonds sowie die Gewinne aus der Veräußerung der Anteile sind auf der Ebene des Anlegers die steuerlich relevanten Faktoren, da insbesondere diese einer Besteuerung unterliegen.[630] Der Wertzuwachs des Investmentfonds wird auf der Ebene des Anlegers zudem mittels einer sog. Vorabpauschale erfasst, welche zeitlich unbeschränkte Steuerstundungsmöglichkeiten vermeiden und der Verstetigung des Steueraufkommens dienen soll.[631]

Des Weiteren divergiert die Besteuerung der Anleger danach, ob der Anleger Anteile an einem Publikums-Investmentfonds oder an einem Spezial-Investmentfonds hält. Auch ist die Identität des Anlegers entscheidend für die steuerlichen Konsequenzen.[632] Es kann unterschieden werden zwischen natürlichen Personen, die ihre Anteile im Privatvermögen halten, natürlichen Personen, welche ihre Anteile im Betriebsvermögen halten, und anteilshaltenden Kapitalgesellschaften. Auch Investmentfonds können Anleger anderer Investmentfonds sein.

I. Die Besteuerung der Anleger von Publikums-Immobilienfonds

Hält ein Anleger Anteile an einem Investmentfonds i. S. d. InvStG, so richtet sich die Besteuerung dieses Anlegers nach den §§ 16 ff. InvStG.[633] Obwohl das InvStG lex specialis zu den allgemeinen steuerlichen Vorschriften ist, findet sich die rechtliche Grundlage für die Steuerpflicht der Investmenterträge in § 20 Abs. 1 Nr. 3 EStG.[634] Nach § 16 Abs. 1 InvStG sind Investmenterträge Ausschüttungen des Investmentfonds nach § 2 Abs. 11 InvStG (Nr. 1), Vorabpauschalen nach § 18 InvStG (Nr. 2) und Gewinne aus der Veräußerung von

---

628 *Delp*, DB 2017, 447 (448); *Lechner*, RdF 2016, 208 (209); *Häuselmann*, Investmentanteile, Kap. 7 Rn. 1.

629 *Häuselmann*, Investmentanteile, Kap. 7 Rn. 1.

630 *Lechner*, RdF 2016, 208 (209).

631 BT-Drs. 18/8045, S. 55.

632 Ausführlich siehe: *Häuselmann*, Investmentanteile, Kap. 7 Rn. 4.

633 *Remmel*, Herrmann/Heuer/Raupach, EStG/KStG, § 16 InvStG Rn. 1; *Wenzel*, Brandis/Heuermann, Ertragsteuerrecht, § 16 InvStG Rn. 1.

634 Vgl. *Häuselmann*, Investmentanteile, Kap. 7 Rn. 2, 3.

Investmentanteilen nach § 19 InvStG (Nr. 3).[635] Die Nummern 1 und 2 behandeln reale bzw. fiktive laufende Erträge aus der Beteiligung an dem Investmentfonds, wohingegen Nummer 3 den Fall der Veräußerung erfasst. Unabhängig davon, ob der Anleger laufend Ausschüttungen des Investmentfonds bezieht oder ob er einen Veräußerungsgewinn erzielt, sind die Investmenterträge ihrer Art nach Kapitalerträge i. S. d. § 20 Abs. 1 EStG.[636] Werden neben den Investmenterträgen oder an deren Stelle zudem besondere Entgelte oder Vorteile nach § 20 Abs. 3 i. V. m. Abs. 1 Nr. 3 EStG gewährt, gehören auch diese zu den Investmenterträgen.[637] Dabei handelt es sich insbesondere um Schadensersatz- oder Kulanzzahlungen, die Anleger als Ausgleich für Verluste erhalten, die auf Grund von Beratungsfehlern im Zusammenhang mit der Anlage in Investmentanteilen entstanden sind.[638]

Durch § 16 Abs. 2 S. 1 InvStG werden Investmenterträge vollständig von der Steuer freigestellt, wenn diese im Rahmen von Altersvorsorge- oder Basisrentenverträgen gehalten werden, die nach § 5 oder § 5a des Altersvorsorge-Zertifizierungsgesetzes zertifiziert wurden.[639] Dies führt dazu, dass solche Anleger auch bei der Anlage in Publikums-Investmentfonds steuerfrei gestellt werden. Lediglich auf der Seite des Investmentfonds bleibt eine Steuerbelastung bestehen. Dadurch, dass die Besteuerung nur der Vorabpauschale ausgeschlossen wird, stellt § 16 Abs. 2 S. 2 InvStG drei weitere Gruppen partiell steuerfrei.[640] Dies gilt für Anleger, welche ihre Investmentanteile im Rahmen der betrieblichen Altersvorsorge nach dem Betriebsrentengesetz halten, für Versicherungsunternehmen, die ihre Anteile im Rahmen von Versicherungsverträgen halten, sowie für Kranken- und Pflegeversicherungsunternehmen, die ihre Anteile zur Sicherung von Alterungsrückstellungen halten. Zur vollständigen oder partiellen Steuerfreistellung reicht die Qualifikation des Anlegers nach den oben genannten Kriterien aus.

Die Investmenterträge werden auf der Ebene des Anlegers je nach Qualifikation des Investmentfonds aufgrund der steuerlichen Vorbelastung zudem

---

635 *Wenzel*, Brandis/Heuermann, Ertragsteuerrecht, § 16 InvStG Rn. 10; *Remmel*, Herrmann/Heuer/Raupach, EStG/KStG, § 16 InvStG Rn. 5.

636 Vgl. *Häuselmann*, Investmentanteile, Kap. 7 Rn. 3.

637 BMF v. 21.05.2019 – IV C 1 – 1980-1/16/10010: 001, BStBl. I 2019, 527, Rn. 16.2.

638 Vgl. BMF v. 21.05.2019 – IV C 1 – 1980-1/16/10010: 001, BStBl. I 2019, 527, Rn. 16.2; BMF v. 18.01.2016 – IV C 1 – S 2252/08/10004:017, BStBl. I 2016, 85, Rn. 83.

639 *Remmel*, Herrmann/Heuer/Raupach, EStG/KStG, § 16 InvStG Rn. 10; *Wenzel*, Brandis/Heuermann, Ertragsteuerrecht, § 16 InvStG Rn. 13.

640 *Wenzel*, Brandis/Heuermann, Ertragsteuerrecht, § 16 InvStG Rn. 16.

partiell von der Steuer freigestellt. Welche Teilfreistellungssätze für die jeweiligen Investmentfonds gelten, richtet sich nach § 20 InvStG.

1. Klassifikation der Anleger und Besonderheiten der Besteuerung

Im Grundsatz besteht eine unbegrenzte Variabilität der Möglichkeiten, wie welche Anleger die Anteile an einem Investmentfonds i. S. d. InvStG erwerben, halten oder veräußern können. Maßgeblich sind für den steuerlichen Status des Anlegers jedoch die folgenden Faktoren. Zum einen muss unterschieden werden, ob es sich bei dem Anleger um eine natürliche oder um eine juristische Person handelt. Bei natürlichen Personen ist zu fragen, ob diese die Anteile an dem Investmentfonds im Privatvermögen oder im Betriebsvermögen halten.[641] Die Frage nach der Gewerblichkeit stellt sich auch für anteilshaltende Personengesellschaften, welche sowohl vermögensverwaltend als auch gewerblich tätig sein können. Für anteilshaltende Investmentfonds i. S. d. InvStG besteht grundsätzlich keine Steuerpflicht, da Investmenterträge nach § 16 InvStG nicht im Katalog der steuerpflichtigen Einkünfte des § 6 InvStG enthalten sind.[642]

a) Natürliche Personen mit Anteilen im Privatvermögen

Die Einkünfte einer natürlichen Person sind nur dann steuerpflichtig, wenn sie einer der sieben Einkunftsarten des § 2 Abs. 1 EStG unterfallen, die Tätigkeit mit Gewinnerzielungsabsicht ausgeübt wird und die Einkünfte zudem nicht ausdrücklich steuerfrei (z.B. § 3 EStG) gestellt sind. Maßgeblich für die Beurteilung, ob Einkünfte aus einer der sieben Einkunftsarten vorliegen, sind die §§ 13–24 EStG.

Die Berechnung der Einkünfte aus § 20 EStG umfasst grundsätzlich Dividenden, Zinsen, ausgeschüttete und ausschüttungsgleiche Erträge aus Investmentfonds (§ 20 Abs. 1 EStG) sowie die Gewinne aus der Veräußerung des Kapitalstamms (§ 20 Abs. 2 EStG). Diese Beträge werden miteinander addiert und von der Summe der Sparer-Pauschbetrag aus § 20 Abs. 9 EStG abgezogen. Dieser beträgt aktuell 1.000 Euro.

Werden Anteile an einem Immobilienfonds im Privatvermögen gehalten, dann stellen die ausgeschütteten Erträge Einkünfte aus Kapitalerträgen i. S. d. § 20 Abs. 1 Nr. 3 EStG dar.[643] Diese unterliegen der Abgeltungsteuer,

---

641 *Sagasser/Leuschner*, Assmann/Schütze/Buck-Heeb, Handbuch des Kapitalanlagerechts, § 27 Rn. 282.

642 Vgl. *Häuselmann*, Investmentanteile, Kap. 7 Rn. 4.

643 *Häuselmann*, Investmentanteile, Kap. 7 Rn. 4; *Jung*, BeckOK InvStG, Bödecker/Ernst/Hartmann § 16 InvStG Rn. 21.

welche im Jahr 2008 durch das Unternehmenssteuerreformgesetz eingeführt wurde und seit 2009 gültig ist.

Durch die Abgeltungsteuer unterliegen die Einkünfte aus Kapitalvermögen einem besonderen Steuersatz und entziehen sich dadurch der progressiven Besteuerung (§ 2 Abs. 5b EStG). Werden aus dem Privatvermögen Einkünfte i. S. d. § 20 EStG erzielt, so unterliegen diese dem sich aus § 32d Abs. 1 S. 1 EStG ergebenden besonderen Steuersatz von 25 % zzgl. SolZ.[644]

Für diese Einkünfte ist nach §§ 43 Abs. 1 S. 1 Nr. 5, Abs. 5, 43a Abs. 1 S. 1 Nr. 1 EStG das Kapitalertragsteuerabzugsverfahren mit abgeltender Wirkung vorgesehen, sodass grundsätzlich nur noch der Sparer-Pauschbetrag nach § 20 Abs. 9 EStG als Werbungskosten geltend gemacht werden kann.[645]

b) Natürliche Person mit Anteilen im Betriebsvermögen

Gehören die Investmentanteile hingegen zum Betriebsvermögen einer natürlichen Person, so handelt es sich bei Ausschüttungen ebenfalls um Kapitaleinkünfte aus § 20 Abs. 1 Nr. 3 EStG. Diese werden jedoch nach § 20 Abs. 8 EStG umqualifiziert, sodass die ausgeschütteten Erträge aus diesen Anteilen zu den Einkünften aus Gewerbebetrieb gem. § 15 EStG gehören und dem individuellen Steuersatz des betrieblichen Anlegers und ggf. der Gewerbesteuer unterfallen.[646]

Nach § 16 Abs. 3 InvStG wird die Anwendung des Teileinkünfteverfahrens für betriebliche Anleger ausgeschlossen und § 3 Nr. 40 EStG für nicht anwendbar erklärt.[647] Eine Steuerfreistellung für betriebliche Anleger ist nicht vorgesehen,[648] was durch das Fehlen einer hinreichenden ausgleichsbedürftigen steuerlichen Vorbelastung gerechtfertigt wird.[649]

c) Anteilshaltende Kapitalgesellschaften

Auch für Kapitalgesellschaften findet durch den § 20 Abs. 8 EStG eine Umqualifizierung der Kapitaleinkünfte nach § 20 Abs. 1 Nr. 3 EStG in gewerbliche Einkünfte statt.[650] Die Kapitalgesellschaft hat ihre Einnahmen der

644 *Häuselmann*, Investmentanteile, Kap. 7 Rn. 4.
645 *Hoch*, Die Besteuerungssystematik von Kapitalanlagen, S. 355.
646 *Jung*, BeckOK InvStG, Bödecker/Ernst/Hartmann, § 16 InvStG Rn. 21.
647 *Remmel*, Herrmann/Heuer/Raupach, EStG/KStG, § 16 InvStG Rn. 15.
648 Vgl. *Hoch*, Die Besteuerungssystematik von Kapitalanlagen, S. 356.
649 BT-Drs. 18/8045, S. 86.
650 *Jung*, BeckOK InvStG, Bödecker/Ernst/Hartmann, § 16 InvStG Rn. 21.

Körperschaftsteuer mit einem Steuersatz von 15 % zzgl. SolZ zu unterwerfen.[651] Durch § 16 Abs. 3 InvStG werden die Anwendung des Schachtelprivilegs gem. § 8b KStG sowie das Teileinkünfteverfahren ausgeschlossen.[652] Die Kapitalgesellschaft als körperschaftsteuerpflichtige Anlegerin hat zudem gem. § 2 Abs. 2 GewStG Gewerbesteuer zu entrichten.

Wie auch für den betrieblichen Anleger ist eine Steuerfreistellung für die Kapitalgesellschaft ausgeschlossen.

2. Die Vorabpauschale

Die im Zuge der Investmentsteuerreform neu eingeführte Vorabpauschale ist in § 18 InvStG geregelt und stellt einen Teil der laufenden Investmenterträge i. S. d. § 16 InvStG auf Anlegerebene dar.[653] Sie ist ebenso wie die Ausschüttungen des Publikums-Investmentfonds zu versteuern und fällt folglich unter die Einkünfte aus Kapitalvermögen nach § 20 Abs. 1 Nr. 3 EStG. Damit unterliegt sie im Grundsatz der Abgeltungsteuer nach § 32d Abs. 1 EStG.

Die Vorabpauschale fungiert als eine pauschalierte steuerliche Erfassung nicht ausgeschütteter Erträge des Publikums-Investmentfonds und stellt damit das einzige Element der pauschalierten Besteuerung im reformierten Investmentsteuerrecht dar, welches im Vergleich zur Pauschalbesteuerung des früheren § 6 InvStG a. F. keinen Sanktionscharakter mehr aufweist.[654] Intendiert wurde mit der Einführung der Vorabpauschale, dass der Anleger nicht nur die Ausschüttungen zu versteuern hat, sondern stets und mindestens die sog. risikolose Markverzinsung im Falle einer Thesaurierung der Erträge.[655]

a) Ansatz dem Grunde nach

Im Mittelpunkt für den Ansatz der Vorabpauschale steht § 16 Abs. 1 Nr. 2 InvStG.[656] Dieser besagt, dass zu den Investmenterträgen eines Anlegers auch die Vorabpauschalen nach § 18 InvStG zählen.

---

651 *Hoch*, Die Besteuerungssystematik von Kapitalanlagen, S. 357.

652 *Remmel*, Herrmann/Heuer/Raupach, EStG/KStG, § 16 InvStG Rn. 15.

653 *Herr/Stiefel*, DStR 2019, 908 (908); *Kral/Watzlaw*, BB 2018, 2717 (2717); *Höring*, StBp 2019, 236 (236).

654 Vgl. *Hoch*, Die Besteuerungssystematik von Kapitalanlagen, S. 358; *Levedag*, IWB 2016, 262 (271); *Schäfer*, Korn, Einkommensteuergesetz, § 18 InvStG Rn. 2.

655 Vgl. *Wenzel*, Brandis/Heuermann, Ertragsteuerrecht, § 18 InvStG Rn. 1.

656 *Kral/Watzlaw*, BB 2018, 2717 (2717); *Jung*, BeckOK InvStG, Bödecker/Ernst/Hartmann, § 18 InvStG Rn. 16.

Es findet sich in § 16 InvStG keinerlei Unterscheidung zwischen inländischen Investmentfonds nach § 2 Abs. 2 InvStG und ausländischen Investmentfonds nach § 2 Abs. 3 InvStG. Daher ist die Vorabpauschale sowohl für die Anleger in- als auch ausländischer Investmentfonds anzusetzen, nicht hingegen für die Anleger von Spezial-Investmentfonds.[657] Obwohl die Vorabpauschale grundsätzlich der Abgeltungsteuer nach § 32d Abs. 1 EStG unterfällt und bei Anlegern mit Anteilen im Privatvermögen zu den Kapitaleinkünften zählt, wird sie, soweit sie zu den Einkünften aus Land- und Forstwirtschaft, aus Gewerbebetrieb, aus selbstständiger Arbeit oder aus Vermietung und Verpachtung gehört, nach § 20 Abs. 8 EStG diesen zugerechnet.[658]

b) Ansatz der Höhe nach

Die Höhe der Vorabpauschale bestimmt sich nach § 18 Abs. 1 S. 1 InvStG. Sie ist der Betrag, um den die Ausschüttungen eines Investmentfonds innerhalb eines Kalenderjahres den Basisertrag für dieses Kalenderjahr unterschreiten. Mithin ist eine zu versteuernde Vorabpauschale durch entsprechend höhere Ausschüttungen zu vermeiden.[659]

Der für die Berechnung relevante Basisertrag ist gem. § 18 Abs. 1 S. 2 InvStG zu ermitteln.[660] Es wird der Rücknahmepreis des Investmentanteils zu Beginn des Kalenderjahres mit 70 % des Basiszinses multipliziert.[661] Der Basiszins ist nach § 18 Abs. 4 S. 1 InvStG aus der langfristig erzielbaren Rendite öffentlicher Anleihen abzuleiten.[662] Es wird auf den Zinssatz abgestellt, den die Deutsche Bundesbank anhand der Zinsstrukturdaten jeweils auf den ersten Börsentag des Jahres errechnet und der vom Bundesministerium der Finanzen im Bundessteuerblatt veröffentlicht wird.[663]

Begrenzt wird der Basisertrag nach § 18 Abs. 1 S. 3 InvStG durch den Mehrbetrag, welcher sich zwischen dem ersten und dem letzten im Kalenderjahr festgesetzten Rücknahmepreis zuzüglich der innerhalb eines Kalenderjahres

---

657 *Kral/Watzlaw*, BB 2018, 2717 (2717); *Wenzel*, Brandis/Heuermann, Ertragsteuerrecht, § 18 InvStG Rn. 1.

658 *Kral/Watzlaw*, BB 2018, 2717 (2717).

659 Vgl. *Wenzel*, Brandis/Heuermann, Ertragsteuerrecht, § 18 InvStG Rn. 11; *Hoch*, Die Besteuerungssystematik von Kapitalanlagen, S. 358.

660 Ausführlich zur Ermittlung des Basisertrags siehe: *Kral/Watzlaw*, BB 2018, 2717 (2718).

661 *Jung*, BeckOK InvStG, Bödecker/Ernst/Hartmann, § 18 InvStG Rn. 19.

662 *Wenzel*, Brandis/Heuermann, Ertragsteuerrecht, § 18 InvStG Rn. 25.

663 *Hoch*, Die Besteuerungssystematik von Kapitalanlagen, S. 358.

vorgenommenen Ausschüttungen ergibt.[664] Intendiert ist damit ein Ausschluss der Pauschalbesteuerung für den Fall, dass der Rücknahmepreis des Investmentanteils während eines Kalenderjahres tatsächlich nicht gestiegen ist.[665] Die Vorabpauschale gilt nach § 18 Abs. 3 InvStG an dem ersten Werktag des folgenden Kalenderjahres als zugeflossen.[666] Sollte der Anleger den Investmentanteil nicht ganzjährig gehalten haben, so reduziert sich die Vorabpauschale nach § 18 Abs. 2 InvStG um je ein Zwölftel für jeden Monat, der dem Monat des Erwerbs vorangeht.

c) Kritische Würdigung der Vorabpauschale

Die Vorabpauschale stellt im neuen Investmentsteuergesetz eine Pauschalbesteuerung bei Thesaurierung des Investmentfonds dar. Wie bei jeder Art der Pauschalbesteuerung birgt auch die Vorabpauschale das Problem, dass sie sich nicht anhand der tatsächlichen wirtschaftlichen Leistungsfähigkeit des Steuerpflichtigen ausrichtet.[667] Obwohl der Gesetzgeber durch die Einführung einer reinen Cashflow-Besteuerung die Vereinfachung der Besteuerung von Erträgen aus Investmentfonds intendierte, wird mit der Einführung der Vorabpauschale ein administrativer Mehraufwand geschaffen.[668] Hierbei ist jedoch zu beachten, dass eine reine Cashflow-Besteuerung zwar eine deutliche Vereinfachung darstellen kann, auf der anderen Seite aber auch zu erheblichen Steuerstundungen führt, da Zinsen und Dividenden, die auf Fondsebene realisiert werden, solange beim Anleger nicht versteuert werden, bis sie entweder ausgeschüttet werden oder aber der Anleger die Investmentanteile veräußert.[669] Durch eine solche Abschirmwirkung könnten Investmentfonds dazu veranlasst werden, zukünftig auf Ausschüttungen zu verzichten oder Produkte für vermögende Anleger zu entwickeln, mittels derer die Abschirmwirkung zeitlich unbegrenzt und somit generationsübergreifend nutzbar gemacht wird.[670] Diesem Aspekt ist jedoch entgegenzuhalten, dass das Wesen der Investmentanlage gerade darin besteht, das eigene Kapital über einen möglichst langen Zeitraum anzulegen

---

664 *Wenzel*, Brandis/Heuermann, Ertragsteuerrecht, § 18 InvStG Rn. 12.

665 BT-Drs. 18/8045, S. 89.

666 *Sagasser/Leuschner*, Assmann/Schütze/Buck-Heeb, Handbuch des Kapitalanlagerechts, § 27 Rn. 297.

667 *Hoch*, Die Besteuerungssystematik von Kapitalanlagen, S. 359.

668 *Herr/Stiefel*, DStR 2019, 908 (908 ff.); *Kral/Watzlaw*, BB 2018, 2717 (2717).

669 *Jung*, BeckOK InvStG, Bödecker/Ernst/Hartmann, § 18 InvStG Rn. 15.

670 BT-Drs. 18/8045, S. 88; *Jung*, BeckOK InvStG, Bödecker/Ernst/Hartmann, § 18 InvStG Rn. 15.

und zu mehren, auch oder gerade mit der Intention der Weitergabe finanzieller Mittel an die nachfolgenden Generationen. Im Vergleich zu einer Direktanlage in Immobilien, wobei die Gleichstellung dieser beider Anlagemöglichkeiten ebenfalls ein erklärtes Ziel des Gesetzgebers war, scheint die Investmentanlage damit benachteiligt. Während der Wertzuwachs der indirekten Anlage durch die Vorabpauschale regelmäßig erfasst wird, können direkte Immobilienanlagen ihren Wert stetig erhöhen, ohne dass dies beim Halten der Immobilie zu steuerlichen Konsequenzen führen würde.[671] In Anbetracht der Immobilienpreisentwicklung der letzten Jahre ist dieser Wertzuwachs immens.

d) Vereinbarkeit der Vorabpauschale mit Verfassungsrecht

Die Einführung der Vorabpauschale torpediert nicht nur das vom Gesetzgeber intendiert Ziel der Vereinfachung des Steuerverfahrens, sondern entfernt die Direktanlage auch weiter von der Investmentanlage und ist zudem verfassungsrechtlich bedenklich. Verfassungsrechtliche Bedenken ergeben sich insbesondere im Hinblick auf die Vereinbarkeit der Vorabpauschale mit dem Leistungsfähigkeitsprinzip.

aa) Herleitung des Leistungsfähigkeitsprinzips

Als tradiertes Fundamentalprinzip der Steuergerechtigkeit gilt das Leistungsfähigkeitsprinzip als oberster Vergleichsmaßstab gerechter Verteilung steuerlicher Lasten.[672] Es wird nach ständiger Rechtsprechung des BVerfG aus dem Gleichheitsgebot in Art. 3 Abs. 1 GG abgeleitet.[673] Durch die Abhängigkeit der Steuerlast von der individuellen finanziellen Leistungsfähigkeit des Einzelnen sollen die Gleichheit und Gerechtigkeit der Besteuerung sichergestellt werden.[674] Eine Konkretisierung erfährt das Leistungsfähigkeitsprinzip insbesondere durch das objektive Nettoprinzip, welches zur Bestimmung der Leistungsfähigkeit des Einzelnen nicht nur dessen Vermögenszugänge bzw. -zuwächse betrachtet, sondern auch erwerbsbezogene Aufwendungen und Verluste mit einbezieht. Nach dem subjektiven Nettoprinzip soll eine Besteuerung nach der individuellen wirtschaftlichen Leistungsfähigkeit dergestalt

---

671 Abgesehen von ggf. anfallender Grundsteuer.

672 Vgl. *Hey*, Tipke/Lang, Steuerrecht, Rn. 3.40.

673 BVerfG v. 17.10.1984 – 1 BvR 527/80, 1 BvR 528/81, 1 BvR 441/82, BVerfGE 68, 143, 152 f.; BVerfG v. 23.11.1976 – 1 BvR 150/75, BVerfGE 43, 108, 120.

674 BVerfG v. 17.12.2014 – 1 BvL 21/12, BStBl. 2015, 50, Rn. 123.

stattfinden, dass Sonderausgaben oder außergewöhnliche Belastungen bei dem einzelnen Steuerschuldner zu berücksichtigen sind.

Die Gestaltungsfreiheit des Gesetzgebers findet demnach in dem objektiven Nettoprinzip seine Grenzen.[675] Auch wenn der Gleichheitssatz dem Gesetzgeber einen weitreichenden Entscheidungsspielraum sowohl bei der Auswahl des Steuergegenstandes als auch bei der Bestimmung des Steuersatzes belässt, müssen sich Abweichungen von einer einmal getroffenen Belastungsentscheidung ihrerseits am Gleichheitsgrundsatz messen lassen.[676] Der Gesetzgeber darf im Grundsatz generalisierende, pauschalierende und typisierende Regelungen treffen, ohne dass dies per se einen Verstoß gegen das Leistungsfähigkeitsprinzip darstellt.[677] Er darf zudem außerfiskalische Förderungs- und Lenkungszwecke aus Gründen des Gemeinwohls verfolgen, wenn es sich um erkennbare Entscheidungen des Gesetzgebers handelt und wenn er seine Gründe dargelegt hat.[678] Kein vom BVerfG anerkannter Grund ist jedoch der rein fiskalische Zweck der Einnahmenerhöhung.[679]

bb) Missachtung des Leistungsfähigkeitsprinzips

Die pauschalierende Besteuerung in Form der Vorabpauschale knüpft ausschließlich an die Ausschüttungen des Investmentfonds an und lässt die Person des Steuerpflichtigen unberücksichtigt. Der üblicherweise nicht an der Thesaurierungsentscheidung eines Investmentfonds beteiligte Anleger ist in seiner Steuerpflicht von den Entscheidungen des Investmentfonds abhängig. Seine eigene wirtschaftliche Leistungsfähigkeit bleibt, abgesehen von der Investitionsmöglichkeit, vollständig unberücksichtigt. Diese Einschränkung des Leistungsfähigkeitsprinzips wird von dem Gesetzgeber mit der Verstetigung des Steueraufkommens sowie der Sorge vor Gestaltungsmissbrauch gerechtfertigt. Das von den Investoren bereitgestellte Kapital sollte jedoch gerade dann, wenn es für den Wohnungsbau verwendet wird, unbedingt thesauriert werden. Die steuerliche Abschöpfung der Wertsteigerung kommt hier einer Strafbesteuerung gleich, bei der das hingegebene Kapital einzig einen Cashflow generieren, nicht jedoch seinem Wert nach steigen darf. Der Gesetzgeber betont zudem,

---

675 *Stöber/Hornung/Westermann*, RdF 2021, 106 (108).

676 BVerfG v. 09.12.2008 – 2 BvL 1/07, BVerfGE 122, 210–248, Rn. 57; BVerfG v. 17.12.2014 – 1 BvL 21/12, BStBl. 2015, 50, Rn. 123.

677 BVerfG v. 09.12.2008 – 2 BvL 1/07, BVerfGE 122, 210–248, Rn. 60.

678 BVerfG v. 09.12.2008 – 2 BvL 1/07, BVerfGE 122, 210–248, Rn. 59.

679 BVerfG v. 09.12.2008 – 2 BvL 1/07, BVerfGE 122, 210--248, Rn. 61.

dass die Investmentanlage gegenüber der Direktanlage erheblich bessergestellt wäre, wenn ohne die Vorabpauschale eine allgemeine Thesaurierungsbegünstigung bestünde. Vergleicht man jedoch die Investmentanlage mit der Direktanlage in Immobilien, so existiert doch gerade hier die Vorschrift des § 6b EStG, welche die Reinvestition sogar ohne die Aufdeckung stiller Reserven ermöglicht. Nicht nur existiert im Rahmen der Direktanlage keine kontinuierliche steuerliche Erfassung von Wertzuwächsen, es ist unter Umständen sogar möglich, die Aufdeckung der stillen Reserven im Falle einer Reinvestition zu verhindern.

cc) Fazit

Verfassungsrechtlich widerspricht die Vorabpauschale dem Leistungsfähigkeitsprinzip und kollidiert somit mit Art. 3 Abs. 1 GG.[680] Zudem wird ein wesentlicher steuerlicher Vorteil der Investmentanlage torpediert, welcher in der Möglichkeit der zeitlichen Verschiebung einer Besteuerung auf der Anlegerebene liegt.[681] Die Vorabpauschale dient allein der Verstetigung des Steueraufkommens. Sie verletzt nicht nur steuerrechtliche Grundsätze und ist verfassungsrechtlich bedenklich, sondern steht auch im Widerspruch mit dem Wesen der Investmentanlage. Sie ist daher im Ergebnis abzulehnen.[682] Sinnvoller wäre es, dem Investor durch die Abschaffung der Vorabpauschale die Möglichkeit der Thesaurierung steuerlich attraktiver zu gestalten und so dem Investmentfonds ein größeres Kapital zur Verfügung zu stellen. Eine Alternative wäre eine zweckgebundene Thesaurierungsbegünstigung wie eine Freistellung von der Vorabpauschale bei Reinvestition durch den Investmentfonds in beispielsweise sozialen Wohnungsbau. Wird das Kapital des Investmentfonds für die Schaffung von neuem Wohnraum verwendet, so stellt der Anleger dieses Kapital mit seiner Investition zur Verfügung. Ihn dafür mit einer pauschalen Steuerlast zu belegen, ist mit dem Ziel, den Wohnungsbau zu fördern, schlicht unvereinbar.

3. Das Teilfreistellungssystem

Mit der Umstellung auf ein intransparentes Besteuerungssystem und der damit einhergehenden zusätzlichen Steuerlast auf Fondsebene würde es ohne ein

---

680 So auch: *Hoch*, Die Besteuerungssystematik von Kapitalanlagen, S. 360.

681 *Hoch*, Die Besteuerungssystematik von Kapitalanlagen, S. 361.

682 *Kral/Watzlaw*, BB 2018, 2717 (2722); *Hoch*, Die Besteuerungssystematik von Kapitalanlagen, S. 362; a.A. wohl: *Delp*, DB 2017, 447 (449).

Mittel zur Kompensation zu einer erheblichen Steuermehrbelastung der Anleger kommen.[683] Durch das Institut der Teilfreistellung soll ein pauschalierter steuerlicher Ausgleich der inländischen steuerlichen Belastung auf Fondsebene sowie das Fehlen einer Anrechnungsmöglichkeit ausländischer Steuern stattfinden.[684] Das in § 20 InvStG geregelte Institut führt dazu, dass ein bestimmter Prozentsatz der Investmenterträge des Anlegers von der Besteuerung ausgenommen wird. Im Ergebnis wird dadurch die Bemessungsgrundlage und folglich auch die Steuerlast insgesamt gemindert.[685] Die Teilfreistellung umfasst alle Investmenterträge i. S. d. § 16 InvStG und schließt neben den Ausschüttungen auch die Vorabpauschale und Veräußerungsgewinne mit ein.[686] Als Ergänzung zu § 20 InvStG sieht § 21 InvStG eine Abzugsfähigkeit von Aufwendungen vor, welche in einem wirtschaftlichen Zusammenhang mit den teilfreigestellten Erträgen stehen.[687]

Um den Umfang der Teilfreistellung zu errechnen, wird ein zweistufiges System verwendet, welches je nach Fondskategorie divergiert. Unterschieden wird dabei zwischen Aktien-, Misch- und Immobilienfonds, wobei deren Anlageschwerpunkt, welcher sich in der Regel aus den Anlagebestimmungen des Investmentfonds ableiten lässt, zur Bestimmung maßgebend ist.[688]

Auf der ersten Stufe ist der Fonds selbst zu klassifizieren. Im nächsten Schritt ist für Aktien- und Mischfonds eine Qualifikation des Anlegers notwendig. Für die Immobilienfondsteilfreistellung muss hingegen auf der zweiten Stufe eine Unterscheidung der Erträge des Investmentfonds stattfinden. Während sich die Teilfreistellungssätze bei Aktien- und Mischfonds je nach steuerlicher Qualifikation des Anlegers zwischen 30 % und 80 % bewegen, ist für den Anleger eines inländischen Immobilienfonds stets ein Teilfreistellungssatz von 60 % der Erträge bzw. 80 % der Erträge bei einem Auslands-Immobilienfonds,

683 *Sagasser/Leuschner*, Assmann/Schütze/Buck-Heeb, Handbuch des Kapitalanlagerechts, § 27 Rn. 311.
684 BT-Drs. 18/8045, S. 55.
685 *Sagasser/Leuschner*, Assmann/Schütze/Buck-Heeb, Handbuch des Kapitalanlagerechts, § 27 Rn. 312.
686 *Sagasser/Leuschner*, Assmann/Schütze/Buck-Heeb, Handbuch des Kapitalanlagerechts, § 27 Rn. 312.
687 *Mann*, Brandis/Heuermann, Ertragsteuerrecht, § 20 InvStG Rn. 1.
688 *Mann*, Brandis/Heuermann, Ertragsteuerrecht, § 20 InvStG Rn. 1; *Häuselmann*, Investmentanteile, Kap. 7 Rn. 11.

vorgesehen.[689] Sollte ein Investmentfonds in keine der drei Kategorien fallen, hat der Anleger die Investmenterträge zu 100 % zu versteuern.[690]

Divergierend zu den zulässigen Vermögensgegenständen eines Immobilien-Sondervermögens stellt das Investmentsteuergesetz eigene Anforderungen an das Vorliegen eines Immobilienfonds. Die Qualifikation als Immobilienfonds i. S. d. InvStG ist jedoch auch die einzige Voraussetzung, die vorliegen muss, damit der Anleger von der Immobilienteilfreistellung profitieren kann.[691]

a) Qualifikation des Immobilienfonds für Zwecke der Teilfreistellung

Ein Immobilienfonds ist nach der Legaldefinition des § 2 Abs. 9 S. 1 InvStG ein Investmentfonds, welcher gem. seinen Anlagebedingungen fortlaufend mindestens 51 % seines Aktivvermögens in Immobilien und Immobilien-Gesellschaften anlegt. Die Definition des Immobilienfonds aus § 2 Abs. 9 S. 1 InvStG entspricht den Anforderungen an einen Immobilienfonds für die Zwecke des § 20 Abs. 3 S. 1 InvStG.[692] Die einst eigenständigen Definitionen aus § 20 Abs. 3 InvStG und § 2 Abs. 9 InvStG wurden zusammengefasst und vereinheitlicht.[693] Eine Definition des Begriffs der Immobilie oder der Immobilien-Gesellschaft lässt das InvStG jedoch vermissen, sodass über den Verweis in § 2 Abs. 1 InvStG die aufsichtsrechtlichen Begriffsbestimmungen des KAGB heranzuziehen sind.[694] Lediglich der Begriff der Auslands-Immobiliengesellschaft, welcher sich nicht dem KAGB entnehmen lässt, ist in § 2 Abs. 9 S. 3 InvStG als eine Immobiliengesellschaft definiert, die ausschließlich in ausländische Immobilien investiert. Unter den Anlagebedingungen sind nach § 2 Abs. 12 InvStG die allgemeinen und besonderen Vertragsbedingungen sowie die Satzung, der Gesellschaftsvertrag oder vergleichbare konstituierende Rechtsakte des Investmentfonds zu verstehen.[695]

---

689 Vgl. *Sagasser/Leuschner*, Assmann/Schütze/Buck-Heeb, Handbuch des Kapitalanlagerechts, § 27 Rn. 314; *Mann*, Brandis/Heuermann, Ertragsteuerrecht, § 20 InvStG Rn. 30.

690 *Remmel*, Herrmann/Heuer/Raupach, EStG/KStG, § 20 InvStG Rn. 1.

691 *Mann*, Brandis/Heuermann, Ertragsteuerrecht, § 20 InvStG Rn. 33.

692 Vgl. BT-Drs. 19/13436, S. 172.

693 BT-Drs. 19/13436, S. 172; *Mann*, Brandis/Heuermann, Ertragsteuerrecht, § 20 InvStG Rn. 33.

694 Vgl. *Hahne/Schober*, BB 2021, 86 (88); *Wenzel*, Brandis/Heuermann, Ertragsteuerrecht, § 2 InvStG Rn. 55.

695 *Sagasser/Leuschner*, Assmann/Schütze/Buck-Heeb, Handbuch des Kapitalanlagerechts, § 27 Rn. 322.

aa) Der Begriff der Immobilie

In den aufsichtsrechtlichen Begriffsbestimmungen des KAGB findet sich eine Definition des Begriffs der Immobilien in § 1 Abs. 19 Nr. 21 KAGB. Gem. der Norm sind Immobilien Grundstücke, grundstücksgleiche Rechte und vergleichbare Rechte nach dem Recht anderer Staaten. § 1 Abs. 19 Nr. 21 S. 2 KAGB setzt Nießbrauchsrechte i. S. d. § 231 Abs. 1 S. 1 Nr. 6 KAGB den vergleichbaren Rechten aus § 1 Abs. 19 Nr. 21 S. 1 KAGB gleich.

Aufsichtsrechtlich wird der Begriff der Immobilie durch § 231 Abs. 1 S. 1 KAGB in Bezug auf die zulässigen Investments von Immobilien-Sondervermögen weiter konkretisiert. Diese der Norm zu entnehmende Aufzählung kann auch zur weiteren Konkretisierung des Immobilienbegriffs für Zwecke der Immobilienteilfreistellung herangezogen werden.[696] Folglich gelten auch für die Zwecke des § 20 Abs. 3 InvStG beispielsweise bestimmte unbebaute Grundstücke, Grundstücke im Zustand der Bebauung sowie Erbbaurechte als Immobilien.

Aufsichtsrechtlich besteht für geschlossene inländische Publikums-AIF nach § 261 Abs. 1 Nr. 1 und Abs. 2 Nr. 1 KAGB die Möglichkeit, in Immobilien, einschließlich Wald, Forst und Agrarland, zu investieren. Bei großzügiger Auslegung des Immobilienbegriffs könnte es daher vertretbar erscheinen, auch Wald, Forst und Agrarland für die Zwecke des § 20 Abs. 3 InvStG als Immobilien zu klassifizieren.[697]

Dies würde jedoch nicht berücksichtigen, dass es sich bei Wald, Forst und Agrarland um Flächen handelt, welche gerade nicht bebaut werden sollen. Ungeachtet der Frage, ob es sich bei diesen Flächen aufsichtsrechtlich um Immobilien handelt, ist deren Immobilieneigenschaft jedenfalls für Zwecke der Immobilienteilfreistellung des § 20 Abs. 3 InvStG zu negieren.

Zur Ermittlung der Immobilienquote sowie der Auslands-Immobilienquote gelten laut BMF[698] zudem die folgenden Aktiva als Immobilien, soweit sie sich auf den Rücknahmepreis auswirken:

1. Aktivierte und noch nicht abgeschriebene Anschaffungsnebenkosten i. S. d. § 248 Abs. 3 KAGB,
2. Forderungen aus schwebenden Grundstücksveräußerungsgeschäften,
3. Forderungen aus der Grundstücksbewirtschaftung (z. B. Nebenkostenforderungen gegenüber Mietern und Pächtern der Immobilie),

---

696 Vgl. *Hahne/Schober*, BB 2021, 86 (88).

697 So wohl: *Hahne/Schober*, BB 2021, 86 (87).

698 BMF v. 21.05.2019 – IV C 1 – S 1980-1/16/10010:001, BStBl. I 2019, 527, Rn. 2.39.

4. Steuererstattungsansprüche im Zusammenhang mit der Immobilie und
5. sonstige Immobilienbezogenen Vermögensgegenstände.

Im Rahmen einer Neuauflage eines Immobilienfonds ist es in der Regel ausreichend, wenn der Investmentfonds innerhalb der vierjährigen Frist des § 244 KAGB die „fortlaufende Anlage“ seines Vermögens in Immobilien und Immobilien-Gesellschaften erfüllt, wobei er innerhalb von zwölf Monaten nach Auflage eine erste Immobilie oder eine erste Beteiligung an einer Immobilien-Gesellschaft sachenrechtlich erworben haben oder zumindest einen schuldrechtlichen Vertrag zum Erwerb abgeschlossen haben muss.[699]

Zur Ermittlung der Immobilienquote sind 100 %ige Beteiligungen an Immobiliengesellschaften, unabhängig davon, ob diese Personen- oder Kapitalgesellschaften sind, mit dem Verkehrswert der Immobilen zuzüglich des Wertes der Bewirtschaftungsgegenstände[700] anzusetzen, wenn sich diese Werte aus dauerhaft öffentlich zugänglichen Informationen des Investmentfonds wie beispielsweise dessen Jahresbericht ergeben.[701]

Etwas willkürlich erscheint der Umstand, dass die ausdrücklich genannten Bewirtschaftungsgegenstände nur dann für die Immobilienquote zu berücksichtigen sind, wenn der Investmentfonds sie indirekt über eine 100 %ige Beteiligung an einer Immobilien-Gesellschaft hält. Nach § 231 Abs. 3 KAGB dürfen Bewirtschaftungsgegenstände für ein Immobilien-Sondervermögen erworben werden, da sie zur Bewirtschaftung der Immobilien erforderlich sind. Sie sind folglich unzweifelhaft nicht als Immobilien zu qualifizieren.[702] Dennoch können sie einen großen finanziellen Posten darstellen, welcher nur bei einer indirekten Gestaltung, also dem Halten von Immobilien und der Bewirtschaftungsgegenstände über eine Immobiliengesellschaft, Berücksichtigung finden kann. Dies scheint unsachgemäß, sodass Bewirtschaftungsgegenstände auch bei einem direkten Investment in der Immobilienfondsquote berücksichtigt werden sollten.[703]

699 BMF v. 21.05.2019 – IV C 1 – S 1980-1/16/10010:001, BStBl. I 2019, 527, Rn. 2.40.

700 Das BMF-Schreiben verweist auf § 231 Abs. 3 KAGB und führt beispielshaft eine Telefonanlage, Reinigungsgeräte und einen Schneepflug an.

701 BMF v. 21.05.2019 – IV C 1 – S 1980-1/16/10010:001, BStBl. I 2019, 527, Rn. 2.37; *Remmel*, Herrmann/Heuer/Raupach, EStG/KStG, § 20 InvStG.

702 Vgl. *Hahne/Schober*, BB 2021, 86 (88).

703 Vgl. *Hahne/Schober*, BB 2021, 86 (88).

(1) Fiktive Immobilien i. S. d. § 2 Abs. 9 S. 4 InvStG

Neben der dem KAGB zu entnehmenden Definition der Immobilien fingiert das InvStG selbst bestimmte Beteiligungen des Investmentfonds an Gesellschaften als Immobilien. Zum einen werden durch § 2 Abs. 9 S. 4 InvStG Investmentanteile an anderen Immobilienfonds i. H. v. 51 % des Wertes des Investmentanteils als Immobilien fingiert, was gleichermaßen auch für Anteile an Auslands-Immobilienfonds gilt. Des Weiteren werden durch § 2 Abs. 9 S. 6 InvStG unter bestimmten Voraussetzungen auch die Anteile an in- und ausländischen REITs als Immobilien qualifiziert.

Damit ein Dach-Immobilienfonds einen Ziel-Immobilienfonds zur Berechnung seiner Immobilienfondsquote als eine Immobilie ansetzen kann, muss der Ziel-Immobilienfonds seinerseits die Anlagebedingungen des § 2 Abs. 9 InvStG erfüllen und mindestens 51 % seines Aktivvermögens in Immobilien oder Immobilien-Gesellschaften anlegen. Für den Fall, dass der Ziel-Investmentfonds in seinen Anlagebedingungen einen höheren Prozentsatz als 51 % seines Aktivvermögens für die fortlaufende Mindestanlage in Immobilien vorsieht, kann der Dach-Immobilienfonds den Investmentanteil im Umfang dieses höheren Prozentsatzes als Immobilie ansetzen. Auch wenn der Ziel-Investmentfonds tatsächlich oder nach seinen Anlagebedingungen überwiegend in im Ausland belegene Immobilien oder Auslands-Immobiliengesellschaften investiert, kann der Anteil an dem Immobilienfonds ausschließlich als inländische Immobilie berücksichtigt werden.[704] Dieser Umstand wird mit einer vereinfachten Überprüfbarkeit durch die Finanzverwaltung gerechtfertigt, da andernfalls in mehrstufigen Fondsstrukturen mehrere Investmentfonds gleichzeitig geprüft werden müssten.[705] Für einen Dach-Immobilienfonds, welcher einen Ziel-Immobilienfonds mit ausländischem Grundbesitz oder Auslands-Immobiliengesellschaften als Immobilie ansetzt, besteht in der Konsequenz keine Möglichkeit, seine Auslandsimmobilienquote für die weitaus attraktivere Auslandsimmobilienteilfreistellung zu erhöhen. Damit wird eine mögliche steuerliche Mehrbelastung der Steuerpflichtigen zur Entlastung der Finanzverwaltung und der Sicherstellung des Steueraufkommens hingenommen. Die eigentliche Intention des Teilfreistellungssystems, die Entlastung steuerlich vorbelasteter Erträge und die Annäherung der Fondsinvestition an die Direktinvestition wird hier aus Vereinfachungsgründen aufgegeben und somit eine Ungleichbehandlung geschaffen.

---

704 BT-Drs. 19/13436, S. 172.

705 BT-Drs. 19/13436, S. 172.

(2) Fiktive Immobilien i. S. d. § 2 Abs. 9 S. 6 InvStG

Nach § 2 Abs. 9 S. 6 InvStG werden unter bestimmten Voraussetzungen auch Anteile an in- und ausländischen REITs als Immobilien i. S. d. InvStG fingiert. Die Regelung setzt eine ertragsteuerliche Vorbelastung von mindestens 15 % sowie eine überwiegende Anlage in unbewegliches Vermögen von mindestens 75 % voraus.

Bei der Immobilienfiktion des § 2 Abs. 9 S. 6 InvStG ergeben sich jedoch zwei Probleme.[706] Zum einen wird der Anteil an einem REIT, unabhängig davon, ob es sich um einen inländischen oder um einen ausländischen REIT handelt, stets als inländische Immobilie fingiert. Selbst wenn der REIT nachweislich ausschließlich in ausländischen Grundbesitz investiert, soll für die Erträge des REITs keine Auslandsimmobilienteilfreistellung greifen können.

Der zweite problematische Aspekt ist der, dass die Beteiligung an dem REIT zu maximal 75 % als Immobilie berücksichtigt werden kann. Eine dem § 2 Abs. 9 S. 5 InvStG entsprechende Regelung, welche den Ansatz eines höheren Beteiligungswertes vorsieht, sollte der Immobilienfonds eine höhere Investitionsquote in Immobilien aufweisen, existiert für den REIT nicht. In der Konsequenz wird der Anteil an einem REIT in jedem Fall mit 75 % seines Wertes als Immobilie angesetzt, unabhängig von der tatsächlichen Höhe der Immobilieninvestitionsquote und der damit einhergehenden steuerlichen Vorbelastung.

Mit der Immobilienteilfreistellung intendiert der Gesetzgeber eine Kompensation der steuerlichen Vorbelastung der Immobilienerträge.[707] Dabei erkennt er, dass ausländische Immobilien in der Regel in ihrem Belegenheitsstaat einer höheren Steuerbelastung ausgesetzt sind, sodass eine Freistellung von 60 % der Erträge nicht ausreicht, und hebt daher die Teilfreistellung für diese auf 80 % an.[708] Mit der Einstufung von Anteilen an REITs als Immobilien ist der Gesetzgeber bewusst davon ausgegangen, dass diese ausschließlich als Immobilien und nicht als ausländische Immobilien zu klassifizieren sind. Begründet wird dies damit, dass das Besteuerungsniveau bei einem REIT, bei dem die Ausschüttungen aufgrund von Doppelbesteuerungsabkommen nur mit 15 % belastet sind, so hoch ist wie das eines Investmentfonds, welcher in inländische Immobilien investiert.[709] Primär scheint es jedoch um die Gewährleistung einer einfachen Überprüfbarkeit zu gehen. Die 15-prozentige Ausschüttungsbelastung

---

706 Vgl. bereits: *Hagen/Schober*, BB 2019, 1630 (1636).

707 BT-Drs. 18/8045, S. 91.

708 Vgl. BT-Drs. 18/8045, S. 92.

709 BT-Drs. 19/13436, S. 172.

des REITs ist die Mindestanforderung, damit der Anteil als Immobilie fingiert werden kann. Im Fall der US-REITs entfällt eine Ertragbesteuerung, soweit der REIT seine Erträge an die Anleger ausschüttet. Dann erfolgt jedoch eine Ausschüttungsbelastung von 35 %, wobei die Möglichkeit besteht, durch Doppelbesteuerungsabkommen eine Ermäßigung zu erhalten.[710] Eine Steuerbelastung von über 15 % ist jedoch der Regelfall für ausländische REITs und kann nur unter Umständen durch die Inanspruchnahme von Ermäßigungen verringert werden. Zu beachten ist auch, dass die Anteile nur dann als Immobilien berücksichtigt werden, wenn die Steuerbelastung mindestens 15 % beträgt. Die Rechtfertigung des Gesetzgebers geht also von der Mindestanforderung aus und lässt eine eventuelle höhere Belastung unberücksichtigt. Dass der Anteil an dem REIT dann noch zu maximal 75 % als Immobilie angesetzt werden kann, konterkariert die Intention des Gesetzgebers, die Anlage in Immobilienfonds weiterhin attraktiv zu gestalten.[711] Jedenfalls wird die Anlage eines Investmentfonds in einen REIT schlechter behandelt als eine entsprechende Investition in einen anderen Immobilienfonds.[712] Hier sollte noch einmal nachjustiert und die Berücksichtigung einer höheren Quote ermöglicht werden.[713] Auch die, jedenfalls anteilige, Fiktion einer ausländischen Immobilie bei überwiegend in ausländischen Grundbesitz bzw. Auslands-Immobiliengesellschaften investierende REITs und Immobilienfonds sollte in Betracht gezogen werden. Um eine steuerliche Vorbelastung konsequent zu kompensieren, darf nicht von einem für die Finanzverwaltung einfach zu überprüfenden pauschalierten Fall ausgegangen werden.

bb) Der Begriff der Immobilien-Gesellschaften

Neben Immobilien erhöht auch die Anlage eines Investmentfonds in Immobilien-Gesellschaften dessen Immobilienfondsquote. Dass auch Immobilien-Gesellschaften zu berücksichtigen sind, wurde erst nachträglich durch eine gesetzliche Anpassung des § 2 Abs. 9 InvStG klargestellt.[714] Auch für den Begriff der Immobilien-Gesellschaften ist auf die Regelung des KAGB zurückzugreifen,

710 Vgl. BT-Drs. 19/13436, S. 172.

711 Vgl. BT-Drs. 18/8045, S. 91.

712 So auch *Hahne/Schober*, BB 2021, 86 (90).

713 Vgl. *Hagen/Schober*, BB 2019, 1630 (1636).

714 BT-Drs. 19/13436, S. 172. Durch ein Redaktionsversehen waren bei einer Änderung des § 2 Abs. 9 InvStG die Immobilien-Gesellschaften aus der Definition des Immobilienfonds herausgefallen.

da das InvStG keine eigene Definition enthält.[715] Immobilien-Gesellschaften sind nach § 1 Abs. 19 Nr. 22 KAGB Gesellschaften, welche nach dem Gesellschaftsvertrag oder der Satzung nur Immobilien sowie die zur Bewirtschaftung der Immobilien erforderlichen Gegenstände erwerben dürfen.

Der Kreis der erwerbbaren Gegenstände wird durch § 235 Abs. 1 Nr. 2 KAGB auf all die Vermögensgegenstände erweitert, die ein Immobilien-Sondervermögen auch direkt erwerben darf. Folglich kann eine Immobilien-Gesellschaft Grundstücke und grundstücksgleiche Rechte i. S. d. § 231 Abs. 1 S. 1 Nr. 1 bis 5 und 7 KAGB sowie Bewirtschaftungsgegenstände i. S. d.§ 231 Abs. 3 KAGB erwerben. Ausdrücklich ausgeschlossen ist der Erwerb von Nießbrauchrechten i. S. d.§ 231 Abs. 1 S. 1 Nr. 6 KAGB. Nach § 235 Abs. 1 Nr. 2 KAGB i. V. m. §§ 231 Abs. 1 S. 1 Nr. 7, 253 KAGB dürfen Immobilien-Gesellschaften zudem Liquiditätsreserven wie beispielsweise Bankguthaben und bestimmte Wertpapiere von bis zu 49 % des Wertes des Sondervermögens erwerben.[716] Über § 238 KAGB ist es Immobilien-Gesellschaften zudem erlaubt, auch Anteile an anderen Immobilien-Gesellschaften zu halten, sodass auch mehrstufige Beteiligungsketten aufgebaut werden können.[717]

Eine Immobilien-Gesellschaft kann sowohl in der Rechtsform einer Personen- als auch in der einer Kapitalgesellschaft ausgestaltet werden.[718] Es muss sich jedoch um Anteile an einer Gesellschaft handeln, sodass Anteile an in Vertragsform strukturierten Investitionsvehikeln, wie die des Sondervermögens, mangels Gesellschaftsform nicht als Immobilien-Gesellschaften zu klassifizieren sind.[719]

(1) Auslands-Immobiliengesellschaften

Für den Begriff der Auslands-Immobiliengesellschaften findet sich in § 2 Abs. 9 S. 3 InvStG eine Legaldefinition, nach der eine Auslands-Immobiliengesellschaft eine Immobilien-Gesellschaft ist, die ausschließlich in ausländische Immobilien investiert. Primär relevanter Anknüpfungspunkt im Ausland dürfte

---

715 In den Anlagebedingungen für Spezial-Investmentfonds nach § 26 Nr. 4 Buchst. f) InvStG wird für den Begriff der Immobilien-Gesellschaften ausdrücklich auf die Vorschrift des § 1 Abs. 19 Nr. 22 KAGB verwiesen. Auch das BMF nimmt in seinem Schreiben vom 21.05.2019 auf S. 23 Bezug auf die Vorschrift des KAGB, sodass von einer Allgemeingültigkeit der aufsichtsrechtlichen Definition für das InvStG ausgegangen werden kann.

716 Vgl. *Hahne/Schober*, BB 2021, 86 (88).

717 Vgl. *Hahne/Schober*, BB 2021, 86 (88).

718 Vgl. *Kelterborn/Küpper*, BB 2017, 2263 (2266); *Hahne/Schober*, BB 2021, 86 (88).

719 Vgl. *Hahne/Schober*, BB 2021, 86 (88).

ausschließlich die Belegenheit der Immobilien und nicht etwa die Frage sein, ob es sich um eine im In- oder Ausland errichtete Gesellschaft handelt.[720] Da nach der Definition des InvStG zunächst einmal eine Immobilien-Gesellschaft vorliegen muss, sind insoweit die Anforderungen aus dem KAGB zu erfüllen.

Problematisch könnte die Anknüpfung an die Voraussetzungen des § 1 Abs. 19 Nr. 22 KAGB in Bezug auf ausländische Immobiliengesellschaften sein, da diese ihren Gesellschaftsvertrag bzw. ihre Satzung in der Regel nicht an den Vorschriften des KAGB orientieren werden. Um eine solche Problematik zu vermeiden, könnte es sich anbieten, für die Qualifikation im Rahmen der Immobilien-Teilfreistellung primär darauf abzustellen, ob eine Gesellschaft tatsächlich nur Immobilien bzw. Anteile an anderen Immobiliengesellschaften sowie die zur Bewirtschaftung der Immobilien erforderlichen Gegenstände erwirbt.[721]

(2) Personen-Immobiliengesellschaften

Eine als Personengesellschaft ausgestaltete Immobilien-Gesellschaft birgt in Bezug auf das InvStG einige Abgrenzungsprobleme. Es stellt sich die Frage nach der Transparenz, insbesondere bei vermögensverwaltenden Immobilien-Gesellschaften, sowie die Frage nach der Behandlung von Fremdkapitalfinanzierungen der Gesellschafter.[722]

cc) Abgrenzungsproblematik zwischen Aktienfonds und Immobilienfonds für Zwecke der Teilfreistellung

Eine Abgrenzungsproblematik zwischen Aktienfonds und Immobilienfonds könnte virulent sein, wenn ein Investmentfonds zu mindestens 51 % in inländische Immobiliengesellschaften in der Rechtsform einer Kapitalgesellschaft investiert.[723] Wenn die Immobiliengesellschaften ihre Immobilieninvestitionsquote durch Beteiligungen an Immobilien-Gesellschaften erfüllt, könnte eine simultane Qualifikation der Anteile an der Immobiliengesellschaft als Kapitalbeteiligung i. S. d. § 2 Abs. 8 InvStG die Frage aufwerfen, welche der Teilfreistellungssätze für den Anleger zur Anwendung kommen. Die Anwendung der Immobilienteilfreistellung schließt gem. § 20 Abs. 3 S. 3 InvStG die Anwendung der Aktienteilfreistellung aus. Gesetzlich normiert ist damit zwar ein Konkurrenzverhältnis der beiden Teilfreistellungssysteme zueinander, ein

720 Vgl. *Link*, Hermann/Heuer/Raupach, EStG/KStG, § 2 InvStG Rn. 20a.

721 Vgl. *Bindl/Mager*, BB 2016, 2711 (2716).

722 Vgl. *Hahne/Schober*, BB 2021, 86 (88).

723 Siehe bereits *Hoch*, Die Besteuerungssystematik von Kapitalanlagen, S. 367.

Vorrangverhältnis des einen Systems gegenüber dem anderen ist gesetzlich jedoch nicht festgehalten.[724]

In diesem Kontext relevant ist die Vorschrift des § 2 Abs. 8 S. 1 Nr. 2 InvStG. Nach der Norm sind Anteile an Immobilien-Gesellschaften zwar grundsätzlich nicht als Kapitalbeteiligungen zu qualifizieren, dies gilt jedoch nicht für Beteiligungen an börsennotierten Immobilien-Aktiengesellschaften und REITs. Auch wenn diese Immobiliengesellschaften i. S. v. § 2 Abs. 9 und Abs. 1 InvStG i. V. m. § 1 Abs. 19 Nr. 22 KAGB darstellen, unterfallen sie als börsennotierte Anteile an einer Kapitalgesellschaft ebenfalls dem Kapitalbeteiligungsbegriff nach § 2 Abs. 8 S. 1 Nr. 1 InvStG, welcher im Gegensatz zu Nr. 2 der Vorschrift keinen Ausschluss von Immobiliengesellschaften enthält.[725]

dd) Anteile an REITs als Kapitalbeteiligungen nach § 2 Abs. 8 InvStG

Bei dem deutschen REIT (Real Estate Investment Trust) handelt es sich um eine Sonderform der Aktiengesellschaft, welche im Jahr 2007 durch das Gesetz über deutsche Immobilien-Aktiengesellschaften mit börsennotierten Anteilen, kurz REITG,[726] eingeführt wurde. Folglich handelt es sich bei einem deutschen REIT ausnahmslos um eine AG. Die wesentlichen Charakteristika eines REITs liegen darin, dass er hauptsächlich in Immobilien investiert, steuerlich begünstigt ist und zudem besonderen Bilanzierungsvorschriften unterliegt.[727] Um als REIT zu qualifizieren, muss sich der Unternehmensgegenstand gem. § 1 Abs. 1 REITG darauf beschränken, Eigentum oder dingliche Nutzungsrechte an inländischem unbeweglichem Vermögen zu erwerben, zu halten, zu veräußern oder im Rahmen der Vermietung und Verpachtung zu verwalten.

Als eine börsennotierte Aktiengesellschaft mit satzungsmäßigem Sitz in Deutschland sind die Anteile an einem REIT zum amtlichen Handel an einer Börse zugelassene Anteile an einer Kapitalgesellschaft, sodass insoweit die Voraussetzungen des § 2 Abs. 8 S. 1 Nr. 1 InvStG erfüllt und die Anteile an einem REIT grundsätzlich als eine Kapitalbeteiligung i. S. d. InvStG anzusehen

---

724 Vgl. *Hoch*, Die Besteuerungssystematik von Kapitalanlagen, S. 365; a.A. *Kelterborn/Küpper*, BB 2017, 2263 (2265 ff.).

725 Vgl. *Hartmann*, BeckOK InvStG, Bödecker/Ernst/Hartmann, § 2 Rn. 130.1; *Hoch*, Die Besteuerungssystematik von Kapitalanlagen, S. 368; *Kelterborn/Küpper*, BB 2017, 2263 (2265).

726 Gesetz v. 28.05.2007, BGBl. 2007 I, S. 914.

727 Vgl. *Saenger*, Gesellschaftsrecht, S. 354; *Wienbracke*, NJW 2007, 2721 (2721 ff.).

sind.[728] Eine divergierende Bewertung könnte sich jedoch aus dem nachträglich eingeführten § 2 Abs. 8 S. 5 Nr. 2 InvStG ergeben.[729] Die Norm ordnet an, dass Anteile an Kapitalgesellschaften, die nach § 2 Abs. 9 S. 6 InvStG als Immobilien gelten, keine Kapitalbeteiligungen i. S. d. InvStG darstellen. Die Regelung intendiert gerade den Ausschluss bestimmter REIT-Gesellschaften als Kapitalbeteiligungen.[730]

Die Anteile an Körperschaften, Personenvereinigungen und Vermögensmassen werden unter den Voraussetzungen des § 2 Abs. 9 S. 6 InvStG i. H. v. 75 % ihres Wertes als Immobilien fingiert. Erforderlich ist dafür zum einen, dass das Bruttovermögen der Körperschaft, Personenvereinigung oder Vermögensmasse nach gesetzlichen Bestimmungen oder nach deren Anlagebedingungen zu mindestens 75 % aus unbeweglichem Vermögen besteht. Zum anderen muss die Körperschaft, Personenvereinigung oder Vermögensmasse entweder einer Ertragsbesteuerung i. H. v. mindestens 15 % unterliegen und darf nicht von ihr befreit sein oder ihre Ausschüttungen müssen einer Belastung von mindestens 15 % unterliegen und der Investmentfonds darf davon nicht befreit sein.

Das Erfordernis einer ausreichenden steuerlichen Vorbelastung entspricht dem Sinn und Zweck der Immobilienteilfreistellung, welche eine solche Vorbelastung zu kompensieren versucht.[731] Die steuerliche Vorbelastung kann sich entweder auf der Ebene des REITS oder auf der Ebene des Immobilienfonds ergeben.

Gem. § 12 Abs. 2 Buchst. a REITG müssen mindestens 75 % der Aktiva eines REITs zum unbeweglichen Vermögen gehören. Damit ist jedenfalls für einen inländischen, dem REITG unterliegenden REIT eine Qualifikation als Kapitalbeteiligung in der Regel ausgeschlossen. Etwas anderes gilt jedoch für ausländische REIT-Gesellschaften, deren Bruttovermögen zu weniger als 75 % aus unbeweglichem Vermögen besteht. Für diese ausländischen REIT-Gesellschaften besteht auch weiterhin die Möglichkeit, als eine Kapitalbeteiligung i. S. d. § 2 Abs. 8 InvStG angesetzt zu werden. Diese Möglichkeit ist in § 2 Abs. 8 S. 5 Nr. 3 InvStG gesetzlich normiert, knüpft jedoch ebenfalls an eine steuerliche Vorbelastung

728 *Sagasser/Leuschner*, Assmann/Schütze/Buck-Heeb, Handbuch des Kapitalanlagerechts, § 27 Rn. 332.

729 Die Norm wurde durch das Gesetz zur weiteren steuerlichen Förderung der Elektromobilität und zur Änderung weiterer steuerlicher Vorschriften vom 12.12.2019 (BGBl. I, S. 2451) neu gefasst.

730 BT-Drs. 19/13436, S. 170.

731 Vgl. *Hahne/Schober*, BB 2021, 86 (90).

i. H. v. mindestens 15 % an, ohne die eine Gewährung der Aktienteilfreistellung nicht zu rechtfertigen wäre.[732]

b) Die Immobilienteilfreistellung nach § 20 Abs. 3 InvStG

Erfüllt ein Investmentfonds die Anforderungen an einen Immobilienfonds, profitiert der Anleger von der Teilfreistellung der Ausschüttungen, der Vorabpauschale und der Veräußerungsgewinne, mithin allem, was unter den Begriff der Investmenterträge fällt.[733] Grundsätzlich beträgt die Immobilienteilfreistellung 60 % der Erträge, sodass im Umkehrschluss nur 40 % der Investmenterträge beim Anleger steuerpflichtig sind.[734] Etwas anderes gilt jedoch bei der Auslands-Immobilienteilfreistellung, wenn also der Immobilienfonds gem. seinen Anlagebedingungen fortlaufend mindestens 51 % seines Wertes in ausländischen Immobilien und Auslands-Immobiliengesellschaften anlegt.[735] Die Auslands-Immobilienteilfreistellung stellt 80 % der Erträge des Fonds steuerfrei.

Durch die 60-prozentige Teilfreistellung der überwiegend in inländische Immobilien investierenden Immobilienfonds sollen eine steuerliche Vorbelastung der inländischen Immobilieneinnahmen sowie eine möglicherweise bestehende Doppelbesteuerung ausländischer Immobilieneinkünfte abgemildert und zum Teil sogar überkompensiert werden.[736] Die umfangreichere Auslands-Immobilienteilfreistellung wird damit gerechtfertigt, dass die 60-prozentige Teilfreistellung die Vorbelastung mit ausländischen Steuern nicht hinreichend berücksichtigt.[737] Allerdings kann die Auslands-Immobilienteilfreistellung als eine Erweiterung des Grundtatbestands der Immobilienteilfreistellung angesehen werden. Investiert der Investmentfonds zu mindestens 50 % in inländische und/oder ausländische Immobilien, gilt er als Immobilienfonds, übersteigt die Auslandsimmobilienquote allein 50 %, profitiert der Anleger als Anleger eines Auslands-Immobilienfonds von der 80-prozentigen Teilfreistellung.[738] Zu beachten ist allerdings, dass eine Investition auch in ausländische Immobilien bzw. ausländische Immobilien-Gesellschaften nur dann von Vorteil ist, wenn

---

732 Vgl. BT-Drs. 19/13436, S. 171.

733 *Häuselmann*, Investmentanteile, Kap. 7 Rn. 126.

734 *Mann*, Brandis/Heuermann, Ertragsteuerrecht, § 20 InvStG Rn. 34.

735 *Sagasser/Leuschner*, Assmann/Schütze/Buck-Heeb, Handbuch des Kapitalanlagerechts, § 27 Rn. 318.

736 BT-Drs. 18/8045, S. 91.

737 BT-Drs. 18/8045, S. 92.

738 *Remmel*, Herrmann/Heuer/Raupach, EStG/KStG, § 20 InvStG Rn. 15.

die Anlage 50 % übersteigt und dadurch die Teilfreistellung für Auslands-Immobilienfonds in Anspruch genommen werden kann.[739]

Die Eigenschaft des Anlegers ist für die Höhe der Immobilienfreistellung nicht von Relevanz, sondern lediglich die Belegenheit der Immobilien, in die der Fonds investiert.[740] Auch ist es irrelevant, ob es sich um einen privaten oder einen betrieblichen Anleger handelt.[741] Im Gegensatz zur Aktienteilfreistellung kennt die Immobilienteilfreistellung auch keine Rückausnahme für bestimmte Anlegergruppen.

Beispielhaft sei folgender Sachverhalt angeführt: Der Anleger eines Immobilienfonds erhält eine Ausschüttung. Die Immobilienteilfreistellung beträgt grundsätzlich 60 %. Hat der Immobilienfonds zu mehr als 50 % in ausländische Immobilien investiert, beträgt die Teilfreistellung 80 %. Im Umkehrschluss unterliegen damit nur 40 % bzw. 20 % der Erträge des Anlegers der Steuerbelastung.

Als Erträge i. S. d. Immobilienteilfreistellung gelten sämtliche Investmenterträge i. S. d. § 16 Abs. 1 InvStG, also sowohl die Ausschüttungen von Investmentfonds, die Vorabpauschale sowie die Gewinne und Verlust aus der Veräußerung von Investmentanteilen.

Ist die Immobiliengesellschaft eine Kapitalgesellschaft, könnte sie auch in den Anwendungsbereich der Aktienteilfreistellung fallen, was zu einer doppelten Teilfreistellung führen könnte.[742] Dies wird jedoch durch § 20 Abs. 3 S. 3 InvStG verhindert.[743] Die Anwendung der Aktienteilfreistellung ist bei Anwendung der Immobilienteilfreistellung ausdrücklich ausgeschlossen.

c) Bewertung des Teilfreistellungssystems

Das neue System der Teilfreistellung soll einen pauschalen Ausgleich auf Anlegerseite für die steuerliche Vorbelastung auf der Fondsebene darstellen und intendiert damit die Aufrechterhaltung der Gleichstellung von Fondsinvestment und Direktanlage.[744] Die hohen Teilfreistellungssätze, insbesondere die

---

739 *Remmel*, Herrmann/Heuer/Raupach, EStG/KStG, § 20 InvStG Rn. 15.

740 *Mann*, Brandis/Heuermann, Ertragsteuerrecht, § 20 InvStG Rn. 30; *Remmel*, Herrmann/Heuer/Raupach, EStG/KStG, § 20 InvStG Rn. 15.

741 *Häuselmann*, Investmentanteile, Kap. 7 Rn. 126.

742 Vgl. *Remmel*, Herrmann/Heuer/Raupach, EStG/KStG, § 20 InvStG Rn. 15.

743 Vgl. *Mann*, Brandis/Heuermann, Ertragsteuerrecht, § 20 InvStG Rn. 31; *Remmel*, Herrmann/Heuer/Raupach, EStG/KStG, § 20 InvStG Rn. 15.

744 Vgl. *Hoch*, Die Besteuerungssystematik von Kapitalanlagen, S. 369; *Remmel*, Herrmann/Heuer/Raupach, EStG/KStG, § 20 InvStG Rn. 1; BT-Drs. 18/8045, S. 91; a.A. *Elser/Stiegel*, IStR 2017, 567 (568).

achtzigprozentige Teilfreistellung eines Auslandsimmobilienfonds, rechtfertigt sich zudem mit der fehlenden Anwendbarkeit abkommensrechtlicher Befreiungen bei ausländischen Immobilieninvestitionen, so wie sie bei einer Direktanlage geltend gemacht werden könnte.[745] Der Teilfreistellungssatz der Erträge aus Immobilienfonds i. H. v. 60 % steht einer steuerlichen Vorbelastung auf Fondsebene i. H. v. 15 % gegenüber.

Bedenklich ist das System der Teilfreistellung in Bezug auf die Gewerbesteuer. Die Teilfreistellungen sind bei der Ermittlung des Gewerbeertrags für die Berechnung der Gewerbesteuer nur zur Hälfte zu berücksichtigen.[746] Obwohl Investmentfonds grundsätzlich von der Gewerbesteuer befreit sind, gibt es von dieser Befreiung Ausnahmen, welche insbesondere für Immobilienfonds relevant sein können. Liegt bei einem Immobilienfonds eine aktive unternehmerische Bewirtschaftung vor, so hat er jedenfalls für seinen wirtschaftlichen Geschäftsbetrieb Gewerbesteuer zu entrichten. Eine mögliche Gewerbesteuerbelastung auf der Ebene des Investmentfonds findet keine korrespondierende Entlastung auf der Ebene eines gewerbesteuerpflichtigen Anlegers, sodass die Erträge einer mehrfachen Belastung mit Gewerbesteuer unterliegen können. Auch wenn in § 20 Abs. 5 InvStG eine hälftige Anwendung der Immobilienteilfreistellung für Zwecke der Gewerbesteuer vorgesehen ist, wird eine bestehende Doppelbelastung bestenfalls verringert.[747] Der Gesetzgeber geht von dem Regelfall der Gewerbesteuerbefreiung eines Investmentfonds aus und nimmt diese Ungleichbehandlung zum Zweck der Vereinfachung der Investmentbesteuerung hin.[748] Wünschenswert wäre es hingegen, wenn im Falle der Gewerbesteuerpflicht eines Investmentfonds ein entsprechend höherer Teilfreistellungssatz für die Gewerbesteuer eingeführt wird, durch den die tatsächliche Vorbelastung Berücksichtigung findet.[749]

Auch wenn die durch den Gesetzgeber verfolgten Ziele der Investmentsteuerreform größtenteils im Sinne der Steuerpflichtigen sind, sollte eine finanzielle Belastung zur Vereinfachung des Besteuerungssystems allenfalls zulasten des Fiskus gehen und keine pragmatische Lösung des Regelfalls darstellen welche bei abweichenden Sachverhalten, wie einer tatsächlich weitaus höheren

---

745 Vgl. *Hahne/Völker*, Investmentsteuerrecht visuell, S. 103.
746 *Sagasser/Leuschner*, Assmann/Schütze/Buck-Heeb, Handbuch des Kapitalanlagerechts, § 27 Rn. 347.
747 Vgl. *Hahne/Völker*, Investmentsteuerrecht visuell, S. 258.
748 Vgl. BT-Drs. 18/8045, S. 91.
749 Wohl auch: *Remmel*, Herrmann/Heuer/Raupach, EStG/KStG, § 20 InvStG Rn. 30.

steuerlichen Vorbelastung, zu verfassungsrechtlich bedenklichen Folgen führen kann.[750]

Insbesondere für Immobilienfonds ist eine aktive unternehmerische Bewirtschaftung nicht immer zu verhindern und sollte vom Gesetzgeber sowie der Finanzverwaltung im Sinne einer Angleichung der Fondsanlage an die Direktanlage berücksichtigt werden.

Eine kohärente Gleichstellung der Fondsanlage mit der Direktanlage ist de lege lata nicht nur deshalb zweifelhaft, weil die Teilfreistellung eine tatsächliche Vorbelastung der Erträge auf Fondseben nicht immer vollumfänglich berücksichtigen kann, sondern auch aufgrund der Freistellung von möglicherweise unbelasteten[751] Erträgen.[752]

Insgesamt ist das System der Teilfreistellung jedoch zu begrüßen. Im Vergleich zur Rechtslage vor 2018 ist ein insgesamt verringerter Effektivsteuersatz bei Anwendung der Teilfreistellung auch unter Einbeziehung einer Gewerbesteuerbelastung zu verzeichnen.[753] Auch die Möglichkeit der Anleger zur Selbstdeklaration, um die Teilfreistellungssätze in Anspruch nehmen zu können, fällt positiv auf.

4. *Zusammenfassung*

Die Systemumstellung im Investmentsteuerrecht hat zu einer Vereinfachung der Besteuerung von Anlegern geführt. Dies gilt jedoch zunächst nur für die Anleger von Publikums-Investmentfonds.[754] Für den Anleger eines Investmentfonds spielt es zunächst einmal keine Rolle, in welche Anlagegegenstände der Fonds investiert. Alle steuerrelevanten Erträge des Fonds stellen für ihn Investmenterträge dar. Die Investmenterträge umfassen Ausschüttungen, die Vorabpauschale und Gewinne aus der Veräußerung von Anteilen.

750 Keine Bedenken hinsichtlich der Vereinbarkeit des § 20 InvStG mit Verfassungsrecht sieht: *Mann*, Brandis/Heuermann, Ertragsteuerrecht, § 20 InvStG Rn. 7.

751 So kann es im Extremfall dazu kommen, dass beispielsweise Zinsen oder Veräußerungsgewinne, welche auf der Ebene des Fonds nicht besteuert wurden, teilfreigestellt werden, weil die im Fondsportfolio enthaltenen Aktien wie im Falle eines sog. Growth Funds keine Dividenden ausschütten. Siehe dazu ausführlich: *Ebner*, RdF 2017, 305 (306 f.).

752 *Ebner*, RdF 2017, 305 (306); *Delp*, DB 2017, 447 (450).

753 Vgl. *Kühn*, Die Investmentsteuerreform 2018 – Steuerliche Wirkungsanalyse und Möglichkeit zur Optimierung der Portfoliostruktur, S. 93.

754 *Lechner*, RdF 2016, 208 (217).

Durch die Einführung der Vorabpauschale hat die Investmentanlage für den Anleger jedoch einen unangenehmen Beigeschmack bekommen. Geht es dem typischen Anleger wohl in der Regel darum, sein Geld sicher anzulegen und zu vermehren, ergeben sich nun steuerliche Folgen daraus, seine erzielten Gewinne zu thesaurieren. Eine reine Cashflow-Besteuerung würde eher dem Wesen der Investmentanlage entsprechen und wäre daher vorzugswürdig.

Das System der Teilfreistellung soll die steuerliche Vorbelastung auf Fondsebene kompensieren und bedient sich zu diesem Zweck wissenschaftlich ermittelter Werte, welche eine entsprechende Steuerbelastung in der jeweiligen Fondskategorie widerspiegeln sollen. Erst hier unterscheiden sich die steuerlichen Folgen für den Anleger je nachdem, in welche Vermögensgegenstände der Investmentfonds investiert. Die Teilfreistellung wird für Aktienfonds, Mischfonds und Immobilienfonds mit jeweils unterschiedlichen Teilfreistellungssätzen gewährt. Obwohl dieses System nicht perfekt geraten ist, stellt es insgesamt eine Verbesserung zugunsten der Anleger dar und ist zu begrüßen.

II. Die Besteuerung der Anleger von Spezial-Immobilienfonds

Die Besteuerung der Anleger eines Spezial-Investmentfonds regelt Abschnitt 2 des dritten Kapitels in den §§ 34 ff. InvStG.[755] Im Grundsatz folgt auch die Besteuerungssystematik der Spezial-Investmentfonds durch das Regel-Ausnahme-Schema der §§ 29 ff. InvStG und der §§ 34 ff. InvStG dem Trennungsprinzip, solange das Spezial-Investmentvermögen nicht von der Transparenzoption Gebrauch macht.[756] Als Anleger eines Spezial-Investmentfonds gilt gem. § 2 Abs. 10 InvStG derjenige, dem der Anteil an dem Investmentfonds nach § 39 AO zuzurechnen ist.[757] Abweichend von den Regelungen der Erträge für intransparente Investmentfonds enthalten die §§ 35, 36 Abs. 1 und 49 InvStG besondere Vorschriften, nach denen die Erträge aus einem Spezial-Investmentfonds entweder ausgeschüttete oder ausschüttungsgleiche Erträge oder Gewinne aus der Veräußerung von Spezial-Investmentanteilen sind.[758]

755 *Höring*, BeckOK InvStG, Bödecker/Ernst/Hartmann, § 34 InvStG Rn. 1.
756 Vgl. *Häuselmann*, Investmentanteile, Kap. 8 Rn. 3.
757 *Häuselmann*, Investmentanteile, Kap. 8 Rn. 2.
758 *Höring*, StBp 2017, 351 (354).

1. *Spezial-Investmenterträge*

Die Anleger eines Spezial-Investmentfonds erzielen grundsätzlich Spezial-Investmenterträge i. S. d. § 34 InvStG.[759] Diese gehören bei den Anlegern zu den Einkünften i. S. d. § 20 Abs. 1 Nr. 3a EStG. Sie stellen für private Anleger Einkünfte aus Kapitalvermögen und für betriebliche Anleger gem. § 20 Abs. 8 EStG gewerbliche oder andere Gewinneinkünfte dar.

Nach § 34 Abs. 1 InvStG gehören zu den Spezial-Investmenterträgen ausgeschüttete Erträge (§ 35 InvStG), ausschüttungsgleiche Erträge (§ 36 InvStG) sowie Gewinne aus der Veräußerung von Spezial-Investmentanteilen (§ 49 InvStG).[760] Durch § 34 Abs. 2 S. 1 InvStG wird die Anwendung bestimmter Regelungen des EStG, welche im Zusammenhang mit der Anwendung der Abgeltungssteuer stehen, ausgeschlossen.[761] Zurückzuführen ist dies auf den Umstand, dass durch die Regelung des § 26 Nr. 8 InvStG in Ausnahmefällen eine Beteiligung von natürlichen Personen an einem Spezial-Investmentfonds möglich ist und in diesen Fällen die Abgeltungssteuer nicht zur Anwendung kommen soll.[762]

a) *Ausgeschüttete Erträge nach § 35 InvStG*

Gem. § 35 Abs. 1 InvStG sind ausgeschüttete Erträge die nach den §§ 37–41 InvStG ermittelten Einkünfte, die von einem Spezial-Investmentfonds zur Ausschüttung verwendet werden. Bei den zu ermittelnden Einkünften handelt es sich, wie § 37 Abs. 1 InvStG zeigt, um Einkünfte des Spezial-Investmentfonds, also um die Einkünfte auf der Fondseingangsseite.[763] Diese Einkünfteermittlung ist jedoch rein virtueller Natur und dient dem Zweck, die ausgeschütteten Erträge auf der Fondsausgangsseite zu ermitteln.[764] Für die Besteuerung auf Fonds-Ebene ist diese Einkünfteermittlung irrelevant, da sich die Besteuerung der Einkünfte des Spezial-Investmentfonds ausschließlich nach den §§ 6, 7 i. V. m. § 29 Abs. 1 und §§ 30, 33 InvStG richtet.[765]

---

759 *Patzner/Harm*, BB 2018, 2711 (2712); *Lechner*, RdF 2016, 208 (216).

760 *Patzner/Harm*, BB 2018, 2711 (2712); *Lechner*, RdF 2016, 208 (216).

761 *Wenzel*, Brandis/Heuermann, Ertragsteuerrecht, § 34 InvStG Rn. 13.

762 Vgl. *Dorn*, Investmentsteuerrecht, S. 188.

763 *Buge*, Herrmann/Heuer/Raupach, EStG/KStG, § 35 InvStG Rn. 5.

764 Vgl. *Buge*, Herrmann/Heuer/Raupach, EStG/KStG, § 35 InvStG Rn. 5.

765 Vgl. *Buge*, Herrmann/Heuer/Raupach, EStG/KStG, § 35 InvStG Rn. 5; *Höring*, BeckOK InvStG, Bödecker/Ernst/Hartmann, § 35 InvStG Rn. 19; *Wenzel*, Brandis/Heuermann, Ertragsteuerrecht, § 35 InvStG Rn. 7, 10.

Die ausgeschütteten Erträge nach § 35 InvStG sind nicht mit Ausschüttungen gleichzusetzen.[766] Es werden zunächst die Zurechnungs- und Abrechnungsbeträge aus den investmentrechtlich beschlossenen Ausschüttungen des Spezial-Investmentfonds herausgerechnet.[767] Es muss also zwischen Ausschüttungen des Investmentvermögens i. S. d. § 2 Abs. 11 InvStG und den ausgeschütteten Erträgen unterschieden werden.[768] Die Ausschüttungen eines Investmentfonds sind die dem Anleger gezahlten oder gutgeschriebenen Beträge einschließlich des Steuerabzugs auf den Kapitalertrag, wohingegen ausgeschüttete Erträge die nach den §§ 37 bis 41 InvStG ermittelten Einkünfte sind, die von einem Spezial-Investmentfonds zur Ausschüttung verwendet werden.[769]

Zu den ausgeschütteten Erträgen zählen insbesondere Kapitalerträge, Erträge aus der Vermietung und Verpachtung von Grundstücken und grundstücksgleichen Rechten sowie sonstige Erträge und Gewinne aus Veräußerungsgeschäften.[770] Nicht zu den ausgeschütteten Erträgen zählen lediglich Substanzauskehrungen, Zurechnungsbeträge, Immobilien-Zurechnungsbeträge, Absetzungsbeträge und ausschüttungsgleiche Erträge aus Vorjahren.[771]

In § 35 Abs. 2 S. 1 InvStG findet sich die Regelung einer für den Spezial-Investmentfonds verbindlichen Ausschüttungsreihenfolge.[772] Diese bestimmt, dass Zurechnungsbeträge, Immobilien-Zurechnungsbeträge sowie Absetzungsbeträge, welche steuerneutral an den Anleger ausgeschüttet werden können, als vorrangig ausgeschüttet gelten.

In Abs. 4 werden die Absetzungsbeträge definiert als die ausgeschütteten Einnahmen aus der Vermietung und Verpachtung von Grundstücken oder grundstücksgleichen Rechten, soweit auf diese Einnahmen Absetzung für Abnutzung oder Substanzverringerung entfällt. Ein immobilienhaltender Spezial-Investmentfonds kann daher auf der Ebene des Spezial-Investmentfonds Absetzungen für Abnutzung oder Substanzverringerung ansetzen und dadurch die

---

766 *Sagasser/Leuschner*, Assmann/Schütze/Buck-Heeb, Handbuch des Kapitalanlagerechts, § 27 Rn. 448; *Häuselmann*, Investmentanteile, Kap. 8 Rn. 32.

767 *Sagasser/Leuschner*, Assmann/Schütze/Buck-Heeb, Handbuch des Kapitalanlagerechts, § 27 Rn. 449.

768 *Häuselmann*, Investmentanteile, Kap. 8 Rn. 32.

769 *Häuselmann*, Investmentanteile, Kap. 8 Rn. 32.

770 *Wenzel*, Brandis/Heuermann, Ertragsteuerrecht, § 35 InvStG Rn. 10.

771 Vgl. *Wenzel*, Brandis/Heuermann, Ertragsteuerrecht, § 35 InvStG Rn. 11; *Buge*, Herrmann/Heuer/Raupach, EStG/KStG, § 35 InvStG Rn. 5.

772 *Wenzel*, Brandis/Heuermann, Ertragsteuerrecht, § 35 InvStG Rn. 14; *Höring*, BeckOK InvStG, Bödecker/Ernst/Hartmann, § 35 InvStG Rn. 28.

steuerpflichtigen Einkünfte, welche er mit der Immobilie erwirtschaftet, verringern.[773] Soweit die Immobilieneinkünfte an die Anleger ausgeschüttet werden und hierauf Absetzung für Abnutzung oder Substanzverringerung entfallen, können diese Absetzungsbeträge steuerlich unbelastet ausgeschüttet werden, um eine ähnliche Besteuerungswirkung wie in der Direktanlage zu erzielen.[774] Im Ergebnis sind damit ausgeschüttete Immobilienerträge auf Ebene der Anleger steuerfrei, soweit hierauf AfA oder AfS entfallen.[775] Zu beachten ist jedoch, dass Absetzungsbeträge, welche dem Anleger während der Besitzzeit der Anteile am Spezial-Investmentfonds zugeflossen sind, nach § 49 Abs. 3 S. 4 InvStG den Gewinn aus der Veräußerung der Spezial-Investmentanteile erhöhen.

In der Gesetzesbegründung findet sich zur Verdeutlichung das folgende Beispiel:[776]

> *„Der Investmentfonds erzielt 100 Euro Mieteinnahmen. Es können Absetzungen für Abnutzungen i. H. v. 2 Prozent geltend gemacht werden (§ 7 Absatz 4 Nummer 2 Buchst. a EStG). Darüber hinaus sind auf Fonds-Ebene noch folgende weiteren Werbungskosten im Zusammenhang mit den Mieteinnahmen angefallen: 15 Euro Direktkosten und 10 Euro Allgemeinkosten. Es verbleibt ein ausschüttungsfähiger Betrag i. H. v. 75 Euro. Wenn der Investmentfonds die 75 Euro in vollem Umfang ausschüttet, gelten davon 73 Euro als ausgeschüttete Erträge und 2 Euro als Absetzungsbeträge. Schüttet der Investmentfonds nur 37,50 Euro aus, so sind 36,50 Euro als ausgeschüttete Erträge und 1 Euro als Absetzungsbeträge anzusetzen.“*

b) Ausschüttungsgleiche Erträge nach § 36 InvStG

Der Begriff der ausschüttungsgleichen Erträge wird von § 36 InvStG definiert. Auch die ausschüttungsgleichen Erträge werden, so wie die ausgeschütteten Erträge, anhand der §§ 37–41 InvStG ermittelt.[777] Genau wie bei § 35 InvStG handelt es sich bei der Regelung des § 36 InvStG um eine rein virtuelle Einkünfteermittlung, die dem Zweck dient, die ausschüttungsgleichen Erträge zu ermitteln.[778]

---

773 *Höring*, BeckOK InvStG, Bödecker/Ernst/Hartmann, § 35 InvStG Rn. 52.

774 Vgl. BT-Drs. 18/8045, S. 103.

775 Vgl. *Sagasser/Leuschner*, Assmann/Schütze/Buck-Heeb, Handbuch des Kapitalanlagerechts, § 27 Rn. 449.

776 BT-Drs. 18/8045, S. 103.

777 *Buge*, Herrmann/Heuer/Raupach, EStG/KStG, § 36 InvStG Rn. 1, 5; *Wenzel*, Brandis/Heuermann, Ertragsteuerrecht, § 36 InvStG Rn. 8.

778 Vgl. *Buge*, Herrmann/Heuer/Raupach, EStG/KStG, § 36 InvStG Rn. 5.

Anders als die ausgeschütteten Erträge handelt es sich bei den ausschüttungsgleichen Erträgen jedoch um die Erträge des Spezial-Investmentfonds, die der Anleger jährlich versteuern muss, obwohl sie ihm nicht tatsächlich zufließen, sondern im Spezial-Investmentfonds verbleiben und thesauriert werden.[779] Die ausschüttungsgleichen Erträge umfassen nicht sämtliche von dem Fonds thesaurierten Erträge, sondern nur die von § 36 Abs. 1 S. 1 InvStG ausdrücklich und abschließend aufgezählten.[780] Dazu zählen

1. Kapitalerträge nach § 20 EStG mit Ausnahme der steuerfrei thesaurierbaren Kapitalerträge,
2. Erträge aus der Vermietung und Verpachtung von Grundstücken und grundstücksgleichen Rechten sowie Gewinne aus der Veräußerung von Grundstücken und grundstücksgleichen Rechten und
3. sonstige Erträge.

Nicht unter die ausschüttungsgleichen Erträge fallen daher steuerfrei thesaurierbare Kapitalerträge nach § 20 EStG sowie nach § 36 Abs. 1 S. 2 InvStG die inländischen Beteiligungseinnahmen und sonstigen inländische Einkünfte mit Steuerabzug, wenn die Transparenzoption nach § 30 InvStG wahrgenommen wurde, da diese Einkünfte den Anlegern durch die Ausübung der Transparenzoption unmittelbar zugerechnet werden.[781]

In § 36 Abs. 6 InvStG findet sich zudem eine Thesaurierungsfiktion, nach der die Erträge des laufenden Geschäftsjahres als nicht zur Ausschüttung verwendet und damit als thesauriert gelten, wenn diese nicht tatsächlich innerhalb von vier Monaten nach Ablauf des Geschäftsjahres an die Anleger ausgezahlt werden.[782]

aa) Kapitalerträge nach § 20 EStG

Von den Kapitalerträgen nach § 20 EStG werden lediglich die steuerfrei thesaurierbaren Kapitalerträge ausgenommen.[783] Eine abschließende Aufzählung steuerfrei thesaurierbarer Kapitalerträge findet sich in § 36 Abs. 2 InvStG. Dazu gehören Erträge aus Stillhalteprämien sowie Gewinne aus der Veräußerung von Körperschaftsanteilen, aus Termingeschäften, aus der Veräußerung von

---

779 Vgl. BT-Drs. 18/8045, S. 104.
780 *Wenzel*, Brandis/Heuermann, Ertragsteuerrecht, § 36 InvStG Rn. 11.
781 Vgl. *Dorn*, Investmentsteuerrecht, S. 193.
782 *Wenzel*, Brandis/Heuermann, Ertragsteuerrecht, § 36 InvStG Rn. 47.
783 *Wenzel*, Brandis/Heuermann, Ertragsteuerrecht, § 36 InvStG Rn. 14.

sonstigen Kapitalforderung und Gewinne aus der Veräußerung von Investmentanteilen sowie Spezial-Investmentanteilen.[784] Zu beachten ist jedoch, dass auch diese Kapitalerträge durch den Spezial-Investmentfonds nicht unendlich lange thesauriert werden können, da sich in § 36 Abs. 5 InvStG eine Zuflussfiktion findet. Diese bestimmt, dass die steuerfrei thesaurierten Kapitalerträge mit Ablauf des 15. Geschäftsjahres nach dem Geschäftsjahr, in dem sie als ausschüttungsgleiche Erträge vereinnahmt wurden, als zu diesem Zeitpunkt zugeflossen gelten, soweit die positiven Einnahmen die Verluste übersteigen und keine vorherige Ausschüttung erfolgt ist.[785] § 36 Abs. 5 S. 2 InvStG schließt eine Anwendung des Abs. 4 und damit eine besitzzeitanteilige Zurechnung für die steuerfrei thesaurierten Kapitalerträge ausdrücklich aus.

Nach § 36 Abs. 1 S. 1 Nr. 1 InvStG fallen folglich unter die ausschüttungsgleichen Erträge insbesondere Zinsen und Dividenden, aber auch Veräußerungsgewinne aus stillen Beteiligungen sowie Ausschüttungen von REIT-AGs und von anderen REIT-Körperschaften, -Personenvereinigungen oder -Vermögensmassen.[786]

bb) Erträge aus der Vermietung und Verpachtung von Grundstücken und grundstücksgleichen Rechten

Auch die Erträge aus der Vermietung und Verpachtung von Grundstücken und grundstücksgleichen Rechten sowie die Gewinne aus der Veräußerung von Grundstücken und grundstücksgleichen Rechten zählen zu den ausschüttungsgleichen Erträgen. Durch die Einbeziehung dieser Erträge erweitert sich der Umfang der ausschüttungsgleichen Erträge im Vergleich zur Investmentbesteuerung nach dem alten Recht, da Grundstücksveräußerungsgewinne nunmehr unabhängig von der Haltedauer generell der Steuerpflicht unterworfen sind.[787] Dies soll gerechtfertigt sein, da ein Großteil der Anleger von Spezial-Investmentfonds entweder unternehmerisch tätige Körperschaften sind, bei denen Immobilien-Veräußerungsgewinne schon nach dem früher geltenden

784 *Sagasser/Leuschner*, Assmann/Schütze/Buck-Heeb, Handbuch des Kapitalanlagerechts, § 27 Rn. 456.

785 *Höring*, BeckOK InvStG, Bödecker/Ernst/Hartmann, § 36 InvStG Rn. 30; *Buge*, Herrmann/Heuer/Raupach, EStG/KStG, § 36 InvStG Rn. 5; *Wenzel*, Brandis/Heuermann, Ertragsteuerrecht, § 36 InvStG Rn. 14.

786 *Buge*, Herrmann/Heuer/Raupach, EStG/KStG, § 36 InvStG Rn. 5; *Höring*, BeckOK InvStG, Bödecker/Ernst/Hartmann, § 36 InvStG Rn. 30.

787 BT-Drs. 18/8045, S. 105; *Buge*, Herrmann/Heuer/Raupach, EStG/KStG, § 36 InvStG Rn. 5.

Recht steuerpflichtig waren, oder voll steuerbefreite Anleger wie Kirchen und gemeinnützige Stiftungen, bei denen die ausgeschütteten und ausschüttungsgleichen Erträge ohnehin steuerbefreit und sie von der Änderung daher nicht betroffen sind.[788] Eine Mehrbelastung ergibt sich folglich nur bei natürlichen Personen, welche ihre Spezial-Investmentanteile im Privatvermögen halten. Diese kleine Anlegergruppe kann nur in Ausnahmefällen an Spezial-Investmentfonds beteiligt sein und würde einen außer Verhältnis zum fiskalischen Nachteil stehenden Steuervorteil erlangen, da bei einer Fortführung der Steuerfreiheit von Immobilienveräußerungen außerhalb der Haltefrist diese Steuerfreiheit auch generell für im Ausland ansässige Anleger eingeräumt werden müsste.[789]

Die Formulierung ist an § 6 Abs. 4 S. 1 InvStG angepasst, sodass insoweit auf die Erläuterungen in diesem Kontext verwiesen werden kann.[790]

cc) Sonstige Erträge

Unter die sonstigen Erträge fallen die in § 36 Abs. 3 InvStG legaldefinierten Einkünfte. Dies sind Einkünfte, die nicht unter die §§ 20, 21 und 23 Abs. 1 S. 1 Nr. 1 EStG fallen, also weder Kapitaleinkünfte noch Einkünfte aus Vermietung und Verpachtung oder Einkünfte aus privaten Veräußerungsgeschäften von Grundstücken sind.[791] In Betracht kommen hier primär die als sonstige Einkünfte i. S. d. § 22 Nr. 3 EStG zu erfassenden Kompensationszahlungen aus Wertpapierdarlehensgeschäften, Gewinnanteile einschließlich der Veräußerungsgewinne aus gewerblichen Personengesellschaften, Veräußerungsgewinne von Anteilen an Kapitalgesellschaften sowie Erträge aus privaten Veräußerungsgeschäften nach § 23 Abs. 1 S. 1 Nr. 2 und Nr. 3 EStG.[792] Zu letzterem zählen Gewinne aus der Veräußerung von Edelmetallen, Fremdwährungen und auch Kryptowährungen wie beispielsweise Bitcoins.[793]

b) Zurechnungsbeträge (§ 35 Abs. 3 InvStG)

Hat der Spezial-Investmentfonds von der Transparenzoption nach § 30 Abs. 1 S. 1 InvStG bzw. § 30 Abs. 5 InvStG Gebrauch gemacht, so stellen die

788 BT-Drs. 18/8045, S. 105.

789 BT-Drs. 18/8045, S. 105; *Höring*, BeckOK InvStG, Bödecker/Ernst/Hartmann, § 36 InvStG Rn. 40; *Buge*, Herrmann/Heuer/Raupach, EStG/KStG, § 36 InvStG Rn. 5.

790 *Buge*, Herrmann/Heuer/Raupach, EStG/KStG, § 36 InvStG Rn. 5.

791 *Hoch*, Die Besteuerungssystematik von Kapitalanlagen, S. 380.

792 Vgl. *Wenzel*, Brandis/Heuermann, Ertragsteuerrecht, § 36 InvStG Rn. 28.

793 *Häuselmann*, Investmentanteile, Kap. 8 Rn. 95.

unter die Transparenzoption fallenden inländischen Beteiligungseinnahmen i. S. d. § 6 Abs. 3 InvStG sowie die sonstigen inländischen Einkünfte mit Steuerabzug i. S. d. § 6 Abs. 5 InvStG Zurechnungsbeträge dar, welche als dem Anleger unmittelbar zugeflossen gelten.[794] In diesem Fall wird die grundsätzlich semi-transparente Besteuerung zu einer vollumfänglichen Transparenz des Spezial-Investmentfonds ausgeweitet.[795] Die Erträge, für welche der Spezial-Investmentfonds die Freistellungsoption nach § 33 InvStG ausgeübt hat, fallen nicht unter die Zurechnungsbeträge.[796] Auch die von dem Spezial-Investmentfonds thesaurierten Erträge stellen gem. § 36 Abs. 1 S. 2 InvStG keine ausschüttungsgleichen Erträge dar.[797]

Aufgrund der Zurechnungsfiktion sind die individuellen Merkmale der jeweiligen Anleger unter steuerrechtlichen Gesichtspunkten zu berücksichtigen. Für inländische körperschaftsteuerpflichtige Anleger kommt dementsprechend unter den Voraussetzungen des § 8b Abs. 1 und 4 KStG eine vollumfängliche Steuerfreistellung für zugerechnete Einnahmen i. S. d. § 20 Abs. 1 Nr. 1 EStG in Betracht.[798] Jedoch wird die Anwendbarkeit von § 8b Abs. 1 KStG durch § 30 Abs. 2 InvStG dahingehend eingeschränkt, dass die Steuerbefreiung nur dann Anwendung findet, wenn es sich um Ausschüttungen aus Gesellschaften i. S. d. § 26 Nr. 6 S. 2 InvStG handelt und die auf den Anleger durchgerechnete Beteiligungshöhe die Grenzen des § 8b Abs. 4 KStG überschreitet.

Nach § 45 Abs. 1 S. 1 Hs. 2 InvStG sind die aufgrund der Ausübung der Transparenzoption bei dem Anleger direkt zu erfassenden inländischen Beteiligungseinnahmen in voller Höhe in die gewerbesteuerliche Bemessungsgrundlage einzubeziehen.[799] Zurechnungsbeträge aus Anteilen, welche von dem Spezial-Investmentfonds gehalten werden, sind auch nicht geeignet, als Erträge aus einer mittelbaren Beteiligung i. S. d. § 9 Nr. 2a GewStG erfasst zu werden.[800]

---

794 *Buge*, Herrmann/Heuer/Raupach, EStG/KStG, § 35 InvStG Rn. 15; *Wenzel*, Brandis/Heuermann, Ertragsteuerrecht, § 35 InvStG Rn. 18.

795 *Hahne/Völker*, Investmentsteuerrecht visuell, S. 176.

796 *Häuselmann*, Investmentanteile, Kap. 8 Rn. 14.

797 *Häuselmann*, Investmentanteile, Kap. 8 Rn. 15.

798 Vgl. *Hahne/Völker*, Investmentsteuerrecht visuell, S. 176.

799 *Häuselmann*, Investmentanteile, Kap. 8 Rn. 21.

800 *Häuselmann*, Investmentanteile, Kap. 8 Rn. 21.

c) Immobilien-Zurechnungsbeträge

Durch das JStG 2019 wurde der § 35 Abs. 3a InvStG neu eingeführt. Die Vorschrift regelt die Konstellation, in der ein Dach-Spezial-Investmentfonds die Immobilien-Transparenzoption nach § 33 Abs. 2 S. 3 InvStG ausgeübt hat und der Ziel-Spezial-Investmentfonds auf die in den ausgeschütteten bzw. ausschüttungsgleichen Erträgen enthaltenen inländischen Immobilienerträge Kapitalertragsteuer einbehält und abführt.[801] Durch die Immobilien-Transparenzoption entfällt die Körperschaftsteuerpflicht des Dach-Spezial-Investmentfonds und gem. § 33 Abs. 2 S. 4 InvStG gelten die ausgeschütteten und ausschüttungsgleichen inländischen Immobilienerträge als unmittelbar dem Anleger des Dach-Spezial-Investmentfonds zugeflossen. Die Qualifikation als Immobilien-Zurechnungsbeträge bedingt insbesondere, dass der Gewinn des Anlegers aus der Veräußerung von Spezial-Investmentanteilen um die ausgeschütteten Immobilien-Zurechnungsbeträge vermindert wird.[802] Bei mehrstufigen Strukturen stehen die Immobilien-Zurechnungsbeträge, die einem Dach-Spezial-Investmentfonds zufließen, diesem nicht mehr als solche zur Ausschüttung zur Verfügung.[803] Zu beachten ist, dass nur auf der Ebene des Dach-Spezial-Investmentfonds Immobilien-Zurechnungsbeträge entstehen können, wenn die Immobilien-Transparenzoption ausgeübt wurde.[804]

2. Besonderheiten nach Anlegerkategorie

Werden Anteile an einem Spezial-Investmentfonds von einer Personengesellschaft gehalten, so gilt diese als Anleger i. S. d. § 2 Abs. 10 InvStG.[805]

a) Einkommensteuerpflichtige Anleger

Bei den betrieblichen Anlegern unterliegen die sich aus den ausgeschütteten und ausschüttungsgleichen Erträgen zusammensetzenden laufenden Erträge der Einkommensteuer. Spezial-Investmenterträge nach § 34 Abs. 1 Nr. 1 und 2 InvStG werden durch § 20 Abs. 1 Nr. 3a EStG als Einkünfte aus Kapitalvermögen qualifiziert.

---

801 *Wenzel*, Brandis/Heuermann, Ertragsteuerrecht, § 35 InvStG Rn. 21; *Höring*, BeckOK InvStG, Bödecker/Ernst/Hartmann, § 35 InvStG Rn. 45.

802 *Buge*, Herrmann/Heuer/Raupach, EStG/KStG, § 35 InvStG Rn. 17.

803 § 37 Abs. 3 S. 2 InvStG; *Buge*, Herrmann/Heuer/Raupach, EStG/KStG, § 35 InvStG Rn. 17.

804 *Höring*, BeckOK InvStG, Bödecker/Ernst/Hartmann, § 35 InvStG Rn. 46.

805 *Häuselmann*, Investmentanteile, Kap. 8 Rn. 2.

Handelt es sich in Folge der Ausübung der Transparenzoption durch den Spezial-Investmentfonds für den einkommensteuerpflichtigen Anleger um Zurechnungsbeträge, so gilt das Teileinkünfteverfahren nach § 3 Nr. 40 EStG.[806] Die Zurechnungsbeträge aus inländischen Beteiligungseinnahmen sind entsprechend i. H. v. 60 % steuerpflichtig.

b) Körperschaftsteuerpflichtige Anleger

Für körperschaftsteuerpflichtige Anleger, welche nicht unter § 8 Abs. 2 KStG fallen, stellen die Erträge aus dem Spezial-Investmentfonds steuerpflichtige Kapitaleinkünfte i. S. d. § 20 Abs. 1 Nr. 3a EStG dar. § 8 Abs. 2 KStG umfasst alle Subjekte i. S. v. § 1 Abs. 1 Nr. 1 bis 3 EStG, die unbeschränkt steuerpflichtig sind. Die unbeschränkte Steuerpflicht knüpft nach § 1 Abs. 1 KStG an den im Inland belegenen Sitz oder die Geschäftsleitung an. Nicht unter § 8 Abs. 2 KStG fallen damit nur beschränkt körperschaftsteuerpflichtige Anleger, so wie dies bei der Vermietung, Verpachtung oder Veräußerung von Grundbesitz durch eine einer Kapitalgesellschaft oder sonstigen juristischen Person i. S. d. § 1 Abs. 1 Nr. 1 bis 3 KStG vergleichbaren Körperschaft der Fall ist.[807] Die Kapitaleinkünfte sind als Überschuss der Einnahmen über die Werbungskosten gem. § 2 Abs. 2 S. 1 Nr. 2 EStG zu ermitteln. Aus § 34 Abs. 2 S. 1 InvStG i. V. m. § 8 Abs. 10 KStG ergibt sich, dass die Regeln über die Abgeltungsteuer dabei nicht anzuwenden sind, wenn ausnahmsweise natürliche Personen als Anleger an dem Spezial-Investmentfonds beteiligt sind. In der Folge wird damit die Anwendung des Abgeltungsteuertarifs nach § 32d EStG sowie die abgeltende Wirkung des Kapitalertragsteuerabzugs nach § 43 Abs. 5 S. 1 EStG ausgeschlossen.[808] Die Suspendierung dieser Regelungen soll eine unangemessene Privilegierung gegenüber den Anlegern von Investmentfonds verhindern, die durch die Möglichkeit zur steuerneutralen Thesaurierung von Veräußerungsgewinnen und Gewinnen aus Termingeschäften bei Spezial-Investmentfonds entstehen könnte.[809] Gleichzeitig wird jedoch eine unbeschränkte Verlustverrechnung mit anderen Einkünften sowie ein Abzug der tatsächlichen Werbungskosten zugelassen.[810]

---

806 *Häuselmann*, Investmentanteile, Kap. 8 Rn. 14.

807 Vgl. § 49 Abs. 1 Nr. 2 Buchst. f EStG.

808 *Wenzel*, Brandis/Heuermann, Ertragsteuerrecht, § 34 InvStG Rn. 13.

809 BT-Drs. 18/8045, S. 102.

810 *Wenzel*, Brandis/Heuermann, Ertragsteuerrecht, § 34 InvStG Rn. 13.

Unbeschränkt steuerpflichtige Anleger wie Kapitalgesellschaften, Genossenschaften, VVaG und PVaG erzielen nach § 8 Abs. 2 KStG Einkünfte aus Gewerbebetrieb, sodass sie ihren Gewinn durch Betriebsvermögensvergleich zu ermitteln und der Gewerbesteuer zu unterwerfen haben.[811]

3. *Folgen der Strukturierungsalternativen des Spezial-Investmentfonds auf Anlegerebene*

Je nachdem, ob der Spezial-Investmentfonds eine direkte oder eine indirekte Immobilienanlage gewählt hat, divergieren die steuerlichen Folgen auf der Ebene des Anlegers. Zu unterscheiden ist insbesondere zwischen einer unmittelbaren Anlage des Spezial-Investmentfonds in Immobilien bzw. einer Anlage über steuerlich transparente Objekt-Personengesellschaften und einer mittelbaren Anlage über steuerlich intransparente Objekt-Kapitalgesellschaften.

a) *Unmittelbare und mittelbare Investments über Objekt-Personengesellschaften*

Für die Besteuerung der Anleger eines Spezial-Investmentfonds ist entscheidend, ob der Fonds von einer der Transparenzoptionen nach §§ 30, 33 InvStG Gebrauch gemacht hat. Ist dies der Fall, kommt es für die Beurteilung der Besteuerung darauf an, wie die Einkünfte auf der Ebene des Fonds zu qualifizieren sind. Für den Anleger des Spezial-Investmentfonds stellen die ausgeschütteten und ausschüttungsgleichen Erträge sowie die Gewinne aus der Rückgabe und Veräußerung der Anteile grundsätzlich voll steuerpflichtige Spezial-Investmenterträge nach § 34 InvStG dar. Diese können die von den Immobilien bzw. der immobilienhaltenden Objekt-Personengesellschaft vereinnahmten Immobilienerträge enthalten.[812] Es gelten jedoch, abhängig von der Qualifikation der Erträge sowie der Eigenschaft des Anlegers, einige Steuerbefreiungen. Auf der Anlegerebene können sich Steuerbefreiungen aus §§ 30, 42 und 43 InvStG ergeben.

Die Steuerbefreiung nach § 3 Nr. 40 EStG (Teileinkünfteverfahren) sowie § 8b KStG (Beteiligungsprivileg) finden auf die Spezial-Investmenterträge grundsätzlich keine Anwendung. Ausnahmen von diesem Grundsatz werden durch § 42 InvStG geregelt.

---

811 *Häuselmann*, Investmentanteile, Kap. 8 Rn. 8.

812 *Bindl/Leidel*, DB 2018, 722 (724).

Eine Anwendung des Teileinkünfteverfahrens i. S. d. § 3 Nr. 40 EStG wird von § 42 Abs. 1 InvStG in den folgenden Fällen vorgesehen:

- ausländische Kapitalerträge nach § 43 Abs. 1 S. 1 Nr. 6 EStG, beispielsweise ausländische Dividenden,
- Kapitalerträge nach § 43 Abs. 1 S. 1 Nr. 9 EStG, wie Gewinne aus der Veräußerung von Aktien und anderen Beteiligungen, die Einkünfte aus § 20 Abs. 1 Nr. 1 EStG vermitteln, sowie
- ausgeschüttete und ausschüttungsgleiche Kapitalerträge nach § 43 Abs. 1 S. 2 EStG.[813]

aa) Teilfreistellung inländischer Beteiligungseinnahmen, inländischer Immobilienerträge und sonstiger inländischer Einkünfte nach § 42 Abs. 4 und 5 InvStG

In Bezug auf die Immobilienbesteuerung von besonderer Relevanz ist die Regelung des § 42 Abs. 5 InvStG. Hat der Spezial-Investmentfonds nicht von der Transparenzoption Gebrauch gemacht, soll die steuerliche Vorbelastung der Erträge auf der Fondsebene durch eine Teilfreistellung kompensiert werden.[814]

Enthalten die ausgeschütteten oder ausschüttungsgleichen Erträge inländische Immobilienerträge i. S. d. § 6 Abs. 4 InvStG oder sonstige inländische Einkünfte i. S. d. § 6 Abs. 5 InvStG, welche zudem bereits auf Fondsebene einer Steuerbelastung von 15 % zzgl. SolZ unterlagen, sind die Erträge bei natürlichen Personen mit Anteilen im Betriebsvermögen zu 20 % steuerfrei und bei körperschaftsteuerpflichtigen Anlegern grundsätzlich vollständig von der KSt befreit.[815]

Eine solche Steuerbefreiung kann folglich nur dann in Betracht kommen, wenn der Spezial-Investmentfonds nicht von der Transparenzoption des § 30 InvStG Gebrauch gemacht hat. Bei Ausübung der Transparenzoption würden die entsprechenden Beteiligungseinnahmen dem Anleger direkt zugerechnet und bei diesem besteuert werden.

---

813 Vgl. *Dorn*, Investmentsteuerrecht, S. 209–210.

814 *Lechner*, RdF 2016, 208 (217); *Sagasser/Leuschner*, Assmann/Schütze/Buck-Heeb, Handbuch des Kapitalanlagerechts, § 27 Rn. 499.

815 *Bindl/Leidel*, DB 2018, 722 (724); *Link*, Herrmann/Heuer/Raupach, EStG/KStG, § 42 InvStG Rn. 1.

Eine Teilfreistellung für inländische Beteiligungseinnahmen, welche in den ausgeschütteten oder ausschüttungsgleichen Erträgen enthalten sind, regelt § 42 Abs. 4 InvStG.

Enthalten also die ausgeschütteten oder ausschüttungsgleichen Erträge inländische Immobilienerträge i. S. d. § 6 Abs. 4 InvStG, sonstige inländische Einkünfte i. S. d. § 6 Abs. 5 InvStG oder inländische Beteiligungseinnahmen, welche auf der Ebene des Spezial-Investmentfonds bereits versteuert wurden, sind die Erträge bei natürlichen Personen als Anleger zu 20 % steuerfrei und bei körperschaftsteuerpflichtigen Anlegern grundsätzlich vollständig von der Körperschaftsteuer befreit.[816] Mit dieser Differenzierung trägt der Gesetzgeber dem Umstand Rechnung, dass bei natürlichen Personen nur eine einmalige Vorbelastung auf der Ebene des Spezial-Investmentfonds besteht.[817] Eine vollständige Steuerbefreiung für körperschaftsteuerpflichtige Anleger setzt jedoch voraus, dass die entsprechenden Erträge auf Ebene des Spezial-Investmentfonds tatsächlich einer Besteuerung mit 15 % unterlegen haben.

Aufwendungen, welche in wirtschaftlichem Zusammenhang mit den steuerbefreiten Spezial-Investmenterträgen stehen, sind nur zu 80 % bei natürlichen Personen und bei Körperschaften überhaupt nicht abzugsfähig.[818]

bb) Zusammenfassung

Bei einer indirekten Investition des Spezial-Investmentfonds in Immobilien bezieht der Anleger grundsätzlich steuerpflichtige Spezial-Investmenterträge, wenn nicht von der Transparenzoption Gebrauch gemacht wird. Enthalten diese inländische Immobilienerträge, ergibt sich für einkommensteuerpflichtige Anleger eine Freistellung von 20 % und für Körperschaften eine vollständige Steuerfreistellung. Handelt es sich um ausländische Immobilienerträge, so ergibt sich für den Anleger lediglich eine Belastung mit ausländischer Steuer auf die Immobilienerträge. Für regelbesteuerte Anleger empfiehlt sich ein Verzicht auf das Wahlrecht aus § 33 Abs. 1 InvStG, da die Immobilienerträge aufgrund der umfassenden Steuerbefreiung des § 42 Abs. 5 InvStG ohne Gewerbesteuerbelastung vereinnahmt werden können.[819] Als Wermutstropfen kann jedoch

816 Vgl. *Bindl/Leidel*, DB 2018, 722 (724).
817 BT-Drs. 18/8045, S. 113.
818 *Bindl/Leidel*, DB 2018, 722 (724).
819 *Bindl/Leidel*, DB 2018, 722 (724, 725).

der Umstand angesehen werden, dass in diesem Fall die Betriebsausgaben nach § 44 InvStG nicht abzugsfähig sind.[820]

b) Mittelbare Investments über Holding- und Objekt-Kapitalgesellschaften

Der Spezial-Investmentfonds kann neben der direkten Immobilienanlage auch Anteile an Holding- oder Objekt-Kapitalgesellschaften erwerben, die ihrerseits die Immobilien direkt oder aber ebenfalls indirekt halten. Im Gegensatz zur Direktanlage vereinnahmt der Spezial-Investmentfonds keine Immobilieneinkünfte, sondern Beteiligungseinnahmen. Mit ausgeübter Transparenzoption nach § 30 InvStG werden diese Einkünfte den Anlegern unmittelbar zugerechnet. Hat der Spezial-Investmentfonds hingegen keinen Gebrauch von der Transparenzoption des § 30 InvStG gemacht, stellen die ausgeschütteten und ausschüttungsgleichen Erträge sowie die Gewinne aus der Rückgabe und Veräußerung der Anteile für die Anleger voll steuerpflichtige Spezial-Investmenterträge nach § 34 InvStG dar.[821] Diese Erträge beinhalten üblicherweise inländische oder ausländische Dividenden, welche ebenfalls besonderen Steuerbefreiungen unterliegen können.

aa) Inländische Dividenden

Hat der Fonds von der Transparenzoption keinen Gebrauch gemacht, sind die in den ausgeschütteten und ausschüttungsgleichen Erträgen enthaltenen inländischen Dividenden auf der Ebene des Anlegers gem. § 42 Abs. 4 InvStG zu 60 % steuerfrei, insofern es sich dabei um eine natürliche Person handelt.[822] Zu beachten ist jedoch, dass es natürlichen Personen nur dann möglich ist, Spezial-Investmentanteile zu halten, wenn sich diese im Betriebsvermögen befinden.[823] Für körperschaftsteuerpflichtige Anleger ist hingegen nach § 42 Abs. 4 InvStG eine vollständige Steuerbefreiung vorgesehen.[824]

Voraussetzung für die Anwendung des § 42 Abs. 4 InvStG ist jedoch, dass die inländischen Beteiligungseinnahmen bereits auf der Ebene des Spezial-Investmentfonds der Körperschaftsteuer unterworfen wurden. Davon ist

---

820 *Bindl/Leidel*, DB 2018, 722 (725).

821 *Bindl/Leidel*, DB 2018, 722 (725).

822 *Link*, Herrmann/Heuer/Raupach, EStG/KStG, § 42 InvStG Rn. 8; *Brandl*, Brandis/Heuermann, Ertragsteuerrecht, § 42 InvStG Rn. 27; *Bindl/Leidel*, DB 2018, 722 (726).

823 § 26 Nr. 8 Buchst. a InvStG.

824 *Link*, Herrmann/Heuer/Raupach, EStG/KStG, § 42 InvStG Rn. 8; *Brandl*, Brandis/Heuermann, Ertragsteuerrecht, § 42 InvStG Rn. 27.

auszugehen, wenn sie auf der Ebene des Spezial-Investmentfonds einer abgeltenden Besteuerung i. H. v. 15 % in Form eines Kapitalertragsteuer-Einbehalts nach § 29 Abs. 1 i. V. m. § 7 Abs. 1 S. 1, Abs. 2 InvStG unterlegen haben, weil der Spezial-Investmentfonds die Transparenzoption nach § 30 InvStG nicht ausgeübt hat.[825]

Unter Berücksichtigung des Normzwecks von § 42 Abs. 4 InvStG, eine Benachteiligung der Fondsanlage gegenüber der Direktanlage zu vermeiden, ist die Freistellung über den Wortlaut des Abs. 4 hinaus entsprechend anzuwenden, wenn in zwei- oder mehrstufigen Spezial-Investmentfondsstrukturen die inländischen Beteiligungseinnahmen auf einer untergeordneten Fondsebene versteuert wurden.[826] Praktisch ist dies insbesondere dann relevant, wenn ein Dach-Spezial-Investmentfonds an einem Ziel-Spezial-Investmentfonds beteiligt ist, welcher seinerseits auf die Ausübung der Transparenzoption nach § 30 Abs. 1 InvStG verzichtet hat.[827]

Hat der Spezial-Investmentfonds hingegen die Transparenzoption ausgeübt, so unterliegen die inländischen Dividenden auf Anlegerebene grundsätzlich dem Teileinkünfteverfahren gem. § 3 Nr. 40 EStG bzw. der Beteiligungsertragsbefreiung gem. § 8b KStG.[828] Es handelt sich dann für den Anleger um Dividenden i. S. d. § 20 Abs. 1 Nr. 1 EStG und nicht um Spezial-Investmenterträge i. S. d. § 34 Abs. 1 Nr. 1 und Nr. 2 InvStG. In diesem Fall gilt grundsätzlich der allgemeine Kapitalertragsteuer-Tarif von 25 % zzgl. SolZ.

bb) Ausländische Dividenden

Enthalten die Spezial-Investmenterträge Dividenden aus ausländischen Gesellschaften, ist das Teileinkünfteverfahren gem. § 3 Nr. 40 EStG bzw. die Beteiligungsertragsbefreiung gem. § 8b KStG unter den Voraussetzungen des § 42 Abs. 1–3 InvStG anwendbar.[829] Für einkommensteuerpflichtige Anleger sind ausländische Dividenden daher zu 40 % steuerfrei, wenn der Anleger kein Kreditinstitut, Finanzdienstleistungsinstitut oder ein von diesen mehrheitlich gehaltenes Finanzunternehmen ist und der Spezial-Investmentfonds nicht im wesentlichen Umfang Geschäfte tätigt, die dem Handelsbestand i. S. d. § 340e

---

825 *Link*, Herrmann/Heuer/Raupach, EStG/KStG, § 42 InvStG Rn. 8; *Brandl*, Brandis/Heuermann, Ertragsteuerrecht, § 42 InvStG Rn. 30.

826 *Bindl/Schober*, BB 2020, 599 (608); *Brandl*, Brandis/Heuermann, Ertragsteuerrecht, § 42 InvStG Rn. 30.

827 *Brandl*, Brandis/Heuermann, Ertragsteuerrecht, § 42 InvStG Rn. 30.

828 Vgl. *Bindl/Leidel*, DB 2018, 722 (727).

829 *Bindl/Leidel*, DB 2018, 722 (727).

Abs. 3 HGB zuzurechnen wären oder Eigenhandelsgeschäfte darstellen, wenn sie vom Anleger unmittelbar getätigt worden wären (§ 42 Abs. 1 S. 2 InvStG i. V. m. § 30 Abs. 3 Nr. 2 InvStG).[830] Die Anwendung des § 8b KStG setzt insbesondere voraus, dass die ausschüttende Gesellschaft eine Immobilien-Gesellschaft und der Anleger durchgerechnet zu 10 % oder mehr an der Immobilien-Gesellschaft beteiligt ist.[831] Außerdem muss es sich um Gewinnausschüttungen einer ausländischen Immobilien-Gesellschaft, ÖPP-Projektgesellschaft oder EEG-Gesellschaft handeln, welche von dem Spezial-Investmentfonds als Anleger bei einem Kreditinstitut, Finanzdienstleistungsinstitut oder einem von diesen mehrheitlich gehaltenen Finanzunternehmen nicht zu Handelszwecken erworben werden (§ 42 Abs. 2 S. 1 InvStG i. V. m. § 30 Abs. 2 InvStG).[832]

4. *Zusammenfassung*

Die Besteuerung der Anleger eines Spezial-Investmentfonds unterscheidet sich zum Teil deutlich von der Besteuerung der Anleger eines Kapitel-2-Fonds. Neben den besonderen Anforderungen an die Person des Anlegers kommt für den Anleger eines Spezial-Investmentfonds insbesondere eine intransparente Besteuerung in Betracht. Macht der Spezial-Investmentfonds keinen Gebrauch von der Transparenzoption, vereinnahmt der Anleger Spezial-Investmenterträge, welche in Abweichung zu den Investmenterträgen in den §§ 34 ff. InvStG eine gesonderte Definition erhalten. Durch die Ausübung der Transparenzoption werden die von dem Spezial-Investmentfonds vereinnahmten Erträge dem Anleger unmittelbar zugerechnet. Für die Anleger eines Spezial-Investmentfonds kommen die besonderen Teilfreistellungssätze nach § 20 InvStG nicht zur Anwendung. Bei Immobilien-Investitionen des Spezial-Investmentfonds ist weiter zu unterscheiden, ob der Fonds eine direkte oder eine indirekte Anlageform wählt. Durch die Wahl zwischen transparenter und intransparenter Besteuerung sowie der Wahl zwischen direkter und indirekter Anlage kann abhängig von der Person des Anlegers eine optimale Besteuerung erreicht werden.[833]

Hält der Spezial-Investmentfonds Immobilien direkt oder aber steuerlich transparent über eine Personengesellschaft, empfiehlt sich die Ausübung

---

830 *Häuselmann*, Investmentanteile, Kap. 8 Rn. 58.

831 *Bindl/Leidel*, DB 2018, 722 (727).

832 *Häuselmann*, Investmentanteile, Kap. 8 Rn. 58.

833 Eine Tabelle zur Gesamtsteuerbelastung je nach Strukturierungsalternative bieten: *Bindl/Leidel*, DB 2018, 722 (728).

der Option gem. § 33 Abs. 1 InvStG aufgrund einer insgesamt günstigeren Gesamtsteuerbelastung sowie des Nichteingreifens des zwanzigprozentigen Abzugsverbots aus § 44 InvStG auf Anlegerebene primär dann, wenn natürliche Personen oder steuerbefreite Anleger beteiligt sind. Besteht die Anlegerstruktur überwiegend aus regelbesteuerten Anlegern, können diese ohne die Option gem. § 33 Abs. 1 InvStG die Immobilienerträge aufgrund der umfassenden Steuerbefreiung des § 42 Abs. 5 S. 2 InvStG ohne Gewerbesteuerbelastung vereinnahmen. Handelt es sich um mittelbare Investments über Holding- bzw. Objekt-Kapitalgesellschaften, ist die Option gem. § 30 InvStG i. d. R. vorteilhaft. Mit primär regelbesteuerten Anlegern ist die Ausübung der Transparenzoption jedenfalls dann vorteilhaft, wenn auf Anlegerebene die Voraussetzungen des § 8b KStG vorliegen, da die inländischen Dividenden ohne Transparenzoption auf Fondsebene in voller Höhe der KSt unterliegen, weil § 8b KStG hier gem. § 6 Abs. 6 InvStG keine Anwendung findet.[834]

D. Der geschlossene Immobilienfonds

Ein geschlossener Immobilienfonds lässt sich definieren als eine Kapitalanlagegesellschaft, deren Geschäftszweck auf den Erwerb, die Errichtung und die Verwaltung eines oder mehrerer Immobilienobjekte mit einem im Voraus feststehenden Investitionsvolumen ausgerichtet ist und die, sobald das Eigenkapital platziert ist, mit einem festen Kreis von Anlegern errichtet wird.[835] Geschlossene Fonds treten zumeist in der Rechtsform einer Personengesellschaft, insbesondere der einer rein vermögensverwaltenden oder gewerblich geprägten GbR oder einer KG auf.[836] Geschlossene Fonds in der Rechtsform einer KG wiederum sind zumeist als GmbH & Co. KG strukturiert, sodass eine Beteiligung an dem Fonds aus Anlegersicht nur als Kommanditist möglich ist.[837]

Bei Erreichen seiner angestrebten Investitionshöhe (z. B. des Kaufpreises der Fondsimmobilie) wirbt der Fonds keine weiteren Gelder mehr ein, sodass ab diesem Zeitpunkt der Anlegerkreis definiert, der Fonds mithin „geschlossen" ist.[838]

---

834 *Bindl/Leidel*, DB 2018, 722 (728).

835 BGH v. 21.01.2002 – II ZR 2/00, BGHZ 150, 1–6, Rn. 11; *Komo*, BB 2012, 1423 (1423).

836 *Klug*, Offene Immobilienfonds: Zeit für stabile Werte, S. 19; *Dorn*, Investmentsteuerrecht, S. 11.

837 *Komo*, BB 2012, 1423 (1423).

838 Vgl. *Schallmoser*, Brandis/Heuermann, Ertragsteuerrecht, § 21 EStG Rn. 420. Die Nichtaufnahme weiterer Anleger ist jedoch nicht namensgebend, sondern beruht

Primäres Charakteristikum eines geschlossenen Fonds ist, dass den Anlegern nicht das Recht zusteht, ihre Anteile an die Fondsgesellschaft zurückzugeben.[839] Zu beachten ist, dass ein geschlossenes Investmentvermögen gem. § 139 KAGB nicht als ein Sondervermögen i. S. d. § 1 Abs. 10 KAGB aufgelegt werden kann.

I. Steuerliche Behandlung von geschlossenen Immobilienfonds

Grundsätzlich fallen nach der Reform des InvStG auch geschlossene Investmentvermögen in dessen Anwendungsbereich, sofern sie nicht in der Rechtsform einer Personengesellschaft organisiert sind.[840] Der Ausschluss von Personengesellschaften aus dem Anwendungsbereich des InvStG ist für diese vorteilhaft, da eine Besteuerung nach dem InvStG zur Anwendung des Trennungsprinzips führen und die Personengesellschaft systemwidrig selbst zum Steuersubjekt werden würde.[841] Für einen geschlossenen Immobilienfonds gelten grundsätzlich die Regelungen nach dem Transparenzprinzip über die Besteuerung von Personengesellschaften.

1. Option zur Körperschaftsbesteuerung nach § 1a KStG

Eine Ausnahme von der transparenten Besteuerung bietet die Option zur Körperschaftsbesteuerung nach § 1a KStG für Personenhandelsgesellschaften und Partnerschaftsgesellschaften. Diese können auf unwiderruflichen Antrag für Zwecke der Besteuerung wie eine Kapitalgesellschaft behandelt werden. Dies vermag jedoch nichts an dem Ausschluss aus dem Anwendungsbereich des InvStG zu ändern. Auch wenn ein Immobilienfonds in der Rechtsform einer Personengesellschaft grundsätzlich die Anforderungen an einen Investmentfonds i. S. d. InvStG erfüllt, enthält § 1a Abs. 1 S. 6 Nr. 1 KStG einen Ausschluss der Option aus § 1a Abs. 1 S. 1 bis 5 KStG für eben solche Investmentfonds. Das InvStG enthält für Investmentfonds spezielle Regelungen, sodass die Anwendung des § 1a KStG grundsätzlich ausgeschlossen ist.[842] Auch knüpft der Wortlaut des § 1 Abs. 3 S. 3 InvStG nicht an die Form der Besteuerung, sondern an die Rechtsform der Personengesellschaft an. Investmentfonds können gem. § 1a Abs. 1 S. 6 Nr. 1 KStG selbst nicht zur Körperschaftsteuer optieren und optierende

---

lediglich auf einem Entschluss der Initiatorin oder auf der Zweckerreichung, nicht aber auf rechtlichen Zwängen, vgl. *Dorn*, Investmentsteuerrecht, S. 11.

839 Vgl. *Dorn*, Investmentsteuerrecht, S. 11.

840 Vgl. *Hoch*, Die Besteuerungssystematik von Kapitalanlagen, S. 322.

841 Vgl. *Hoch*, Die Besteuerungssystematik von Kapitalanlagen, S. 323.

842 Vgl. BT-Drs. 19/28656, S. 22.

Gesellschaften können gem. § 1 Abs. 3 S. 3 InvStG keine Investmentfonds sein, sodass sich die Option und das InvStG gegenseitig ausschließen.[843]

Macht die Personengesellschaft von der Option keinen Gebrauch, werden die von ihr erzielten Einkünfte den jeweiligen Gesellschaftern anteilig als originär eigene Einkünfte zugerechnet und unterliegen dort deren jeweiligem progressiven Steuersatz.[844]

Einkünfte aus Vermietung und Verpachtung sind den Anlegern dann im Wege der einheitlichen und gesonderten Feststellung gem. §§ 179, 180 AO zuzurechnen.[845]

2. *Gewerbesteuerpflicht*

Von besonderer Bedeutung für einen Immobilienfonds in der Rechtsform einer Personengesellschaft ist die Frage, ob ein gewerblicher Grundstückshandel vorliegt. Dies ist sowohl auf der Fondsebene als auch auf der Ebene des Anlegers zu untersuchen. Ob ein gewerblicher Grundstückshandel vorliegt, richtet sich danach, ob nach dem Gesamtbild der Betätigung und unter Berücksichtigung der Verkehrsauffassung die Ausnutzung substanzieller Vermögenswerte durch Umschichtung gegenüber der Nutzung des Grundbesitzes im Sinne einer Fruchtziehung aus zu erhaltenden Substanzwerten entscheidend in den Vordergrund tritt.[846] Im Rahmen einer Gesamtschau ist ein typisches Indiz, welches gegen das Vorliegen eines gewerblichen Grundstückshandels spricht, die Unterschreitung der Drei-Objekt-Grenze. Es dürfen demnach innerhalb von fünf Jahren seit Erwerb oder Fertigstellung nicht mehr als drei Objekte veräußert werden.[847] Wird der Grundbesitz jedoch mit der unbedingten Absicht erworben oder bebaut, ihn innerhalb kurzer Zeit wieder zu verkaufen, so kann dies selbst bei einem Unterschreiten der Drei-Objekt-Grenze die Annahme eines gewerblichen Grundstückhandels rechtfertigen.[848]

Auch wenn es sich bei dem Immobilienfonds um eine rein vermögensverwaltende Personengesellschaft handelt, können die Einkünfte auf Anlegerebene

843 Vgl. BMF v. 10.11.2021 – IV C 2 – S 2707/21/10001:004, BStBl. I 2021, 2212, Rn. 59.

844 Vgl. *Niehus/Wilke*, Die Besteuerung der Personengesellschaften, S. 19.

845 *Nacke*, Immobilienbesteuerung bei Erwerb, Besitz, Veräußerung, S. 158.

846 Vgl. BFH v. 28.09.2017 – IV R 50/15, BStBl. II 2018, 89, Rn. 26; BFH v. 24.06.2009 – X R 36/06, BStBl. II 2010, 171, Rn. 27.

847 Vgl. BMF v. 26.03.2004 – IV A 6 – S 2240–46/04, BStBl. I 2004, 434, Rn. 14.

848 Vgl. BFH v. 24.06.2009 – X R 36/06, BStBl. II 2010, 171, Rn. 29.

solche aus Gewerbebetrieb darstellen. Dies ist zum einen immer dann der Fall, wenn die Anteile an dem Immobilienfonds bei dem Anleger im Betriebsvermögen gehalten werden.[849] Der Anleger kann jedoch auch durch im Privatvermögen gehaltene Anteile an einem rein vermögensverwaltenden Immobilienfonds gewerbliche Einkünfte erzielen, wenn er selbst die Grenze zur Gewerblichkeit überschreitet. Die Drei-Objekt-Grenze richtet sich auf Anlegerebene nach der Anzahl der Objekte der Gesellschaft sowie der des Anlegers selbst.[850] Veräußert also der Immobilienfonds zwei Grundstücke und der Anleger selbst zwei weitere Grundstücke innerhalb des Fünfjahreszeitraums, so kann es sich bei dem Immobilienfonds weiterhin um eine rein vermögensverwaltende Tätigkeit handelt, während der Anleger aufgrund eines gewerblichen Grundstückshandels Einkünfte aus Gewerbebetrieb erzielt.[851]

Erzielt der Anleger Einkünfte aus einer gewerblich tätigen oder gewerblich geprägten Personengesellschaft, unterliegen diese Einkünfte grundsätzlich der Gewerbesteuer. Es ist jedoch gem. § 9 Nr. 1 S. 2 GewStG der Gewerbebetrag um 1,2 % des Einheitswerts des Grundbesitzes zu kürzen. Handelt es sich bei dem Immobilienfonds um eine originär vermögensverwaltende Personengesellschaft, deren Anteile jedoch von dem Anleger im Privatvermögen gehalten werden, so liegen bei dem Anleger mitunternehmerische Einkünfte aus Gewerbebetrieb nach § 16 Abs. 1 S. 1 Nr. 2 EStG vor. Auch wenn dem Anleger in diesem Fall der Grundbesitz des Immobilienfonds nach § 39 Abs. 2 Nr. 2 AO quotal zugerechnet wird, kann er nicht von der gewerbesteuerlichen Kürzung nach § 9 Nr. 1 S. 2 GewStG Gebrauch machen, da es insoweit an eigenem Grundbesitz fehlt.[852]

II. Mehrstufige Strukturen

Investmentvermögen können die Immobilien sowohl direkt als auch indirekt über Immobilien-Gesellschaften halten. Solche Beteiligungsstrukturen können steuerlich sowohl transparent wie auch intransparent ausgestaltet sein.

Steuerlich intransparente Beteiligungsstrukturen zeichnen sich dadurch aus, dass mindestens eine Kapitalgesellschaft[853] in die Investmentstruktur

---

849 Vgl. *Häuselmann*, Investmentanteile, Kap. 10 Rn. 41.

850 BMF v. 26.03.2004 – IV A 6 – S 2240–46/04, BStBl. I 2004, 434, Rn. 17 ff.

851 Vgl. *Häuselmann*, Investmentanteile, Kap. 10 Rn. 41.

852 BFH v. 19.10.2010 – I R 67/09, BStBl. II 2011, 367, Rn. 11.

853 Die Qualifikation einer Kapitalgesellschaft richtet sich ausschließlich nach der deutschen, steuerrechtlichen Beurteilung der Gesellschaft; vgl. *Hahne/Völker*, Investmentsteuerrecht visuell, S. 260.

einbezogen ist.[854] Es handelt sich um eine dreistufige Struktur. Auf der ersten Stufe befindet sich eine Kapitalgesellschaft, in deren Betriebsvermögen sich die Immobilien befinden. Die zweite Stufe bildet eine Investmentkommanditgesellschaft i. S. d. § 124 Abs. 1 KAGB. Auf dritter Stufe befindet sich der Anleger.

Die Kapitalgesellschaft, welche die Immobilien hält, hat nach den allgemeinen Grundsätzen über die intransparente Besteuerung von Kapitalgesellschaften die aus den Immobilien erwirtschafteten Erträge zu versteuern. Sie ist ein eigenständiges Steuersubjekt und unterliegt bei vorausgesetzter inländischer Geschäftsleitung oder Sitz gem. § 1 Abs. 1 Nr. 1 KStG mit ihren Einkünften aus den Immobilien der unbeschränkten Körperschaftsteuerpflicht und ggf. auch der Gewerbesteuerpflicht.

Die Kapitalgesellschaft als Investitionsvehikel schüttet ihre Gewinne in Form von Dividenden an die Investmentkommanditgesellschaft aus. Diese ist steuerlich transparent, sodass den Anlegern die Einkünfte steuerlich direkt zugerechnet werden. Obgleich die Investmentkommanditgesellschaft nicht der Körperschaftsteuerpflicht unterliegt, kann sie ggf. gewerbesteuerpflichtig sein. Auf der Ebene der Anleger bestehen die Einkünfte damit primär aus Dividenden, Gewinnen aus der Veräußerung von Anteilen an Kapitalgesellschaften sowie aus Zinserträgen.

Handelt es sich bei dem Investitionsvehikel um einen sog. Ziel-Investmentfonds, findet bei Ausübung der Transparenzoption nach § 33 Abs. 1 InvStG ebenfalls ein intransparentes Besteuerungsregime, nämlich das des InvStG, Anwendung. In diesem Fall ist gem. § 43 Abs. 3 InvStG auf Anlegerebene die Teilfreistellung auf ausgeschüttete und ausschüttungsgleiche Erträge, die aus Investmenterträgen des Ziel-Investmentfonds stammen, entsprechend anzuwenden. Gem. § 45 Abs. 2 InvStG ist die Teilfreistellung für gewerbesteuerliche Zwecke, wie auch im Falle der Direktanlage gem. § 20 Abs. 5 InvStG, nur zur Hälfte zu berücksichtigen.[855]

Eine transparente Beteiligungsstruktur ist lediglich in zwei Fällen denkbar. Im ersten Fall sind ausschließlich steuerlich transparente Personengesellschaften als Investitionsvehikel involviert. Damit diese für den Anleger Einkünfte aus Vermietung und Verpachtung gem. § 21 EStG darstellen, ist es notwendig, dass sämtliche zwischengeschalteten Investitionsvehikel vermögensverwaltend und nicht etwa gewerblich ausgestaltet sind.[856] Der zweite Fall einer steuerlich trans-

---

854 Vgl. *Hahne/Völker*, Investmentsteuerrecht visuell, S. 260.
855 *Stadler/Bindl*, DStR 2016, 1953 (1964).
856 *Hahne/Völker*, Investmentsteuerrecht visuell, S. 262.

parenten Beteiligungsstruktur lässt sich durch einen Spezial-Investmentfonds als Investitionsvehikel erreichen, wenn dieser von der Transparenzoption nach § 33 Abs. 1 InvStG Gebrauch gemacht hat. Den Anlegern werden inländische Immobilienerträge unmittelbar zugerechnet.[857]

D. Zusammenfassung und Vergleich der verschiedenen Immobilienfonds

Offene Immobilienfonds können sowohl als Publikums- als auch als Spezial-Investmentfonds ausgestaltet sein. Neben den offenen Immobilienfonds gibt es zudem noch die zumeist als Personengesellschaft ausgestalteten geschlossenen Immobilienfonds.

Ein Immobilienfonds in der Form eines offenen Publikums-Investmentfonds unterliegt einem intransparenten Besteuerungssystem. Er bildet selbst ein Steuersubjekt und hat Einkünfte aus inländischem Grundvermögen, zu denen unabhängig von der Haltedauer auch Veräußerungsgewinne von inländischen Immobilien zählen, auf der Ebene des Fonds der Körperschaftsteuer zu unterwerfen. Als Ausgleich für die steuerliche Vorbelastung auf der Fondsebene erhalten die Anleger auf ihre Investmenterträge eine sechzigprozentige bzw. achtzigprozentige Immobilienteilfreistellung gem. § 20 Abs. 3 S. 1 Nr. 1 und 2 InvStG. Lediglich bei einer gewerblichen Tätigkeit des Immobilienfonds in Form eines gewerblichen Grundstückshandels oder einer gewerblichen Vermietungstätigkeit kann auf Fondsebene Gewerbesteuer anfallen. Da auf der Ebene der Anleger keine korrespondierende Gewerbesteuerentlastung, sondern lediglich eine hälftige Immobilienteilfreistellung für Zwecke der Gewerbesteuer nach § 20 Abs. 5 InvStG besteht, können entsprechende Erträge zwar abgemildert, aber dennoch mehrfach der Gewerbesteuerpflicht unterliegen.[858]

Handelt es sich bei dem Immobilienfonds um einen offenen Spezial-Investmentfonds, unterliegt dieser grundsätzlich einer semi-transparenten Besteuerung. Macht der Spezial-Investmentfonds von der Option nach § 33 Abs. 1 InvStG Gebrauch, besteht keine Steuerpflicht für inländische Immobilienerträge. Diese werden vollständig nach den allgemeinen Grundsätzen auf der Ebene des Anlegers versteuert.

Geschlossene Immobilienfonds sind in der Regel als Personengesellschaft ausgestaltet, welche einem transparenten Besteuerungssystem unterliegen und

---

857 Vgl. die Ausführungen zur Transparenzoption unter: Kapitel B II 3.

858 *Hahne/Völker*, Investmentsteuerrecht visuell, S. 258.

nicht in den Anwendungsbereich des InvStG fallen. Es besteht keine Steuerpflicht auf der Ebene des geschlossenen Immobilienfonds. Die Steuerbelastung für den Anleger hängt maßgeblich davon ab, ob es sich um eine gewerbliche oder eine vermögensverwaltende Personengesellschaft handelt. Bei gewerblichen Personengesellschaften, auch Mitunternehmerschaften genannt, erzielen die Anleger Einkünfte aus Gewerbebetrieb gem. § 15 Abs. 1 S. 1 Nr. 2 EStG. Für die Anleger von Immobilienfonds in der Form einer rein vermögensverwaltenden Personengesellschaft stellen die Erträge Einkünfte aus Vermietung und Verpachtung gem. § 21 EStG dar. Für nicht betriebliche Anleger sind Veräußerungsgewinne nur im Rahmen der Regelung des § 23 Abs. 1 S. 1 Nr. 1 EStG steuerpflichtig.[859]

E. Bewertung der Immobilieninvestition über einen Investmentfonds

Die indirekte Investition in Immobilien über Investmentfonds kann für den Anleger sowohl Vor- wie auch Nachteile bedeuten. Die optimale Vermögensgestaltung lässt sich nicht pauschal bestimmen, sondern verlangt eine intensive Auseinandersetzung mit einem jeden Anleger. Entscheidend sind hierbei nicht nur die aktuellen Vermögensverhältnisse, Präferenzen und Möglichkeiten des Anlegers, sondern auch die manchmal unangenehme Frage nach dem postmortalen Verbleib des zu Lebzeiten aufgebauten Vermögens.

In der akuten Situation des Anlegers, welcher in Immobilien investieren möchte, spielt auch die zur Verwaltung der Anlage verfügbare Zeit eine nicht unerhebliche Rolle. Einer der wesentlichen Vorteile der Investition in einen Immobilienfonds ist daher, dass der Anleger nach der Auswahl des für ihn passenden Fonds keinerlei Anlageentscheidungen mehr treffen muss. Die Verwaltung der Immobilien gibt er aus der Hand und beschränkt seine Investitionstätigkeit auf die Hingabe monetärer Mittel, welche ihm im besten Fall in mehrfacher Höhe zurückerstattet werden. Er generiert durch seine Anlage ein passives Einkommen und kann zusätzlich eine Wertsteigerung seiner Investition beobachten. Die gesetzlich vorgeschriebene Risikostreuung bewirkt eine Verteilung des Fondsvermögens auf verschiedene Kapitalanlagen, was zu einer Minderung des Verlustrisikos führt. Auch besteht aufgrund der strikten Trennung zwischen Sondervermögen und Vermögen der KVG ein Schutz des Anlegers für den Fall der Insolvenz der KVG. Da eine direkte Investition in

859 *Hahne/Völker*, Investmentsteuerrecht visuell, S. 260.

Immobilien mit hohen Kosten verbunden ist, besteht durch eine Anlage über einen Immobilienfonds auch für Anleger mit geringerem Kapital die Möglichkeit der Immobilieninvestition, auch wenn diese nicht mit der Nutzung der Immobilie verbunden ist. Hier ist primär die Wertstabilität der Immobilie von vorteilhaftem Charakter.

Durch die Einführung des neuen InvStG hat sich die Besteuerung der Fondsanlage insgesamt vereinfacht. Mit der Vorabpauschale ist die Reinvestition jedoch deutlich unattraktiver geworden.

4. Kapitel Weitere Möglichkeiten der Investition in Immobilien

Das Vorhaben, Kapital in Immobilien zu investieren, weist eine immense Bandbreite an Möglichkeiten auf. Beginnend mit der eigenen Wohnung zur Selbstnutzung über verschiedene Gesellschaftsstrukturen zur individuellen oder kollektiven Geldanlage und Verwaltung bis zum Erwerb von Anteilen komplexer Fondsstrukturen ist für jeden Anleger etwas dabei. Beschränkt sich die Intention des Anlegers nicht auf die reine Selbstnutzung, bietet die Immobilienanlage neben einer indirekten Investition über einen Fonds insbesondere in steuerrechtlicher Sicht viel Potenzial. Das Steuerrecht knüpft dabei zum einen an die Substanz einer Immobilie, also ihren Wert, an den Übergang einer Immobilie von einem Rechtsträger auf einen anderen und an den Ertrag, der aus der Bewirtschaftung der Immobilie erzielt wird, an.

In diesem Kapitel sollen die steuerlichen Grundzüge von einer Auswahl an weiteren Investitionsmöglichkeiten dargestellt werden, um sie mit der Fondsanlage und damit der Besteuerungssystematik des InvStG besser vergleichen zu können.

A. Immobilien im Privatvermögen

Durch den direkten Erwerb einer oder auch mehrerer Immobilien wird das rechtliche und das wirtschaftliche Eigentum mit allen Rechten und Pflichten erworben.[860] Neben den Vorteilen wie der uneingeschränkten Kontrolle über die Immobilien sowie dem Erzielen von Mieteinnahmen stehen auf der Seite der Nachteile jedoch neben dem sehr hohen Kapitaleinsatz auch noch hohe Transaktionskosten wie die Grunderwerbsteuer, Notar- und Grundbuchgebühren sowie ggf. Maklercourtage.[861]

Wird eine Immobilie im Rahmen der privaten Vermögensverwaltung gehalten, so handelt es sich bei den Mieteinnahmen in der Regel um Einkünfte aus Vermietung und Verpachtung gem. § 21 EStG und bei Veräußerungsgewinnen um Einkünfte aus privaten Veräußerungsgeschäften gem. § 23 EStG. Wenn die Haltefrist von zehn Jahren erfüllt wird, so sind die Veräußerungsgewinne nicht mehr steuerbar. Ist die Vermietung der Immobilie über die private

860 *Schäfer/Conzen*, Praxishandbuch Immobilien-Investitionen, S. 35.
861 *Schäfer/Conzen*, Praxishandbuch Immobilien-Investitionen, S. 35.

Vermögensverwaltung hinaus als Gewerbebetrieb zu qualifizieren, stellen die Einkünfte solche aus Gewerbebetrieb dar, was auch die Zehn-Jahres-Frist obsolet werden lässt. Die Abgrenzung von der privaten Vermögensverwaltung zu einer gewerblichen Tätigkeit ist nicht immer eindeutig und kann nur mithilfe des Flickenteppichs an Rechtsprechung vorgenommen werden.

Steuerrechtliche Folgen ergeben sich bei dem Erwerb, dem Besitz und der Veräußerung von Immobilien. Die in den letzten Jahren teils immensen Wertsteigerungen von Immobilien sind steuerrechtlich nur dann von Bedeutung, wenn eine Immobilie den Besitzer wechseln soll.[862]

I. Erwerb von Immobilien in das Privatvermögen

Grundsätzlich lässt sich der Erwerb von Immobilien mit dem Anfallen von Grunderwerbsteuer, Umsatzsteuer und Einkommensteuer assoziieren.

1. Grunderwerbsteuer

Zunächst ist bei dem Erwerb einer Immobilie an möglicherweise anfallende Grunderwerbsteuer zu denken. Damit das Grunderwerbsteuergesetz anwendbar ist, müssen kumulativ drei Voraussetzungen vorliegen.[863] Als erstes muss der Gegenstand des Erwerbs ein Grundstück im Inland i. S. v. § 2 GrEStG sein.[864] Zweitens muss das Grundstück tatsächlich oder fiktiv den Rechtsträger wechseln.[865] Und drittens muss es sich um einen Erwerbsvorgang handeln. Welche Erwerbsvorgänge von der GrESt erfasst sind, wird in § 1 GrEStG aufgezählt.[866]

Der Grundstücksbegriff des § 2 GrEStG verweist im Wesentlichen auf den zivilrechtlichen Grundstücksbegriff, enthält jedoch einige Abweichungen.[867]

Nicht als Grundstücke i. S. d. GrEStG anzusehen sind demnach

- Maschinen und Betriebsvorrichtungen,
- Mineralgewinnungsrechte und sonstige Gewerbeberechtigungen

---

862 *Haase/Jachmann-Michel*, Beck´sches Handbuch Immobiliensteuerrecht, § 1 Rn. 50.

863 *Nacke*, Immobilienbesteuerung bei Erwerb, Besitz, Veräußerung, Rn. 63.

864 Ausführlich zur Grundstückseigenschaft sowie dem inländischen Anknüpfungspunkt siehe: *Pahlke*, Pahlke, GrEStG, § 2 Rn. 5 ff.

865 *Haase/Jachmann-Michel*, Beck´sches Handbuch Immobiliensteuerrecht, § 5 Rn. 1.

866 Ausführlich siehe: *Nacke*, Immobilienbesteuerung bei Erwerb, Besitz, Veräußerung, Rn. 63.

867 *Pahlke*, Pahlke, GrEStG, § 2 Rn. 5.

- sowie das Recht des Grundstückseigentümers auf den Erbbauzins.

Den Grundstücken gleich stehen Erbbaurechte, Gebäude auf fremdem Boden sowie dinglich gesicherte Sondernutzungsrechte nach den Vorschriften des WEG und des § 1010 BGB. Die Grunderwerbsteuer bemisst sich nach § 8 Abs. 1 GrEStG an dem Wert der Gegenleistung.[868] Eine abweichende Regelung findet sich in § 8 Abs. 2 GrEStG, welcher eine subsidiäre Bemessung der Grunderwerbsteuer nach § 151 Abs. 1 S. 1 Nr. 1 i. V. m. § 157 Abs. 1 bis 3 BewG anhand des Grundbesitzwertes vorschreibt.[869] Der primär heranzuziehende Wert der Gegenleistung ist sogar dann entscheidend, wenn dieser außergewöhnlich niedrig ist und hinter dem Verkehrswert des Grundstücks zurückbleibt, wobei sich der Gegenwert jedoch noch in eine Relation zum Verkehrswert bringen lassen muss.[870]

Für den direkten Anleger ist beim Erwerb bzw. generell bei einem Besitzerwechsel oder auch bei Umstrukturierungsmaßnahmen zur zukünftigen Vermögensverwaltung und -weitergabe stets die Möglichkeit anfallender Grunderwerbsteuer virulent.[871] Hierbei sind jedoch auch die vielfältigen Steuerbefreiungen nach dem GrEStG zu beachten. Neben den sachlichen Steuerbefreiungen aus den §§ 3 und 4 GrEStG enthalten die §§ 5 bis 7 GrEStG noch weitere Sonderfälle.[872] Steuerbefreit sind beispielsweise Erwerbsvorgänge von Todes wegen sowie Grundstücksschenkungen gem. § 3 Nr. 2 S. 1 GrEStG, da es andernfalls zu einer Doppelbesteuerung mit Erbschafts- bzw. Schenkungssteuer kommen würden. Aber auch der Grundstückserwerb durch den Ehegatten oder Lebenspartner des Veräußerers ist gem. § 3 Nr. 4 GrEStG von der Grunderwerbsteuer befreit. Gleiches gilt gem. § 3 Nr. 6 S. 1 GrEStG für den Erwerb durch Personen, die mit dem Veräußerer in gerader Linie verwandt sind.

2. *Umsatzsteuer*

Auch die Umsatzsteuer kann im Rahmen des Erwerbs eines Grundstücks relevant werden. Entsprechend der Systematik der Umsatzsteuer kommt es dafür

---

868 *Haase/Jachmann-Michel*, Beck'sches Handbuch Immobiliensteuerrecht, § 5 Rn. 111.

869 Zu den Anwendungsfällen des § 8 Abs. 2 GrEStG siehe: *Pahlke*, Pahlke, GrEStG, § 8 Rn. 54 ff.

870 *Nacke*, Immobilienbesteuerung bei Erwerb, Besitz, Veräußerung, Rn. 64..

871 Zu Gestaltungsmöglichkeiten bei der Grunderwerbsteuer *Schley*, NWB-EV 2020, 198 (201 ff.).

872 *Nacke*, Immobilienbesteuerung bei Erwerb, Besitz, Veräußerung, Rn. 105.

auf zwei Faktoren an. Zum einen muss es sich um einen steuerbaren Vorgang i. S. d. UStG handeln und zum anderen muss dieser steuerbare Vorgang auch steuerpflichtig sein.[873]

Grundsätzlich sind nur die Immobilienveräußerungen aus dem Unternehmervermögen steuerbar, nicht jedoch die durch eine Privatperson. Ob es sich bei dem Erwerber um eine Privatperson oder um einen Unternehmer handelt, ist hierbei irrelevant. Eine Befreiung von der Umsatzsteuer sieht § 4 Nr. 9 Buchst. a UStG für den Fall vor, dass der Erwerbsvorgang dem GrEStG unterfällt. In diesem Fall kann der Unternehmer nach § 9 Abs. 1 UStG zur Umsatzsteuer optieren, wenn der Unternehmer eine Grundstücksveräußerung an einen anderen Unternehmer für dessen Unternehmen vornimmt.

Dass die anfallende Umsatzsteuer für den Erwerb einer Immobilie relevant sein kann und nicht etwa im Rahmen der Veräußerung, ist dem § 13b UStG geschuldet. Hat der Veräußerer zur Umsatzsteuer optiert, ergibt sich aus § 13b Abs. 2 Nr. 3 i. V. m. Abs. 5 S. 1 UStG, dass der Erwerber des Grundstücks unter bestimmten Voraussetzungen die Umsatzsteuer schuldet und nicht wie üblich der Veräußerer. Voraussetzung dieser Umkehr der Steuerschuldnerschaft ist jedoch u. a., dass der Erwerber ein Unternehmer oder eine juristische Person ist.[874] Außerdem muss es sich um einen Umsatz handeln, der unter das Grunderwerbsteuergesetz fällt,[875] also insbesondere Umsätze von unbebauten und bebauten Grundstücken sowie die Bestellung und Übertragen von Erbbaurechten gegen Einmalzahlung oder regelmäßig wiederkehrende Erbbauzinsen.[876] Eine Besonderheit bei diesem sog. Reverse-Charge-Verfahren besteht darin, dass dieses ausschließlich für den Grundstückskauf selbst und nicht für eventuell gleichzeitig mitveräußertes Inventar gilt.[877]

3. *Einkommensteuer*

Erfolgt der Erwerb einer Immobilie im Rahmen einer Einkunftsquelle, so sind die Herstellungs- bzw. Anschaffungskosten über die Nutzungsdauer abzuschreiben. Aufwendungen im Rahmen von Sanierungs- und Renovierungsmaßnahmen sind zudem steuerrechtlich insofern relevant, als diese entweder sofort abzugsfähige Erhaltungsaufwendungen oder aber (nachträgliche)

---

873 *Nacke*, Immobilienbesteuerung bei Erwerb, Besitz, Veräußerung, Rn. 161.
874 § 13b Abs. 5 S. 1 UStG.
875 § 13b Abs. 2 Nr. 3 UStG.
876 *Nacke*, Immobilienbesteuerung bei Erwerb, Besitz, Veräußerung, Rn. 162.
877 *Nacke*, Immobilienbesteuerung bei Erwerb, Besitz, Veräußerung, Rn. 166.

Herstellungskosten darstellen können. In § 6 Abs. 1 Nr. 1 EStG wird für abnutzbare Wirtschaftsgüter des Anlagevermögens eine Absetzung für Abnutzung nach § 7 EStG vorgesehen. Durch die AfA wird der Aufwand für die Anschaffung oder Herstellung von abnutzbaren Wirtschaftsgütern des Anlagevermögens über mehrere Jahre verteilt.[878] Wird hingegen durch die Art des Betriebs ein Substanzverzehr erreicht, so sind gem. § 7 Abs. 6 EStG Absetzungen für Substanzverringerungen (AfS) vorzunehmen.[879]

a) Herstellungskosten

Der Begriff der Herstellungskosten ist in den Steuergesetzen nicht definiert. Es wird daher auf die Begriffsbestimmungen des Handelsrechts und dort auf § 255 Abs. 2 S. 1 HGB zurückgegriffen.[880] Es handelt sich bei Herstellungskosten um Aufwendungen, die durch den Verbrauch von Gütern und die Inanspruchnahme von Diensten für die Herstellung eines Vermögensgegenstandes, seine Erweiterung oder für eine über seinen ursprünglichen Zustand hinaus gehende wesentliche Verbesserung entstehen.[881] Die Anschaffungs- und Herstellungskosten bilden die Bemessungsgrundlage für die AfA nach § 7 Abs. 1, 4 und Abs. 5 EStG. § 7 Abs. 4 und Abs. 5 EStG enthalten Sonderregelungen für Gebäude und selbstständige Gebäudeteile und fest typisierte AfA-Sätze. Es wird unterschieden zwischen der linearen und der degressiven AfA. Die lineare AfA erfolgt in gleichen Jahresbeträgen, wohingegen eine degressive AfA in fallenden Jahresbeträgen erfolgt.[882]

Der degressiven AfA liegt der Gedanke zugrunde, dass manche Wirtschaftsgüter in den ersten Jahren der Nutzung schneller veralten als in den folgenden.[883] Die Voraussetzungen der degressiven Gebäude-AfA finden sich in § 7 Abs. 5 EStG. Es muss sich hierbei um Gebäude, Gebäudeteile, die selbstständige Wirtschaftsgüter sind, Eigentumswohnungen oder im Teileigentum stehende Räume in einem Mitgliedstaat der Europäischen Union oder in einem anderen EWR-Staat handeln, welche von dem Steuerpflichtigen hergestellt oder bis zum Ende des Jahres der Fertigstellung angeschafft worden sind. Die degressive AfA gilt nur für fertiggestellte, also bestimmungsgemäß verwendbare Gebäude.[884]

---

878 *Birk u. a.*, Steuerrecht, S. 271.
879 *Birk u. a.*, Steuerrecht, S. 271.
880 BFH v. 04.07.1990 – GrS 1/89 – BFHE 160, 466, BStBl. II 1990, 830, Rn. 41.
881 BFH v. 04.07.1990 – GrS 1/89 – BFHE 160, 466, BStBl. II 1990, 830, Rn. 42.
882 *Brandis*, Brandis/Heuermann, Ertragsteuerrecht, § 7 EStG Rn. 2.
883 *Hennrichs*, Tipke/Lang, Steuerrecht, Rn. 9.311.
884 *Anzinger*, Herrmann/Heuer/Raupach, EStG/KStG, § 7 EStG, Rn. 322.

Die Höhe der AfA-Sätze bestimmt sich zum einen nach der Art des Gebäudes und zum anderen nach dem Baujahr.

Dabei stellen die typisierten Abschreibungssätze für Gebäude nach § 7 Abs. 4 und Abs. 5 EStG nicht auf die tatsächliche, sondern auf eine unterstellte Nutzungsdauer ab.[885]

Gebäude, welche Wohnzwecken dienen und nicht zu einem Betriebsvermögen gehören, werden im Rahmen der linearen AfA nach § 7 Abs. 4 EStG mit jährlich 2 % abgeschrieben. Hat der Steuerpflichtige das entsprechende Gebäude hergestellt oder bis zum Ende des Jahres der Fertigstellung angeschafft, so kann er statt der linearen auch die degressive AfA geltend machen.

b) Erhaltungsaufwendungen

Anders als die zu aktivierenden und über die AfA abzuziehenden Herstellungskosten sind die Aufwendungen zur Erhaltung des Wirtschaftsguts in voller Höhe Werbungskosten i. S. d. § 9 Abs. 1 S. 1 EStG und daher in dem Jahr abzugsfähig, in dem sie tatsächlich aufgewendet wurden.[886] Die Abgrenzung von Herstellungskosten und Erhaltungsaufwendungen ist ein bekanntes Streitthema im Steuerrecht und insbesondere im Fall der nachträglichen Herstellungskosten, die während der Besitzzeit des Steuerpflichtigen aufgewendet werden, problematisch.[887] Eine klare Definition der Erhaltungsaufwendungen gibt es im Steuerrecht nicht, sodass von ihrem Vorliegen dann ausgegangen werden kann, wenn nicht Herstellungskosten bzw. anschaffungsnaher Aufwand oder Anschaffungskosten gegeben sind.[888] Negativ umschrieben liegen Erhaltungsaufwendungen vor, wenn die Maßnahmen weder zu einer Erweiterung des Wirtschaftsguts noch zu einer über den ursprünglichen Zustand hinausgehenden wesentlichen Verbesserung noch zum Entstehen eines neuen oder anderen Wirtschaftsguts führen.[889]

Für die Abgrenzung des Erhaltungsaufwands von den nachträglichen Herstellungskosten und den Anschaffungskosten ist zwischen der Erweiterung und der über den Ursprung hinausgehenden wesentlichen Verbesserung zu unterscheiden.

---

885 *Nacke*, Immobilienbesteuerung bei Erwerb, Besitz, Veräußerung, S. 107; *Brandis*, Brandis/Heuermann, Ertragsteuerrecht, § 7 EStG, Rn. 456.

886 *Nacke*, Immobilienbesteuerung bei Erwerb, Besitz, Veräußerung Rn. 304.

887 Ausführlich siehe: *von Sanden*, DStR 2020, 958 (958 ff.).

888 *Eggers*, Korn, Einkommensteuergesetz, § 21 EStG, Rn. 118.

889 *Eggers*, Korn, Einkommensteuergesetz, § 21 EStG, Rn. 118.

Im Zuge von Instandsetzungs- und Modernisierungsmaßnahmen stellen die in diesem Zusammenhang gemachten Aufwendungen dann Herstellungskosten dar, wenn sie für eine Erweiterung i. S. v. § 255 Abs. 1 S. 1 HGB getätigt werden. Eine Erweiterung ist in der Aufstockung oder dem Anbau an ein Gebäude zu sehen, kann jedoch auch in der Vergrößerung der nutzbaren Fläche sowie der Vermehrung der Substanz liegen.[890] Neben der Erweiterung sind auch die über den ursprünglichen Zustand hinausgehenden wesentlichen Verbesserungen gem. § 255 Abs. 2 S. 1 Var. 3 HGB als Herstellungskosten zu qualifizieren. Für die Abgrenzung der Herstellungskosten von den Erhaltungsaufwendungen ist hier insbesondere relevant, ob der Gebrauchswert des Gebäudes durch eine Standardhebung deutlich erhöht worden ist. Eine wesentliche Verbesserung ist erst dann gegeben, wenn die Maßnahmen zur Instandsetzung und Modernisierung eines Gebäudes in ihrer Gesamtheit über eine zeitgemäße substanzerhaltende Erneuerung hinausgehen, den Gebrauchswert des Gebäudes insgesamt deutlich erhöhen und damit für die Zukunft eine erweiterte Nutzungsmöglichkeit geschaffen wird.[891]

Von den Erhaltungsaufwendungen abzugrenzen sind ebenfalls die Anschaffungskosten, also die Aufwendungen, die geleistet werden, um das Gebäude zu erwerben und es in einen betriebsbereiten Zustand zu versetzen, soweit sie dem Gebäude einzeln zugeordnet werden können. Ein Gebäude ist dann als betriebsbereit anzusehen, wenn es entsprechend seiner Zweckbestimmung genutzt werden kann.[892]

c) Sonderabschreibungen für Mietwohnungsbau

Nach Maßgabe des § 7b EStG können bei der Anschaffung und Herstellung von Wohnungen im Jahr ihrer Anschaffung oder Herstellung und in den folgenden drei Jahren Sonderabschreibungen bis zu jährlich 5 % der Bemessungsgrundlage neben der AfA nach § 7 Abs. 4 EStG in Anspruch genommen werden. Der Gesetzgeber intendiert damit die Förderung des Mietwohnungsbaus im unteren und mittleren Mietpreissegment in ausgewiesenen Fördergebieten.[893] Um genau auf das untere und mittlere Mietpreissegment zu zielen, dürfen die Anschaffungs- und Herstellungskosten gem. § 7b Abs. 2 S. 2 EStG pro Quadratmeter Wohnfläche bestimmte Baukosten nicht übersteigen. Die

---

890 BMF v. 18.07.2003 – IV C 3 – S 2211–94/03, BStBl. I 2003, 386, Rn. 19–24.
891 BMF v. 18.07.2003 – IV C 3 – S 2211–94/03, BStBl. I 2003, 386, Rn. 28.
892 BMF v. 18.07.2003 – IV C 3 – S 2211–94/03, BStBl. I 2003, 386, Rn. 2.
893 BT-Drs. 18/7736, S. 2.

Baukostenobergrenze liegt bei Wohnungen, die aufgrund eines nach dem 31.08.2018 und vor dem 01.01.2022 gestellten Bauantrags oder einer in dieser Zeit getätigten Bauanzeige hergestellt werden, bei 3.000 EUR pro Quadratmeter Wohnfläche, bei Wohnungen, die aufgrund eines nach dem 31.12.2022 und vor dem 01.01.2027 gestellten Bauantrags oder einer in dieser Zeit getätigten Bauanzeige hergestellt werden, bei 4.800 EUR pro Quadratmeter Wohnfläche. Die Wohnungen müssen zudem gem. § 7b Abs. 2 S. 1 Nr. 2 EStG für mindestens zehn Jahre dauerhaft vermietet werden.

II. Besitz einer Immobilie im Privatvermögen

Befinden sich Immobilien im Privatvermögen, bestehen zunächst zwei Optionen. Zum einen kann die Immobilie für Wohnzwecke selbst genutzt werden oder die Immobilie kann zur Erzielung eines passiven Einkommens genutzt werden. Für den Fall, dass die Immobilie vermietet und so im Rahmen einer Einkunftsquelle genutzt werden soll, ergeben sich regelmäßig steuerliche Folgen. Hierbei entsteht jedoch nicht nur eine Steuerbelastung, sondern es ergeben sich verschiedene Gestaltungsmöglichkeiten, welche auch zu einer Steuerersparnis führen können.

1. Einkommensteuer

Zentrale Norm der Besteuerung von Einkünften aus Vermietung und Verpachtung von Immobilien ist § 21 EStG. Nur wenn der Tatbestand des § 21 EStG erfüllt ist, fallen auch Steuern für eine entsprechende Tätigkeit an. Hierbei unterscheidet § 21 Abs. 1 EStG vier Fallgruppen der Einkünfte aus Vermietung und Verpachtung, welche eine Steuerpflicht begründen können.[894] Hierunter fällt nicht nur die Vermietung und Verpachtung von unbeweglichem Vermögen, sondern auch die von beweglichem Vermögen.

Gem. § 21 Abs. 1 Nr. 1 EStG zählen zu dem unbeweglichen Vermögen unbebaute und bebaute Grundstücke, Grundstücksteile (insbesondere Wohnungen), Rechte, die den Vorschriften des bürgerlichen Rechts über Grundstücke unterliegen (Grundstücksrechte wie z. B. Erbbaurechte und Mineralgewinnungsrechte) und ins Schiffsregister eingetragene Schiffe.

---

894 *Pfirrmann*, Herrmann/Heuer/Raupach, EStG/KStG, § 21 EStG Rn. 1; *Schallmoser*, Brandis/Heuermann, Ertragsteuerrecht, § 21 EStG Rn. 1.

a) Begriff der Vermietung und Verpachtung

Nach dem sich aus § 535 BGB ergebenden bürgerlich-rechtlichen Verständnis ist eine Vermietung ein Vertrag, durch den der Mieter gegen Entgelt berechtigt ist, eine Sache für die vereinbarte Zeit zu gebrauchen. Die Verpachtung aus § 581 BGB beinhaltet zusätzlich noch die Verpflichtung des Verpächters, dem Pächter das Recht auf Fruchtziehung zu gewähren. Aus steuerrechtlicher Sicht ist unter der Vermietung und Verpachtung jede zeitlich begrenzte Überlassung eines Gegenstandes zum Gebrauch oder zur Nutzung gegen Entgelt zu verstehen.[895]

b) Einkünfteerzielungsabsicht

Die Tätigkeit der Vermietung und Verpachtung setzt für ihre steuerliche Relevanz das Vorliegen einer Einkünfteerzielungsabsicht voraus. Es muss bei der Vermietung und Verpachtung die Absicht bestehen, auf Dauer gesehen nachhaltige Überschüsse zu erzielen.[896] Fehlt es an diesem subjektiven Tatbestandsmerkmal, so ist die Tätigkeit als sog. „Liebhaberei" der privaten Lebensführung zuzurechnen. Die präzise Definition der Einkünfte aus Vermietung und Verpachtung gem. § 21 Abs. 1 S. 1 Nr. 1 EStG umfasst die entgeltliche Überlassung eines Grundstücks zur Nutzung sowie die Absicht, auf die voraussichtliche Dauer der Nutzung des Grundstücks einen Überschuss der Einnahmen über die Werbungskosten zu erzielen.[897]

Das Vorliegen einer Einkünfteerzielungsabsicht ist grundsätzlich an äußeren Umständen festzumachen und erfolgt je nach Einzelfall mittels einer Totalerfolgsprognose. Dadurch soll ermittelt werden, ob damit gerechnet werden kann, dass der Steuerpflichtige mit der betreffenden Tätigkeit insgesamt positive Einkünfte erwirtschaften wird.[898] Im Gegensatz zur stark einzelfallbezogenen Beurteilung der Einkünfteerzielungsabsicht bei den anderen Einkunftsarten ist bei den Einkünften aus Vermietung und Verpachtung jedoch davon auszugehen, dass der Steuerpflichtige einen Überschuss erwirtschaften will, sofern die Vermietungstätigkeit auf Dauer angelegt ist.[899] Dies gilt

---

895 BFH v. 06.05.2003 – IX R 64/98, BFH/NV 2003, 1175, Rn. 18.

896 *Schallmoser*, Brandis/Heuermann, Ertragsteuerrecht, § 21 EStG Rn. 150.

897 BFH v. 14.12.2004 – IX R 1/04 – BStBl. II 2005, 211, Rn. 10.

898 Ausführlich dazu und zu der Frage einer subjektübergreifenden Einkünfteerzielungsabsicht siehe: *Stöber*, FR 2017, 801 (801 ff.).

899 Vgl. *Schallmoser*, Brandis/Heuermann, Ertragsteuerrecht, § 21 EStG Rn. 151; *Eggers*, Korn, Einkommensteuergesetz, § 21 EStG Rn. 42; *Pfirrmann*, Herrmann/Heuer/Raupach, EStG/KStG, § 21 EStG Rn. 70.

insbesondere für auf Dauer vermietete Wohnimmobilien. Aufgrund der in § 21 EStG angelegten typisierten Annahme einer Einkünfteerzielungsabsicht ist auf den typischen und nicht auf den verwirklichten Geschehensablauf abzustellen, sodass es unerheblich ist, ob tatsächlich ein Totalüberschuss erreicht wird.[900] Werden Wohnimmobilien vermietet, so stellt der Regelfall wohl auch eine Intention zur Gewinnerzielung dar. Die überschaubaren Ausnahmen wie beispielsweise die vergünstigte Vermietung an nahe Angehörige, die Vermietung auf Zeit oder die Vermietung mit Veräußerungsvorbehalt vermögen den administrativen Mehraufwand einer Einzelfallprüfung nicht zu rechtfertigen. Die pauschale Annahme einer Einkünfteerzielungsabsicht, jedenfalls im Falle der Vermietung von Wohnimmobilien, ist daher im Grunde zu befürworten. Einschränkend sollte sich der Prognosezeitraum jedoch an der voraussichtlichen Nutzungsdauer eines Miet- oder Pachtobjekts der in Rede stehenden Art orientieren.[901]

c) Werbungskosten

Die Immobilieninvestition erreicht durch den Werbungskostenabzug gerade deshalb eine besondere Attraktivität, weil die negativen Einkünfte aus Vermietung und Verpachtung, welche sich ergeben, wenn die Werbungskosten die Einnahmen übersteigen, unbeschränkt mit positiven Einkünften aus anderen Einkunftsarten verrechnet werden können. Dadurch ergeben sich nicht nur für den Steuerpflichtigen attraktive Steuersparmöglichkeiten, sondern auch der Bau von Mietwohnungen wird indirekt gefördert.

Werbungskosten sind gem. § 9 Abs. 1 S. 1 EStG Aufwendungen zur Erwerbung, Sicherung oder Erhaltung der Einnahmen.[902] Im Falle der Einkünfte aus Vermietung und Verpachtung gehören zu den Werbungskosten alle Aufwendungen, die durch die Erzielung von Mieteinnahmen veranlasst sind. Es bedarf insbesondere eines Veranlassungszusammenhangs, welcher besteht, wenn die Aufwendungen objektiv in wirtschaftlichem Zusammenhang mit dieser Einkunftsart stehen und subjektiv zur Förderung der Einkünfteerzielung gemacht werden.[903] Für die sachliche Zuordnung von Werbungskosten ist das jeweilige Wirtschaftsgut, also der Gebäudeteil maßgeblich, wenn das Gebäude mehrere

---

900 *Schallmoser*, Brandis/Heuermann, Ertragsteuerrecht, § 21 EStG Rn. 151.

901 Vgl. *Stöber*, FR 2017, 801 (807).

902 *Schallmoser*, Brandis/Heuermann, Ertragsteuerrecht, § 21 EStG Rn. 245.

903 *Nacke*, Immobilienbesteuerung bei Erwerb, Besitz, Veräußerung, S. 193; *Pfirrmann*, Herrmann/Heuer/Raupach, EStG/KStG, § 21 EStG Rn. 90.

Wirtschaftsgüter umfasst, weil es beispielsweise sowohl zu eigenen wie auch zu fremden Wohnzwecken genutzt wird.[904] Die Werbungskosten sind hierbei nach dem Abflussprinzip des § 11 Abs. 2 EStG in dem Veranlagungszeitraum abzusetzen, in dem sie geleistet wurden.[905]

aa) Besonderheiten beim Werbungskostenabzug

Werbungskosten im Zusammenhang mit einer Immobilie können nicht nur unmittelbar durch die Vermietungstätigkeit entstehen. Denkbar sind insbesondere Aufwendungen zur Modernisierung einer neu erworbenen Immobilie, welche im Anschluss vermietet werden soll. Maßgeblich für die Berücksichtigung dieser vorab entstandenen Werbungskosten ist ein ausreichend bestimmter wirtschaftlicher Zusammenhang zwischen Aufwendungen und Einkunftsart, in deren Rahmen der Abzug begehrt wird.[906] Dieser Zusammenhang ist dann gegeben, wenn sich anhand objektiver Umstände feststellen lässt, dass der Steuerpflichtige den Entschluss, Einkünfte aus Vermietung und Verpachtung zu erzielen, endgültig gefasst und, bevor die Aufwendungen anfallen, nicht wieder aufgegeben hat.[907] Lässt der Steuerpflichtige ein Objekt jedoch Jahre lang leer stehen, ohne sich um einen Mieter zu bemühen, fehlt es an einem solchen endgültigen Entschluss.[908] Spiegelbildlich zu den vorab entstandenen Werbungskosten besteht jedoch auch die Möglichkeit, Werbungskosten zu berücksichtigen, welche mit früheren steuerbaren Einnahmen im wirtschaftlichen Zusammenhang stehen.[909] Zu beachten ist jedoch, dass die Aufwendungen, welche durch die Veräußerung des Grundstücks veranlasst sind, nicht als Werbungskosten bei den Einkünften aus Vermietung und Verpachtung abgezogen werden können.[910]

---

904 BFH v. 25.09.2007 – IX R 28/07, BStBl. II 2008, 218, Rn. 10; *Schallmoser*, Brandis/Heuermann, Ertragsteuerrecht, § 21 EStG Rn. 246.

905 *Schallmoser*, Brandis/Heuermann, Ertragsteuerrecht, § 21 EStG Rn. 249.

906 BFH v. 04.07.1990 – GrS 1/89, BStBl. II 1990, 830 Rn. 56.

907 BFH v. 09.07.2013 – IX R 21/12, BFH/NV 2013, 1778, Rn. 14; BFH v. 11.08.2010 – IX R 3/10, BStBl. II 2010, 166, Rn. 17; BFH v. 28.10.2008 – IX R 1/07, BStBl. II 2009, 848, Rn. 14; *Schallmoser*, Brandis/Heuermann, Ertragsteuerrecht, § 21 EStG Rn. 266.

908 BFH v. 19.09.1990 – IX R 5/86, BStBl. II 1990, 1030, Rn. 9.

909 *Schallmoser*, Brandis/Heuermann, Ertragsteuerrecht, § 21 EStG Rn. 276.

910 BFH v. 24.01.2012 – IX R 16/11, BFH/NV 2012, 1108, Rn. 9; BFH v. 07.12.2006 – IX B 34/06, BFH/NV 2007, 715, Rn. 3; *Schallmoser*, Brandis/Heuermann, Ertragsteuerrecht, § 21 EStG Rn. 279.

Die Aufwendungen, welche im Zusammenhang mit dem Bau von Immobilien anfallen, sind grundsätzlich als Herstellungskosten zu aktivieren und nicht sofort als Werbungskosten abziehbar.[911] Eine Ausnahme besteht allerdings für Finanzierungskosten während der Bauphase, also insbesondere Zinsen für Darlehen, welche der Hersteller eines Gebäudes zur Finanzierung des Bauvorhabens aufgenommen hat. Diese sind als Schuldzinsen i. S. d. § 9 Abs. 1 S. 3 Nr. 1 EStG sofort abziehbar.[912]

bb) Variabilität der Gestaltungen

Als Eigentümer einer oder mehrerer Immobilien, welche Einkünfte aus Vermietung und Verpachtung erzielen, ergibt sich eine Vielzahl abziehbarer Werbungskosten. Zunächst ist an die Erhaltungsaufwendungen zu denken, welche unmittelbar zu einer Wertsteigerung der Kapitalanlage führen. Bei Erhaltungsaufwendungen handelt es sich um Aufwendungen, welche der Erneuerung von bereits vorhandenen Gebäudeteilen, Einrichtungen oder Anlagen dienen.[913] Sie umfassen sämtliche Instandhaltungs- und Modernisierungsmaßnahmen, die dazu dienen, die Verwendungs- und Nutzungsmöglichkeiten der Immobilie in entsprechendem Zustand zu erhalten oder wiederherzustellen, auch wenn einzelne Bestandteile durch zeitgemäße ersetzt werden.[914]

Wird der Mietzins auf ein Konto des Vermieters überwiesen sind auch die Kontogebühren für das Konto ungeachtet der sonstigen Nutzung als Werbungskosten abziehbar.[915] Vermietet der Eigentümer ein Grundstück außerhalb seines Wohnorts, kann er Reisekosten als Werbungskosten absetzen und in diesem Zusammenhang sogar für die Verpflegung während dieser „Reise" Pauschsätze berücksichtigen lassen.[916] Auch die Reisekosten, welche auf der Suche nach einem zum Kauf geeigneten Grundstück entstehen, können Werbungskosten darstellen.[917] Eigenständige Reparaturen des Vermieters stellen keine Herstellungskosten dar, weil es an einer „Inanspruchnahme von Diensten" i. S. d. § 255 Abs. 2 HGB fehlt.[918].

---

911 *Eggers*, Korn, Einkommensteuergesetz, § 21 EStG Rn. 112.
912 BFH v. 07.11.1989 – IX R 190/85, BStBl. II 1990, 460, Rn. 9.
913 *Schallmoser*, Brandis/Heuermann, Ertragsteuerrecht, § 21 EStG Rn. 311.
914 *Schallmoser*, Brandis/Heuermann, Ertragsteuerrecht, § 21 EStG Rn. 311.
915 *Schallmoser*, Brandis/Heuermann, Ertragsteuerrecht, § 21 EStG Rn. 400.
916 *Schallmoser*, Brandis/Heuermann, Ertragsteuerrecht, § 21 EStG Rn. 400.
917 BFH v. 10.03.1981 – VIII R 195/77, BStBl. II 1981, 470, Rn. 13.
918 BFH v. 10.05.1995 – IX R 73/91, BFHE 177, 464, BStBl. II 1995, 713, Rn. 12.

Aufwendungen für die dabei eingesetzten Baugeräte hingegen zählen zu den Herstellungskosten.[919]

Dem vermietenden Steuerpflichtigen steht folglich eine Vielzahl von abzugsfähigen Posten zur Verfügung. Diese Vielfalt bedingt ein großes Gestaltungspotenzial, welches dem Steuerpflichtigen zum einen die Möglichkeit einer steuervergünstigten Reinvestition seiner Einnahmen ermöglicht, zum anderen jedoch auch ein Missbrauchsrisiko birgt. Erwirbt der Steuerpflichtige beispielsweise eine Immobilie in einem Urlaubsort, so können auch anfallende Reisekosten dem Erhalt seines Wirtschaftsguts dienen und folglich absetzbar sein. Ebenso verhält es sich mit der neuen Bohrmaschine, welche vielleicht einmal zur Reparatur in dem vermieteten Objekt genutzt wurde, vielleicht aber auch die privaten Räumlichkeiten des Vermieters niemals verlassen hat.

2. Gestaltungsmöglichkeiten im Rahmen von Rechtsverhältnissen zwischen Familienangehörigen

Nicht selten wird Mietraum tatsächlich oder zum Schein an Familienmitglieder vermietet, auch um dadurch Modernisierungs- und Instandsetzungsaufwendungen von im Privatvermögen befindlichen Immobilien als Werbungskosten abzusetzen. Durch die Verlagerung der Mieteinkünfte ergeben sich zudem auch Möglichkeiten, die eigene Einkommensteuerprogression zu senken sowie den Grundfreibetrag der eigenen Kinder auszunutzen. In der Praxis spielen die Zurechnung und die Verlagerung von Vermietungseinkünften daher eine große Rolle.[920] Insbesondere die steuerliche Anerkennung von Mietverhältnissen unter nahen Angehörigen bereitet jedoch Schwierigkeiten.

a) Verträge zwischen Familienangehörigen

Aufgrund des Grundsatzes der Gestaltungsfreiheit sind auch zwischen Familienangehörigen alle denkbaren Vertragstypen möglich.[921] Aus steuerrechtlicher Sicht relevant werden diese insbesondere dann, wenn Einkommensteuerveranlagungen vorgenommen werden sollen, Wohnungen innerhalb der Familie vermietet oder Darlehensforderungen unter Angehörigen als Werbungskosten abgesetzt werden sollen. Aus Art. 3 Abs. 1 GG und Art. 6 Abs. 1 GG ist abzuleiten, dass grundsätzlich auch Verträge zwischen Familienangehörigen

---

919 *Schallmoser*, Brandis/Heuermann, Ertragsteuerrecht, § 21 EStG Rn. 400.

920 Vgl. *Hermann*, DB 1992, 2104 (2104).

921 Vgl. *Schulze zur Wiesche*, Vereinbarungen unter Familienangehörigen und ihre steuerlichen Folgen, Rn. 128.

steuerlich anzuerkennen sind.[922] Diese dürfen auch nicht schlechter gestellt werden als Verträge zwischen fremden Personen.[923] Die Anerkennung der vertraglichen Vereinbarung kann nur versagt werden, wenn sie dazu geeignet ist, zu einer Steuerminderung zu führen, was zu einer steuerlichen Gesamtbetrachtung führen muss, da nicht nur auf eine Steuerart allein abgestellt werden darf.[924] Aufgrund der selbstständigen Steuerpflicht der Kinder ist es attraktiv, die eigenen Einkunftsquellen auf diese zu übertragen, um somit die Gesamtsteuerbelastung erheblich zu mindern. Solche Verträge werden jedoch insbesondere dann nicht immer steuerlich anerkannt, wenn sie offensichtlich nur der Steuerersparnis dienen.[925]

b) Der Begriff der nahen Angehörigen

Der Begriff der Familie umfasste ursprünglich die Gesamtheit der durch Ehe, Verwandtschaft und Schwägerschaft verbundenen Personen. Nach heutigem Verständnis ist dieser Begriff jedoch auf Eheleute und deren Kinder geschrumpft. Der Begriff der nahen Angehörigen ist aufgrund der gleichgerichteten Interessen weiter zu fassen und beinhaltet die Eltern, Kinder, Verlobten und Partner einer nichtehelichen Gemeinschaft.[926] Maßgeblich ist nicht primär § 15 AO, sondern ein den Gleichklang wirtschaftlicher Interessen indizierendes Näheverhältnis,[927] worunter auch das Verhältnis zwischen Großeltern und Enkelkindern fallen kann.[928] Der Begriff der nahen Angehörigen ist daher enger als der Begriff des nächsten Angehörigen aus § 15 AO und weiter als der des nächsten Angehörigen aus § 58 Nr. 5 AO. Nicht unter den Begriff der nahen Angehörigen fallen aufgrund nicht zwangsläufig wirtschaftlich gleichgerichteter Interessen Geschwister untereinander sowie Neffen und Nichten im Verhältnis zu ihren Tanten und Onkeln.[929]

---

922 BVerfG v. 24.01.1962 – BvL 32/57, BVerfGE 13, 290 (303 ff.); BVerfG v. 08.07.1963 – 1 BvR 319/60, BVerfGE 16, 241 (242).

923 Vgl. *Hey*, Tipke/Lang, Steuerrecht, Rn. 8.163.

924 FG Nieders. v. 19.05.2003 – 1 K 202/98, EFG 2003, 1457.

925 Vgl. *Schulze zur Wiesche*, Vereinbarungen unter Familienangehörigen und ihre steuerlichen Folgen, Rn. 127.

926 *Fuhrmann*, KÖStD 2005, 14784 (14784).

927 BFH v. 20.01.2003 – IX B 94/02, BFH/NV 2003, 617, Rn. 3.

928 BFH v. 07.06.2006 – IX R 4/04, BStBl. II 2007, 294, Rn. 12.

929 Vgl. FG Nieders. v. 19.05.2003 – 1 K 202/98, EFG 2003, 1457.

c) Der Fremdvergleich

Das wesentliche Kriterium steuerlicher Akzeptanz von Verträgen zwischen nahen Angehörigen ist der Fremdvergleich, welcher nach der Rechtsprechung des BFH seine Rechtsgrundlage nicht etwa in den §§ 85, 88 AO und § 76 Abs. 1 FGO, sondern in dem Veranlassungsgrundsatz findet.[930] Der IX. Senat des BFH hat bekräftigt, dass mit den genannten Normen die Vorschriften über das finanzbehördliche und finanzgerichtliche Ermittlungsverfahren als verfahrensrechtliche Grundlage des Fremdvergleichs zu sehen sind.[931] Grob formuliert könnte man sagen, dass der Fremdvergleich der Beurteilung diene, ob die Vertragsbeziehungen tatsächlich im betrieblichen Bereich wurzeln oder aber in der privaten Verbundenheit der handelnden Personen.[932] Der Fremdvergleich soll möglichen Missbrauch verhindern.[933] Zu bedenken ist jedoch, dass dies unter Umständen zu Lasten sowohl der durch Art. 6 Abs. 1 GG geschützten Ehe als auch der Familie insgesamt geschieht.[934] Über den Umstand, dass eine angemessene Missbrauchsbekämpfung in Hinsicht auf Angehörigenverträge existieren muss, besteht durchgehend Einigkeit.[935] Nur sollte dies ohne eine Beeinträchtigung des verfassungsrechtlich gebotenen Schutzes von Ehe und Familie sowie des Gleichheitsgebots geschehen, lediglich um einen verwaltungspraktikablen Steuervollzug zu gewährleisten.[936] Dass Verträge zwischen nahen Angehörigen besonders strengen Anforderungen unterliegen, ist jedoch insbesondere hinsichtlich der vermutlich gleichgerichteten Interessen evident und verfassungsrechtlich unbedenklich.[937] Anders als bei Fremden ist bei nahen Angehörigen zumeist zu vermuten, dass sie die selben Interessen verfolgen und sich auch im Erwerbsleben gegenseitig unterstützen.[938]

---

930 Vgl. *Gosch*, KStG, § 8 KStG Rn. 290; a. A. wohl: *Schallmoser*, Brandis/Heuermann, Ertragsteuerrecht, § 21 EStG Rn. 128.

931 BFH v. 28.06.2002 – IX R 68/99, BStBl. II 2002, 699, Rn. 15.

932 *Kulosa*, DB 2014, 972 (972).

933 A. A. *Gosch*, KStG, § 8 KStG Rn. 290.

934 *Fischer*, DStZ 1997, 357 (357).

935 *Kupfer*, KÖStD 2001, 12777 (12777).

936 *Fischer*, DStZ 1997, 357 (357).

937 *Fuhrmann*, KÖStD 2005, 14784 (14784); A.A. *Beul/Beul*, DStR 1985, 13 (20).

938 *Seeger*, DStR 1998, 1339 (1339).

d) Steuerliche Anerkennung von Mietverträgen zwischen nahen Angehörigen

Grundvoraussetzung zur steuerlichen Anerkennung von Mietverträgen zwischen nahen Angehörigen ist zunächst ein zivilrechtlich wirksamer Vertrag, welcher auch tatsächlich durchgeführt werden muss.

Primär entscheidend ist, ob die Vertragsparteien ihre entsprechenden Pflichten, wie die Überlassung der Mietsache und die Zahlung der Miete, konkret benannt haben und diese entsprechend der Vereinbarung auch einhalten.[939] Ob ein solcher Mietvertrag steuerlich anzuerkennen ist, hängt im Rahmen des Fremdvergleichs davon ab, ob die Vereinbarung und Durchführung des Vertrags von dem unter Fremden Üblichen abweicht, wobei alle Umstände des Streitfalls gewürdigt werden müssen.[940] Insofern diese für die Beurteilung von Bedeutung sind, müssen auch Umstände berücksichtigt werden, welche außerhalb der Streitjahre liegen.[941] Scheingeschäfte gelten gem. § 41 Abs. 2 AO grundsätzlich als unwirksam und werden steuerlich nicht Berücksichtigt. Bei einem Scheingeschäft werden offenkundig die notwendigen Folgerungen aus dem Mietvertrag bewusst nicht gezogen.[942] Die Nutzungsüberlassung im Rahmen der familiären Haushaltsgemeinschaft ist grundsätzlich der nicht steuerbaren Privatsphäre gem. § 12 EStG zuzuordnen und kann auch nicht durch einen Mietvertrag in den Bereich der Einkünfteerzielung verlagert werden,[943] da Grundlage des gemeinsamen Wohnens die Beziehung der Partner ist und nicht der zivilrechtliche Vertrag.[944] Eine hinreichend deutliche Trennung der Sphären von Vermieter und Mieter ist empfehlenswert, da eine eigene Nutzung der vermieteten Räume durch den Vermieter grundsätzlich als schädlich gegenüber der steuerlichen Anerkennung des Mietverhältnisses anzusehen ist. Es muss dem Mieter möglich sein, innerhalb der mietrechtlichen Grenzen ohne die Mitwirkung des Vermieters über die Aufnahme von Besuchern entscheiden zu können und diesen den tatsächlichen Zutritt zu gewähren.[945] Ist der vermietete Wohnraum räumlich als geschlossene Einheit gegenüber der Wohnung der Vermieters abgegrenzt und folglich objektiv ohne dessen Mitgebrauch nutzbar,

939 BFH v. 20.10.1997 – IX R 38/97, BStBl. II 1998, 106, Rn. 15.
940 BFH v. 17.02.1998 – IX R 30/96, BStBl. II 1998, 349, Rn. 11.
941 BFH v. 12.01.2001 – IX B116/00, BFH/NV 2001, 778, Rn. 9.
942 Vgl. BFH v. 24.08.2004 – IX R 28/03, BFH/NV 2005, 50, Rn. 14.
943 *Fuhrmann*, KÖStD 2005, 14784 (14786).
944 Vgl. BFH v. 15.02.2005 – IX R 16/04, BFH/NV 2005, 1008, Rn. 11.
945 Vgl. BFH v. 07.06.1994 – IX R 121/92, BFH/NV 1995, 112, Rn. 14.

jedoch nur unter nicht unerheblicher Mitnutzung der Vermieterwohnung bewohnbar, steht dieser Umstand der Anerkennung des Mietvertrages nicht zwingend entgegen.[946] Damit ein Vater seinem minderjährigen Kind eine Wohnung vermieten kann, ist es zudem entscheidend, dass das Kind bei Abschluss des Mietvertrags durch einen Ergänzungspfleger gem. § 1809 BGB vertreten wird.[947]

Auch wenn das Mietverhältnis dem Fremdvergleich standhält, kann weiterhin der Tatbestand des § 42 AO und damit ein Missbrauch von Gestaltungsmöglichkeiten erfüllt sein. Ein solcher Missbrauch liegt vor, wenn eine Gestaltung gewählt wird, die, gemessen an dem erstrebten Ziel, unangemessen ist, der Steuerminderung dienen soll und durch wirtschaftliche oder sonst beachtliche nichtsteuerliche Gründe nicht zu rechtfertigen ist.[948] Die gewählte Gestaltung muss folglich einen hinreichenden wirtschaftlichen Grund erkennen lassen. Insbesondere muss erkennbar sein, wie sie sich von einer unter Verwandten üblichen unentgeltlichen Beherbergung abgrenzt.[949] Ein Fall von Gestaltungsmissbrauch liegt beispielsweise dann vor, wenn eine Einliegerwohnung im eigenen Mehrfamilienhaus zur Betreuung der Kinder des Vermieters an die Eltern des Vermieters überlassen wird, obwohl diese im selben Ort weiterhin über eine eigene Wohnung verfügen.[950]

Eine weitere mit der Überlassung von Immobilien an nahe Angehörige einhergehende Problematik besteht in dem Fall, dass der Wohnraum dem Mieter verbilligt, also günstiger als einem Fremden, zur Verfügung gestellt wird.

e) Verbilligte Überlassung von Wohnraum an nahe Angehörige

Der Umstand, dass eine verbilligte Miete gezahlt wird und nicht etwa die ortsübliche Marktmiete, steht der steuerlichen Anerkennung eines Mietverhältnisses grundsätzlich nicht entgegen.[951] Die Rechtslage bis zum Veranlagungszeitraum 2011 sah vor, dass die Miete nicht weniger als 75 % der ortsüblichen Marktmiete betragen durfte, da sonst fraglich war, ob eine Einkünfteerzielungsabsicht vorlag.[952] Bei einer Miete unter 75 %, jedoch über 56 % der ortsüblichen

---

946 BFH v. 04.08.2003 – IX R 25/02, BFH/NV 2004, 38, Rn. 10.

947 BFH v. 23.04.1992 – IV R 46/91, NJW 1993, 1415, Rn. 8.

948 BFH v. 31.07.1984 – IX R 3/79, BFHE 142, 347, BStBl. II 1985, 33, Rn. 17; BFH v. 19.06.1991 – IX R 134/86, BFHE 164, 498, BStBl. II 1991, 904, Rn. 18.

949 BFH v. 14.01.1992 – IX R 33/89, BFHE 167/55, BStBl. II 1992, 549, Rn. 16.

950 Vgl. BFH v. 14.01.1992 – IX R 33/89, BFHE 167/55, BStBl. II 1992, 549, Rn. 16.

951 Vgl. BFH v. 30.09.1997 – IX R 80/94, BStBl. II 1998, 771, Rn. 25.

952 Vgl. BMF v. 08.10.2004 – IV C 3 – S2253–91/04, BStBl. I 2004, 933, Rn. 12.

Marktmiete musste anhand einer Totalüberschussprognose eine Einkünfteerzielungsabsicht ermittelt werden.[953] Fiel diese negativ aus, so wurde die Vermietungstätigkeit in einen entgeltlichen und einen unentgeltlichen Teil aufgeteilt,[954] wobei die gemachten Werbungskosten nur anteilig in Höhe des entgeltlichen Teils abzugsfähig waren.[955] Ein solch anteiliger Werbungskostenabzug kam bei Mieten unterhalb von 56 % der ortsüblichen Marktmiete ausschließlich in Betracht.[956] Das Steuervereinfachungsgesetz 2011[957] hat zu einer veränderten Behandlung der Problematik ab dem Veranlagungszeitraum 2012 geführt. Nach § 21 Abs. 2 EStG wird bei einer Miete über 66 % der ortsüblichen Marktmiete Vollentgeltlichkeit unterstellt, was zu einer vollen Abzugsfähigkeit der mit dem Vermietungsobjekt im Zusammenhang stehenden Werbungskosten führt. Die ortsübliche Marktmiete i. S. d. § 21 Abs. 2 EStG lässt sich anhand eines von Interessenvertretern von Vermietern und Mietern erstellten und gebilligten Mietspiegels bestimmen,[958] was darauf schließen lässt, dass eine ortsübliche Miete dem örtlichen Mietspiegel zu entnehmen ist.[959] Insbesondere bei der Vermietung einer Wohnung von unterhaltspflichtigen Personen an eine unterhaltsberechtigte Person ist zu beachten, dass die unterhaltsberechtigte Person die Mietzahlungen zwar aus dem gezahlten Barunterhalt bestreiten kann, ohne dass dies der Anerkennung des Mietverhältnisses schadet, eine Erfüllung der Unterhaltspflicht durch die Wohnungsüberlassung in Form von Naturalunterhalt jedoch grundsätzlich ausscheidet, da die Unterhaltszahlungen einerseits und die Erfüllung der mietvertraglichen Vereinbarungen andererseits zwei bürgerlich-rechtlich und wirtschaftlich unterschiedliche Vorgänge sind, die auch steuerlich zu trennen sind.[960] Soll die Wohnraumvermietung an ein unterhaltsberechtigtes Kind steuerlich anerkannt werden, muss dieses auswärts wohnen, einen unabhängigen Haushalt führen und sich die Einflussnahme der Eltern auf die Wahrnehmung der Rechte deines fremden Vermieters beschränken.[961]

---

953 Vgl. BFH v. 05.11.2002 – IX R 48/01, BStBl. II 2003, 636, Rn. 19.

954 Vgl. BFH v. 22.07.2003 – IX R 59/02, BStBl. II 2003, 806, Rn. 17.

955 Vgl. BFH v. 24.08.2004 – IX R 28/03, BFH/NV 2005, 50, Rn. 11.

956 *Krauß*, DStZ 2017, 479 (479).

957 Gesetz v. 01.11.2011, BGBl. I 2011, 2131.

958 BGH v. 16.06.2010 – VIII ZR 99/09, NJW 2010, 2946, Rn. 12.

959 Vgl. BFH v. 17.08.2005 – IX R 10/05, BStBl. II 2006, 71, Rn. 15.

960 Vgl. BFH v. 17.12.2002 – IX R 58/00, BFH/NV 2003, 750, Rn. 11; BFH v. 19.10.1999 – IX R 39/99, BStBl. II 2000, 224, Rn. 16.

961 *Thürmer*, DB 2003, 1012 (1012).

f) Fazit

Es ist nicht ungefährlich, eine Gestaltungsform zu wählen, die unter Umständen als Gestaltungsmissbrauch angesehen werden kann. Gerade bei Einkünften aus der Vermietung und Verpachtung aus Mietverhältnissen unter nahen Angehörigen prüft die Finanzverwaltung besonders gründlich. Für die Praxis gilt zu bedenken, dass die Finanzverwaltung für den Vergleich von tatsächlicher und ortsüblicher Miete auf den Mittelwert und nicht auf den Unterwert der Mietpreisspanne des örtlichen Mietspiegels abstellt.[962] Im Ergebnis wird daher häufiger eine Unterschreitung der 66-Grenze des § 21 Abs. 1 S. 1 EStG und damit eine Begrenzung des Werbungskostenabzugs festgestellt. Es empfiehlt sich sowohl, Steuerbescheide, in denen der Werbungskostenabzug aus Mietverhältnissen unter nahen Angehörigen sachlich eingeschränkt wird, aufgrund der materiell-rechtlichen Angreifbarkeit der Argumente der Finanzverwaltung besonders kritisch zu prüfen als auch regelmäßig unter Beachtung der stetig steigenden Mietpreis- und Betriebskostenentwicklung die Warmmiete unter nahen Angehörigen nach oben hin anzupassen.[963] Um dem Leerstand von lediglich als Kapitalanlage genutztem Wohnraum entgegenzuwirken, ist es zu begrüßen, dass dieser auch vergünstigt an nahe Angehörige vermietet werden kann. Eine abweichende Behandlung wäre kaum mit Art. 14 Abs. 1 S. 1 GG vereinbar. Die mit dem Eigentum einhergehende Verpflichtung gegenüber dem Wohle der Allgemeinheit (Art. 14 Abs. 2 GG) setzt der Eigentumsgarantie jedoch auch Grenzen, sodass es folgerichtig nicht zu willkürlichen Gestaltungen kommen darf und Mietverhältnisse unter nahen Angehörigen trotz Bestehens des Fremdvergleichs auch weiter den Tatbestand des § 42 AO erfüllen können.

B. Immobilien im Gesellschaftsvermögen

Sollen über eine Gesellschaft Immobilien einheitlich verwaltet werden, so bedarf die Wahl der Gesellschaftsform einer minutiösen Auseinandersetzung. Es bieten sich insbesondere vermögensverwaltende Personengesellschaften, Mitunternehmerschaften oder die GmbH an.

Das wesentliche Unterscheidungsmerkmal zwischen der vermögensverwaltenden Personengesellschaft und der Mitunternehmerschaft bzw. GmbH ist wohl, dass die vermögensverwaltende Personengesellschaft über steuerliches Privatvermögen verfügt, während es sich bei dem Gesellschaftsvermögen

---

962 Vgl. *Krauß*, DStZ 2017, 479 (483).

963 Vgl. *Krauß*, DStZ 2017, 479 (483).

von Mitunternehmerschaft und GmbH um steuerverstricktes Betriebsvermögen handelt.[964] Folglich unterliegen die Gewinne der vermögensverwaltenden Personengesellschaft aus der Veräußerung von Immobilien nach Ablauf der Zehnjahresfrist des § 23 Abs. 1 Nr. 1 EStG („Spekulationsfrist") nicht der Besteuerung.[965]

Kapitalgesellschaften sowie sonstige steuerpflichtige Personenvereinigungen und Vermögensmassen i. S. v. § 1 KStG unterliegen mit ihren Einkünften dem Körperschaftsteuerrecht. Nach § 1 Abs. 1 KStG muss sich für eine unbeschränkte Steuerpflicht die Geschäftsleitung oder der gesellschaftsrechtliche Sitz im Inland befinden. Ist die Geschäftsleitung oder der Sitz im Ausland zu verorten, reicht ein Inlandsbezug nach § 49 EStG zur Begründung einer beschränkten Steuerpflicht.

Die Geschäftsleitung definiert sich nach § 10 AO als der Ort, an dem die bedeutenden Entscheidungen im Tagesgeschäft getroffen werden, wohingegen der gesellschaftliche Sitz nach § 11 AO durch Gesetz, Gesellschaftsvertrag, Satzung oder Stiftungsgeschäft bestimmt wird.

Weiter ist zu beachten, dass nach § 8 Abs. 2 KStG alle Einkünfte, die ein unbeschränkt Steuerpflichtiger i. S. d. § 1 Abs. 1 Nr. 1 bis 3 KStG erzielt, als Einkünfte aus Gewerbebetrieb zu behandeln sind.

I. Die Immobilien-GbR

Die GbR stellt die Grundform aller Personengesellschaften dar. In Bezug auf die Gründung und Entstehung ergeben sich für die Immobilien-GbR keinerlei Unterschiede im Vergleich zu einer Personengesellschaft im Allgemeinen.[966] Die am häufigsten gewählten Mittel zur Immobilieninvestition sind Personengesellschaften in der Form einer GbR oder einer KG.[967] Diese sind in ihrer Handhabung flexibel und können auf die individuellen Wünsche und Bedürfnisse des Investors zugeschnitten werden. Der Besteuerung von Personengesellschaften immanent ist grundsätzlich das Transparenzprinzip, wenn die Gesellschaft nicht von der Option zur Körperschaftsbesteuerung nach § 1a KStG Gebrauch gemacht hat.[968] Nach dem Transparenzprinzip besitzt die Personengesellschaft

---

964 Vgl. *Schley*, NWB-EV 2020, 155 (155).
965 Vgl. *Schley*, NWB-EV 2020, 155 (156).
966 *Herrmann*, Beck'sches Notar-Handbuch, § 20 Rn. 173.
967 *Schley*, NWB-EV 2020, 155 (155); *Schäfer/Conzen*, Praxishandbuch Immobilien-Investitionen, S. 472.
968 *Marquardt/Wagner*, Praxishandbuch Immobiliensteuerrecht, S. 285.

im Einkommen- bzw. Körperschaftsteuerrecht keine eigene Rechtspersönlichkeit, sodass die Gewinne der Personengesellschaft unmittelbar den Gesellschaftern zugerechnet werden, welche der Einkommensteuer unterliegende natürliche Personen oder aber der Körperschaftsteuer unterliegende Kapitalgesellschaften sein können.[969] Im Ergebnis ist damit eine Verrechnung der Einkünfte aus der Personengesellschaft mit anderen Einkünften aus anderen Einkunftsquellen auf der Ebene des Gesellschafters möglich. Die steuerliche Bemessungsgrundlage wird auf der Ebene der GbR für die Einkommen-, Körperschaft- und Gewerbesteuer einheitlich ermittelt und festgestellt.

Die steuerlichen Folgen unterscheiden sich je nachdem, ob es sich um eine rein vermögensverwaltende oder um eine gewerbliche bzw. gewerblich geprägte Personengesellschaft handelt.[970] Aus steuerrechtlicher Sicht ist einer der wesentlichen Gründe, eine vermögensverwaltende Immobilien-GbR zu gründen, die Möglichkeit, Immobilien nach Ablauf der zehnjährigen Spekulationsfrist des § 23 Abs. 1 Nr. 1 EStG steuerfrei veräußern zu können.[971] Bei der rein vermögensverwaltenden GbR ergeben sich die steuerlichen Folgen grundsätzlich ausschließlich auf der Ebene der Anleger. Gesellschafter mit Anteilen im Betriebsvermögen erzielen dann gewerbliche Einkünfte. Veräußerungsgewinne einer gewerblich tätigen oder gewerblich geprägten Personengesellschaft unterliegen wie bei der GmbH unabhängig von der Haltedauer der Immobilien stets der Besteuerung mit Gewerbesteuer.[972] In diesem Fall ist die GbR ausnahmsweise selbst Schuldner der Gewerbesteuer.

II. Die Immobilien-AG

Der Begriff der Immobilien-AG ist gesetzlich nicht geregelt. Sie lässt sich jedoch definieren als eine AG, welche das durch Aktienausgabe eingesammelte Kapital in Immobilien anlegt. Die Immobilien-AG ist daher terminologisch anhand ihres Unternehmenszwecks von anderen Aktiengesellschaften zu unterscheiden. Ihr Unternehmensgegenstand ist auf Immobilien- und Beteiligungsgesellschaften beschränkt (§ 1 Abs. 1 REITG). Die Immobilien-AG erzielt ihre Erträge

969 Vgl. *Schäfer/Conzen*, Praxishandbuch Immobilien-Investitionen, S. 472; *Niehus/Wilke*, Die Besteuerung der Personengesellschaften, S. 19; *Hennrichs*, Tipke/Lang, Steuerrecht, Rn. 10.10.

970 Zur Abgrenzung siehe: *Marquardt/Wagner*, Praxishandbuch Immobiliensteuerrecht, S. 271 ff.

971 *Schley*, NWB-EV 2020, 155 (156).

972 *Schley*, NWB-EV 2020, 155 (156).

zu mehr als 75 % aus der Vermietung und Verpachtung, dem Verkauf von Bestandsimmobilien und Projektentwicklungen, der Verwaltung von Immobilien sowie aus dem Angebot dazugehöriger Dienstleistungen.[973] Die gesetzlichen Regelungen zur Immobilien-AG finden sich im AktG, sodass zunächst die allgemeinen Anforderungen an eine Aktiengesellschaft vorliegen müssen. Ihr Grundkapital hat daher mindestens 50.000 EUR zu betragen (§ 7 AktG).

Anders als bei GmbH-Anteilen bedarf die Übertragung eines Anteils an einer AG keiner notariellen Beurkundung, wodurch ein Vorteil dieser Anlageform bereits in ihrer leichten Übertragbarkeit besteht.[974] Im Vergleich zum Direkterwerb einer Immobilie fallen beim Erwerb einer Aktie auch keine Grunderwerbsteuer, Notar- oder Maklergebühren an.[975] Ein Vorteil der Immobilien-AG gegenüber einem offenen Immobilienfonds besteht darin, dass die Immobilien-AG zwar ebenfalls Depot- und Managementgebühren erhebt, der offene Immobilienfonds jedoch in der Regel zusätzlich einen Ausgabeaufschlag von 5 % verlangt, welcher nachfolgend über die Haltedauer der Anteile erwirtschaftet werden muss, was durchaus mehrere Jahre in Anspruch nehmen kann.[976] Die Immobilien-AG hat die Möglichkeit, unter bestimmten Voraussetzungen die Gewinne aus der Veräußerung von inländischen Immobilien steuerfrei auf neue Immobilien zu übertragen.[977] Nach § 6b EStG kann der Steuerpflichtige unter anderem bei der Veräußerung von Grund und Boden sowie von Gebäuden einen Betrag bis zur Höhe des hierbei entstandenen Veräußerungsgewinns durch Abzug dieses Betrages von den Anschaffungs- und Herstellungskosten von Grund und Boden oder von Gebäuden, die im Wirtschaftsjahr der Veräußerung oder im Vorjahr angeschafft oder hergestellt worden sind, steuerfrei übertragen. Der Steuerpflichtige kann damit im Ergebnis die stillen Reserven eines Wirtschaftsguts auf ein anderes Wirtschaftsgut übertragen.[978] Das bedeutet, dass die zum Teil immensen Wertsteigerungen von Immobilien bei der Veräußerung nicht besteuert werden, wenn der sich daraus ergebende Gewinn in neue Immobilien reinvestiert wird.

---

973 *Schäfer/Conzen*, Praxishandbuch Immobilien-Investitionen, S. 108–109.

974 Vgl. *Wind/Fritz*, Weitnauer/Boxberger/Anders, KAGB, Vorbemerkung zu §§ 230–260 Rn. 6.

975 *Schäfer/Conzen*, Praxishandbuch Immobilien-Investitionen, S. 109.

976 *Schäfer/Conzen*, Praxishandbuch Immobilien-Investitionen, S. 109.

977 Mit Verweis auf § 6b EStG vgl. *Schäfer/Conzen*, Praxishandbuch Immobilien-Investitionen, S. 109.

978 *Marquardt/Wagner*, Praxishandbuch Immobiliensteuerrecht, S. 118.

In Abgrenzung zur Immobilien-GbR besteht der wesentliche Unterschied in der steuerlichen Intransparenz der Immobilien-AG. Unabhängig von einer Gewinnausschüttung oder Thesaurierung unterliegt das zu versteuernde Einkommen einer Immobilien-AG einem einheitlichen Steuersatz von 15 %. Auf der Ebene der Anleger stellen die Dividenden für natürliche Personen in der Regel Einkünfte aus Kapitalvermögen nach § 20 Abs. 1 Nr. 1 EStG dar. Liegen die Anteile bei einer natürlichen Person in deren Betriebsvermögen, gilt das Teileinkünfteverfahren nach § 3 Nr. 40 Buchst. d EStG. Die Dividenden werden daher zu lediglich 60 % mit dem persönlichen Steuersatz des Gesellschafters belastet. Im Umkehrschluss können aber auch nur 60 % der im wirtschaftlichen Zusammenhang mit den Aktien stehenden Betriebsausgaben abgezogen werden (§ 3c Abs. 2 EStG).[979] Liegen die Anteile im Privatvermögen einer natürlichen Person, unterliegen die Dividenden der Abgeltungsteuer i. H. v. 25 %, wobei Werbungskosten nicht mehr abzugsfähig sind.

Anders als natürliche Personen haben Kapitalgesellschaften keine steuerliche Privatsphäre und können auch kein Privatvermögen bilden, sondern haben ausschließlich steuerliches Betriebsvermögen.[980] Für die Kapitalgesellschaft stellen alle Einnahmen Betriebseinnahmen dar und Aufwendungen sind grundsätzlich gewinnmindernde Betriebsausgaben.

C. Der German Real Estate Investment Trust

Ein sog. „Real Estate Investment Trust", kurz auch als REIT bezeichnet, stellt eine weitere indirekte Anlagemöglichkeit in Immobilien dar, welche als börsennotierte Aktiengesellschaft nur in einem eingeschränkten Umfang nicht immobilienspezifische Tätigkeiten ausführen darf, eine bestimmte Mindestausschüttungspflicht hat sowie steuerlich transparent ausgestaltet ist und dadurch selbst nicht als Steuersubjekt qualifiziert wird.[981] Dementsprechend gestaltet sich der REIT auch nicht als eine eigenständige Rechtsform, sondern als eine Sonderform der AG aus, auf die grundsätzlich die allgemeinen für AGs geltenden Vorschriften, ergänzt um diverse Sondervorschriften des REITG, Anwendung finden.

---

979 Vgl. WD 4 – 3000 – 035/21, S. 36.

980 *Marquardt/Wagner*, Praxishandbuch Immobiliensteuerrecht, S. 302.

981 Vgl. *Hoch*, Die Besteuerungssystematik von Kapitalanlagen, S. 47; *Wagner*, NZG 2006, 846 (847); *Keßler*, German REITs, S. 29; *Zumwinkel*, Das deutsche REIT-Gesetz, S. 34; *Dudacy*, die Einführung von Real Estate Investment Trusts in Deutschland, S. 3; *Husemann*, German REITs, S. 39.

Anwendung findet das REITG jedoch nur dann, wenn die AG die Voraussetzungen des § 1 REITG erfüllt. Insbesondere muss die Gesellschaft ihren Unternehmensgegenstand i. S. v. § 1 Abs. 1 REITG auf den Erwerb, das Halten, Verwalten und die Veräußerung von unbeweglichem Vermögen mit Ausnahme von inländischen Bestandsimmobilien beschränken. Des Weiteren müssen die Qualifikationsmerkmale der §§ 8 bis 15 REITG erfüllt sein. Dazu zählt unter anderem die Eintragung im Handelsregister nach § 8 REITG, die Börsenzulassung nach § 10 REITG sowie eine mindestens 15-prozentige Streuung der Aktien nach § 11 REITG. Der Mindestnennbetrag des Grundkapitals beträgt gem. § 4 REITG 15 Millionen Euro.

I. Abgrenzung zum Investmentfonds

Die Definition des Investmentfonds, welche an den Begriff des Investmentvermögens nach § 1 Abs. 1 KAGB anknüpft, lässt grundsätzlich die Annahme zu, dass auch REITs unter die Begriffsbestimmung fallen.[982] Dies hatte in der Vergangenheit zu Abgrenzungsschwierigkeiten geführt, insbesondere in Bezug auf den Anwendungsbereich des InvStG a. F.[983] Eine solche Problematik wurde in dem seit 2018 geltenden InvStG bereinigt, indem der Gesetzgeber erstmals eine Abgrenzung der beiden Gesetze kodifizierte. § 1 Abs. 3 Nr. 5 InvStG schließt ausdrücklich REIT-AGs i. S. d. § 1 Abs. 1 REITG aus dem Anwendungsbereich des InvStG aus. Im Vorfeld der Neuregelung des InvStG bestand jedoch bereits überwiegend Einigkeit darüber, dass das REIT-Gesetz als abschließende Sonderregelung zum InvStG als *lex specialis* anzusehen ist,[984] sodass die gesetzliche Klarstellung insoweit nur deklaratorischen Charakter besitzt.

II. Steuerliche Behandlung

Die besondere steuerrechtliche Behandlung der REIT-AG besteht in ihrer Befreiung von der Körperschaft- und Gewerbesteuer.[985] Gem. § 16 Abs. 1 REITG

---

982 Nach dem Auslegungsschreiben der BaFin zum Anwendungsbereich des KAGB und zum Begriff des „Investmentvermögens" v. 14.06.2013, zuletzt geändert am 09.03.2015 (Gz. Q 31-Wp 2137-2013/0006), können unter den aufsichtsrechtlichen Begriff des Investmentfonds grundsätzlich auch REITs gefasst werden. Eine ausführlich begründete a.A.: *Conradi/Jander-McAlister*, WM 2014, 733 (733 ff.).

983 Vgl. *Hoch*, Die Besteuerungssystematik von Kapitalanlagen, S. 53.

984 Vgl. BMF v. 23.10.2014 – IV C 1 – S 1980–1/13/10007:007, DStR 2014, 2346, Abs. 10; *Hoch*, Die Besteuerungssystematik von Kapitalanlagen, S. 53.

985 *Wienbracke*, NJW 2007, 2721 (2721).

ist die REIT-AG von der Körperschaft- und Gewerbesteuer befreit, wenn sie unbeschränkt körperschaftsteuerpflichtig ist, nicht im Sinne eines Doppelbesteuerungsabkommens in einem anderen Vertragsstaat ansässig ist und die Voraussetzungen der §§ 8–15 REITG erfüllt. Weitere Steuervergünstigungen im Bereich der Grunderwerbsteuer oder der Grundsteuer existieren jedoch nicht. Eine Besteuerung findet grundsätzlich erst auf der Ebene des Anlegers statt. Allerdings ist die REIT-AG dazu verpflichtet, bis zum Ende des folgenden Geschäftsjahres mindestens 90 % ihres handelsrechtlichen Jahresüberschusses an die Aktionäre als Dividenden auszuschütten.[986]

Die Bezüge aus einer inländischen REIT-AG unterliegen gem. § 20 REITG der Kapitalertragsteuer i. H. v. 25 % zuzüglich des SolZ. Die Ausschüttungen der REIT-AG stellen beim inländischen Anleger Einkünfte aus Kapitalvermögen dar. Als Ausgleich für die fehlende steuerliche Vorbelastung auf Ebene der REIT-AG sind die Dividendenausschüttungen auf Ebene der Anleger in vollem Umfang steuerpflichtig.

Eine suboptimale Ausprägung dieses Prinzips stellt allerdings der Umstand dar, dass auch solche Ausschüttungen der REIT-AG der vollen Besteuerung bei den Aktionären unterliegen, welche auf anderer Ebene ebenfalls voll besteuert wurden, was beispielsweise auf im Ausland erzielte Gewinne oder Gewinne von REIT-Dienstleistungsgesellschaften zutrifft. Investitionen einer REIT-AG in ausländische Immobilien sind daher, ebenso wie das Halten von REIT-Dienstleistungsgesellschaften, steuerlich eher weniger attraktiv.[987]

D. Zusammenfassung

Neben der direkten Anlage in Immobilien besteht die Möglichkeit der indirekten Anlage über verschiedene Gesellschaftsformen. Für den Direktanleger bestehen umfangreiche Möglichkeiten die Steuerlast auf vereinnahmte Erträge durch familiäre Verhältnisse und den Werbungskostenabzug zu reduzieren. Die indirekte Anlage über Gesellschaftsformen birgt jedoch je nach Gestaltung nicht nur ein Potenzial der Steuerersparnis, sondern vereinfacht immens die kollektive Immobilienanlage sowie die generationsübergreifende Vermögensverwaltung. Die Anlage über Personengesellschaften ist durch das Transparenz-, die Anlage über Kapitalgesellschaften durch das Trennungsprinzip geprägt. Eine Ausnahme bildet das Konstrukt des REIT, welcher zwar

986 *Wienbracke*, NJW 2007, 2721 (2723).
987 *Frey/Harbarth*, ZIP 2007, 1177 (1186).

grundsätzlich eine Kapitalgesellschaft ist, jedoch wie eine Personengesellschaft dem Transparenzprinzip unterliegt. Spiegelbildlich dazu bietet die Option nach § 1a KStG verschiedenen Personengesellschaften die Möglichkeit, sich wie eine Kapitalgesellschaft besteuern zu lassen.

5. Kapitel Vergleich der steuerlichen Belastung einer Direktinvestition in Immobilien mit der indirekten Investition über einen Immobilienfonds

A. Steuerliche Aspekte beim Erwerb und Verkauf

Der erste möglicherweise steuerrelevante Vorgang ist der Erwerb des jeweiligen Anlagegegenstandes. Ein steuerlicher Vorteil der indirekten Investition über einen Investmentfonds im Vergleich zu einer Direktinvestition liegt bereits darin, dass der Erwerb eines Investmentanteils in der Regel keine steuerlichen Folgen für den Anleger auslöst.

Möchte ein privater Investor hingegen direkt in eine Immobilie investieren, so fällt zunächst einmal grundsätzlich Grunderwerbsteuer an. Diese bemisst sich gem. § 8 GrEStG nach dem Wert der Gegenleistung, welche in der Regel dem Kaufpreis entspricht, und beträgt derzeit je nach Bundesland zwischen 3,5 % und 6,5 %, was bei den für Immobilien zu zahlenden, horrenden Summen mitunter ein nicht zu unterschätzender Faktor sein dürfte.[988] Bei der Übertragung einer Immobilie durch einen Unternehmer handelt es sich zudem grundsätzlich um einen Vorgang, welcher der Umsatzsteuer unterliegt. Die Umsatzsteuerpflicht entfällt jedoch, wenn der Erwerbsvorgang bereits unter das GrEStG fällt.[989]

Im Falle der Veräußerung nähert sich die Steuerbelastung einer indirekten Investition über einen Immobilienfonds der eines Direktinvestments an. Werden Anteile an einem Investmentfonds veräußert, führt dies zu steuerpflichtigen Kapitaleinkünften.[990] Solche Veräußerungsgewinne sind als laufende Einkünfte i. S. d. § 20 Abs. 1 Nr. 3 EStG zu qualifizieren, wobei ein Rückgriff auf § 20 Abs. 2 EStG nicht erfolgt, sodass ein Veräußerungsgewinn bei dem Anleger nach den allgemeinen Grundsätzen für Investmenterträge zu versteuern ist.[991] Für einen Direktanleger stellt die Veräußerung einer Immobilie, welche bei diesem zu Einnahmen aus Vermietung und Verpachtung gem. § 21 EStG

---

988 Vgl. *Lindauer*, Immobilien und Steuern, S. 4.

989 § 4 Nr. 9 Buchst. a) UStG.

990 § 16 Abs. 1 Nr. 3 InvStG.

991 Vgl. *Häuselmann*, Investmentanteile, Kap. 7 Rn. 71.

geführt hat, einen privaten Vermögensvorgang dar, welcher nur dann steuerpflichtig ist, wenn es sich um ein privates Veräußerungsgeschäft i. S. d. § 23 Abs. 1 Nr. 1 EStG handelt. In diesem Fall hat der Direktanleger sonstige Einkünfte gem. § 22 Nr. 2 EStG zu versteuern. Hat der Direktanleger mit der zu veräußernden Immobilie jedoch gewerbliche Einnahmen erzielt, so stellen auch die Gewinne aus der Veräußerung der Immobilie Gewerbeeinahmen dar.

Ob ein privates Veräußerungsgeschäft vorliegt, richtet sich nach der Haltedauer der Immobilie, auch als Spekulationsfrist bekannt. Wird diese Spekulationsfrist von zehn Jahren unterschritten, ist die Veräußerung der Immobilie einkommensteuerpflichtig. Eine entsprechende Frist für Anteile an einem Investmentfonds existiert nicht. Im Ergebnis existiert damit für den Direktanleger eine definitive Steuerbelastung beim Erwerb der Immobilie, nicht jedoch bei deren Veräußerung. Für den Anteilsinhaber eines Investmentfonds hingegen besteht eine definitive Steuerbelastung im Fall der Veräußerung, nicht hingegen beim Erwerb eines Anteils.

B. Ertragsteuerliche Aspekte und Verlustausgleich

In ertragsteuerlicher Hinsicht stellen die Ausschüttungen eines Investmentfonds Investmenterträge i. S. d. § 16 InvStG dar. Durch die Einführung des Intransparenzprinzips erfahren die mit den Immobilien erwirtschafteten Erträge jedoch auf der Ebene des Investmentfonds eine steuerliche Vorbelastung, welche durch die Teilfreistellung auf der Ebene des Investors abgemildert werden soll.

Für den Direktinvestor hingegen ergeben sich aus den Immobilien Mieteinnahmen, welche dieser als Einkünfte aus Vermietung und Verpachtung gem. § 21 EStG zu versteuern hat. Besondere Attraktivität gewinnt die Direktanlage durch die Möglichkeit der Verlustverrechnung, wobei bereits der gezahlte Kaufpreis einschließlich der Erwerbsnebenkosten steuerrechtliche Anschaffungs- oder Herstellungskosten darstellt. Erwirbt der Steuerpflichtige Direktanleger ein Gebäude, welches er nicht zu eigenen Wohnzwecken nutzt, kann er je nach Einkunftsart die Aufwendungen für das Gebäude über die Nutzungsdauer innerhalb der regelmäßigen Absetzung für Abnutzung als Betriebsausgaben oder Werbungskosten verteilen.[992]

Die potenziellen Wertsteigerungen einer Immobilie hat der Direktanleger nicht zu versteuern. Für ihn stellen allein die Mieteinnahmen steuerpflichtige

992 Vgl. *Lindauer*, Immobilien und Steuern, S. 5.

Erträge dar, sodass insoweit von einer „Cashflow-Besteuerung“ gesprochen werden kann. Für den Anleger eines thesaurierenden Investmentfonds hingegen existiert eine jährliche Steuerbelastung in Höhe der Vorabpauschale.

Nach der Auffassung des Gesetzgebers würde eine reine Cash-Flow Besteuerung des Anteilsinhabers eines Investmentfonds zu einer erheblichen Besserstellung gegenüber dem Direktanleger führen.[993] Dies ist im Grunde nachvollziehbar, da bei der direkten Investition in eine Immobilie nur die Mieterträge reinvestiert werden können, welche als Einkünfte aus Vermietung und Verpachtung oder ggf. Gewerbeeinkünfte der Einkommensteuer unterlagen. Aufwendungen des Direktinvestors, welche zu einer Wertsteigerung seiner vorhandenen Immobilie führen, könnten ggf. als Erhaltungsaufwendungen von den laufenden Erträgen abgesetzt werden. In jedem Fall hat der Investor folglich eine Besteuerung des intendierten Vermögensaufbaus zu dulden.

Eine andere Sichtweise könnte sich für jenen Investor bieten, der nicht etwa den reinen Wertzuwachs seines Vermögens beabsichtigt, sondern vielmehr von den aus seinem bestehenden Kapital erzielten Einkünften profitieren möchte.

Für den Fondsinvestor stellen die Ausschüttungen Investmenterträge i. S. d. § 16 InvStG dar. Diese unterliegen gem. § 16 InvStG i. V. m. §§ 20 Abs. 3, 32d Abs. 1 S. 1 EStG dem Steuersatz für Kapitalerträge i. H. v. 25 %. Die Mieteinnahmen des Direktinvestors unterliegen seinem persönlichen Steuersatz von bis zu 45 %, ohne dass von dem Anfall von Gewerbesteuer ausgegangen wird.[994] Hinzu kommt die Teilfreistellung für den Fondsinvestor, welcher gem. § 20 Abs. 3 InvStG 60 % der Erträge steuerfrei stellen kann. In Bezug auf die laufenden Erträge ist die indirekte Anlage demnach steuerlich attraktiver.

C. Erbschaft- und schenkungsteuerliche Aspekte

Für viele Anleger stellt sich die Frage, wie sie ihr Kapital möglichst günstig an die Folgegeneration weitergeben können. Da beispielsweise bei der Übertragung von Immobilien aus dem Privatvermögen in ein Gesellschaftsvermögen steuerrelevante Vorgänge möglich sind, ist eine zukunftsorientierte Gestaltung bereits zu Beginn der Investition dringend anzuraten.

Für den Direktanleger stellt die Übertragung einer Immobilie von Todes wegen oder unentgeltlich zu Lebzeiten einen erbschaft- bzw. schenkungsteuerpflichtigen Vorgang dar. In jedem Fall der unentgeltlichen

993 BT-Drs. 18/8045, S. 88.

994 § 32a Abs. 1 Nr. 5 EStG.

Grundstücksübertragung liegt ein Fall der Erbschaft- bzw. Schenkungsteuer und nicht etwa der Grunderwerbsteuer vor.[995] Bei einer Überschreitung des Freibetrags[996] kann der Steuersatz je nach Steuerklasse, welche sich nach dem Grad der Verwandtschaft sowie dem Wert des steuerpflichtigen Erwerbs bemisst, bis zu 50 % betragen.[997] Da Immobilien illiquide Vermögenswerte darstellen, wird die anlässlich der unentgeltlichen Übertragung anfallende Erbschaft- oder Schenkungsteuer in der Regel nicht aus dem Vermögenszuwachs beglichen werden, sondern muss aus sonstigem Vermögen finanziert werden.[998] Unter Umständen kann dies dazu führen, dass die Erben bei geringem Eigenkapital dazu genötigt sind, die Anlagen zu liquidieren, einzig um die anfallende Steuerlast zu tilgen.

Für den Investmentanteilserwerb von Todes wegen sowie unentgeltlich zu Lebzeiten gilt nichts anderes. Auch hier liegt ein grundsätzlich erbschaft- bzw. schenkungsteuerpflichtiger Vorgang vor, welcher mit zum Teil immensen Kosten für die Bedachten verbunden sein kann. In diesem Fall ist es für den Bedachten jedoch deutlich einfacher, aus der Erbschaft selbst die benötigten finanziellen Mittel zu liquidieren.

---

995 Vgl. *Schulze zur Wiesche*, Vereinbarungen unter Familienangehörigen und ihre steuerlichen Folgen, S. 103.

996 Der Freibetrag für Ehegatten liegt bei 500.000 €, für Kinder liegt er bei 400.000 €.

997 Vgl. *Lindauer*, Immobilien und Steuern, S. 5.

998 *Klümpen-Neusel*, Immobilien klug vererben, Rn. 224.

6. Kapitel Fazit und Reformvorschläge

A. Gesamtfazit

Mit der Einführung des neuen Investmentsteuergesetzes hat der Gesetzgeber ein umfangreiches Regelwerk zur Besteuerung von Investmentfonds geschaffen. Ein unmittelbarer Vergleich mit der alten Rechtslage ist aufgrund des Systemwechsels zu einer intransparenten Besteuerung nicht möglich. Die Reform hat dazu geführt, dass der Anleger eines Investmentfonds aufgrund der Einführung eines intransparenten Systems steuerlich mit dem Anleger einer sonstigen Kapitalgesellschaft zu vergleichen ist. Für die Anleger eines Kapitel-2-Fonds hat sich die Besteuerung deutlich vereinfacht. Für diese Vereinfachung geht der Gesetzgeber vom Regelfall aus und benachteiligt damit die Ausnahme. Die Einführung der Vorabpauschale verstößt nicht nur gegen den Grundsatz der Leistungsfähigkeit, sondern hat der Investmentanlage zudem einen ihrer Vorteile geraubt.

Für Investmentfonds sind die Gewinne aus der Veräußerung inländischer Grundstücke unabhängig von der zehnjährigen Spekulationsfrist stets steuerpflichtig und es besteht zudem keine Möglichkeit zur Anrechnung ausländischer Quellensteuern. In dieser Hinsicht ist die Investmentanlage gegenüber der Direktanlage benachteiligt.

Für Spezial-Investmentfonds hingegen besteht eine Möglichkeit zur Anrechnung ausländischer Quellensteuern. Werden Einkünfte mit im DBA-Ausland belegenen Immobilien erzielt, sind diese steuerfrei, sofern das entsprechende DBA im Fall der Direktanlage eine entsprechende Steuerbefreiung anordnet. Dies gilt auch für Gewinne aus der Veräußerung von Spezial-Investmentanteilen, soweit diese auf entsprechendes ausländisches Immobilienvermögen entfallen (§ 48 Abs. 5 InvStG i. V. m. § 49 Abs. 1 S. 1 Nr. 2 InvStG). Somit ist das Transparenzprinzip in Bezug auf die Besteuerung von Einkünften eines Spezial-Investmentfonds aus Auslandsimmobilien weitestgehend umgesetzt.[999]

Insgesamt geht das neue Investmentsteuergesetz auf die steuerlichen Besonderheiten der Investmentanlage ein und ist begrüßenswert, auch wenn die immer wieder in der Gesetzesbegründung betonte, aber scheinbar nur fragmentarisch vorhandene Intention der Angleichung von direkter und indirekter Anlage nicht konsequent ist. Es bleibt abzuwarten, wie die höchstrichterlichen

---

999 *Hahne/Völker*, Investmentsteuerrecht visuell, S. 260.

Entscheidungen die Besonderheiten der Investmentanlage in Bezug auf eine aktive unternehmerische Bewirtschaftung definieren.

B. Perspektiven unter politischen und gesellschaftlichen Aspekten

Auf die spezifischen Zielsetzungen und Anforderungen an das InvStG wurde bereits zur Genüge eingegangen. Die grundlegenden Anforderungen an ein Steuergesetz spielen für die Beurteilung eines zukunftsorientierten Systems zur Besteuerung von Investmentanlagen eine signifikante Rolle. Steuern stellen nicht nur den finanziellen Beitrag des Einzelnen zur staatlichen Gemeinschaft dar, sondern bieten dem Staat auch die Möglichkeit, den Bürger in seinem Verhalten nicht unerheblich zu beeinflussen.[1000] Der Staat kann durch eine erhöhte Steuer auf Alkohol und Tabak einen Missbrauch entsprechender Genussmittel finanziell unattraktiver gestalten und die Bürger so zum Verzicht animieren. Andersherum kann mittels Steuervergünstigungen ein gesellschaftspolitisch gewolltes Verhalten begünstigt werden. Der Bedeutung der Steuer entsprechend nennt *Thomas Piketty* die Frage nach der Steuer nicht bloß eine technische, sondern eine eminent philosophische und politische Frage, welche vielleicht die wichtigste politische Frage überhaupt ist.[1001]

Mit Blick auf eine stetig steigende Bevölkerung und der zunehmenden Unerschwinglichkeit von Wohnraum in Ballungsgebieten ist an eine zukunftsorientierte Verteilung von Wohnraum zu denken. Für den Direktanleger impliziert ein Immobilieninvestment in der Regel ein eher geringes Risiko, da sich diese Anlageklasse als äußerst wertstabil behauptet hat. Während der solvente Kapitalgeber in der Immobilie einen gewinnbringenden Vermögensgegenstand sieht, steht auf der anderen Seite jedoch der Mieter, dessen angemieteter Wohn- oder Gewerberaum seinen Lebensmittelpunkt darstellt. Mit dem Investmentsteuergesetz besitzt der Gesetzgeber ein Instrumentarium, das es ihm ermöglicht, die indirekte Investition über kollektive und stark regulierte Immobilienfonds gegenüber der Direktanlage deutlich attraktiver zu gestalten. Eine Abkehr von der Kultur der vielen einzelnen Wohnungseigentümer in einer großen Stadt könnte den Problemen des Wohnungsmarkts entgegentreten. Bereits die Suche

1000 Was unter dem Begriff der Steuern zu verstehen ist, umschreibt das Bundesfinanzministerium auf seiner Website. Aufzurufen unter: https://www.bundesfinanzministerium.de/Content/DE/Glossareintraege/S/008_Steuer.html?view=renderHelp.

1001 *Piketty*, Das Kapital, S. 662.

nach bezahlbarem Wohnraum in den deutschen Großstädten ohne entsprechende Kontakte erforderte viel Geduld. Hat sich eine Möglichkeit gefunden, trifft der Interessent auf eine Schar von Bewerbern. In diesem Kontext ist der Terminus Bewerber mehr als berechtigt, denn Vermieter verlangen teils tiefere Einblicke in die persönlichen Verhältnisse als manche Kreditgeber und können frei nach Belieben entscheiden, wem sie ihren heiß begehrten Wohnraum zur Verfügung stellen. Wohnungsbesichtigungen im Massenverfahren sind mittlerweile keine Seltenheit. Neben diesem Ärgernis für den potenziellen Mieter sind die stetig steigenden Mieten das Thema, welches besonderen politischen Zündstoff bietet.

Im Grunde ist der Vermieter auch mehr als berechtigt mit seinem Eigentum so zu verfahren, wie es ihm beliebt. Allerdings wird die Wohnraumproblematik zunehmend zu einem Politikum und wirft die Frage nach einer staatlichen Regulierung auf. In diesem Kontext wird oftmals auf das Wiener Modell verwiesen, nach dem Wohnraum staatlich gehalten und verwaltet wird. Entgegen diesem Modell nimmt die Eigentümerquote von Wohnraum in Deutschland stetig zu.[1002] Eine Enteignung, wie sie zuletzt in der Berliner Landespolitik angestrebt wurde, oder eine umfassende Regulierung würde einen nicht zu rechtfertigenden Grundrechtseingriff darstellen.

Obwohl die Immobilienfonds im Fokus der Kritik stehen,[1003] könnte eine stärkere Regulierung unter politischen Gesichtspunkten zur Regulierung der Wohnungssituation einen Mittelweg darstellen. Die Regulierung durch den Staat könnte zu einer Entspannung des Wohnungsmarktes und für die Mieter zu akzeptablen Verhältnissen führen. Die Bindung an privates Kapital erhält die Attraktivität neuer Bauvorhaben und ermöglicht weiterhin den Vermögensaufbau mittels indirekter Immobilieninvestitionen. Der Gesetzgeber könnte mithilfe des Aufsichtsrechts eine Regulierung der Immobilienfonds etablieren, welche eine Verteilung von Wohnraum nach rationalen Gesichtspunkten ermöglicht. Das InvStG erhöht die Attraktivität für private Anleger, ihr Vermögen in kollektiven Immobilieninvestments zu bündeln, ohne dass in das Eigentum der Grundstücksbesitzer eingegriffen wird oder diese gar enteignet werden.

1002 Nach Angaben des statistischen Bundesamts liegt die Eigentümerquote bei 46,5 %. Quelle: https://www.destatis.de/DE/Themen/Gesellschaft-Umwelt/Wohnen/_inhalt.html.

1003 Insbesondere die Linke fordert ungeachtet verfassungsrechtlicher Grundsätze eine Enteignung von Immobilienfonds. Siehe dazu auch: https://www.die-linke.de/themen/wohnen/mietenwahnsinn-stoppen-vonovia-enteignen/.

C. Reformvorschläge

Die kollektive Anlage über Investmentfonds zur Förderung des Wohnungsbaus könnte durch die Etablierung eines „Wohnungsbaufonds" steuerlich attraktiver gemacht werden. Die Bundesregierung hat bereits in dem Gesetz zur steuerlichen Förderung des Mietwohnungsbaus die Notwendigkeit erkannt, dass private Investoren zum Bau von preiswertem Wohnraum in besonders angespannten Gebieten angeregt werden müssen.[1004] Ein „Wohnungsbaufonds" könnte in die bestehende Struktur des InvStG eingegliedert werden und das Potenzial der kollektiven Anlage zum Ausbau von Wohnimmobilien optimieren.

1. Normativer Anknüpfungspunkt

Der Begriff des „Wohnungsbaufonds" könnte in § 2 Abs. 9b InvStG normativ verankert werden. Der „Wohnungsbaufonds" soll eine Sonderform des in § 2 Abs. 9 S. 1 InvStG definierten Immobilienfonds sein, sodass zunächst dessen Voraussetzungen erfüllt sein müssen, aber auch auf die weiteren definitorischen Grundlagen zurückgegriffen werden kann. Die über die Voraussetzungen des § 2 Abs. 9 S. 1 InvStG hinausgehenden Anforderungen lassen sich aufgrund der vergleichbaren Zielsetzung an die des § 7b Abs. 2 EStG anlehnen. Auch mit § 7b EStG verfolgt der Gesetzgeber das Ziel, die Schaffung von preiswertem Wohnraum in angespannten Gebieten für private Anleger steuerlich attraktiver zu gestalten. Der „Wohnungsbaufonds" sollte daher gemäß seinen Anlagebedingungen fortlaufend mindestens 50 % seines Aktivvermögens in „begünstigte Immobilien" oder in „begünstigte Investitionen tätigende Gesellschaften" anlegen. Als „begünstigte Immobilien" sind solche zu sehen, welche sich in bestimmten ausgewiesenen Gebieten befinden, im unteren bis mittleren Preissegment angesiedelt und auch tatsächlich vermietet sind. Die Anforderungen an „begünstigte Investitionen tätigende Gesellschaften" sind in Anlehnung an § 7b Abs. 2 EStG zu bestimmen. Die Gesellschaft investiert ausschließlich in die Anschaffung neuer Gebäude, die Anschaffung neuer Eigentumswohnungen, die Anschaffung im Teileigentum stehender Räume oder anderer Gebäudeteile, die selbständige unbewegliche Wirtschaftsgüter sind, sowie in die Herstellung neuer Gebäude, wobei die Gebäude für eine Dauer von mindestens zehn Jahren nach der Anschaffung oder Herstellung der entgeltlichen Überlassung zu Wohnzwecken dienen müssen. Das Erfordernis der entgeltlichen Überlassung

1004 BT-Drs. 18/7736, S. 1.

soll zudem der Investition in Immobilien zur reinen Wertanlage entgegenwirken. Wie sich in mancherlei Innenstadt abzeichnet, werden Wohnungen unter anderem von ausländischen Investoren schlicht als wertstabile Anlage gesehen und stehen nach dem Erwerb leer. Der dadurch entstehende ungenutzte Wohnraum ist angesichts der steigenden Wohnungsnot schlichtweg inakzeptabel und muss dringend sanktioniert werden.

Die vorstehenden Überlegungen lassen sich in folgendem Vorschlag eines § 2 Abs. 9b InvStG zusammenführen:

> *„Wohnungsbaufonds sind Immobilienfonds, die gemäß den Anlagebedingungen fortlaufend mehr als 50 Prozent ihres Aktivvermögens in begünstigten Immobilien oder in begünstigte Investitionen tätigenden Gesellschaften anlegen. Begünstigte Immobilien sind in einem förmlich festgelegten Gebiet mit angespanntem Wohnungsmarkt im Inland belegene Immobilien, deren Anschaffungs- oder Herstellungskosten 3.000 Euro je Quadratmeter Wohnfläche nicht übersteigen und die im Jahr der Anschaffung oder Herstellung sowie in den folgenden neun Jahren der entgeltlichen Überlassung zu Wohnwecken dienen. Begünstigte Investitionen tätigende Gesellschaften sind Gesellschaften, welche ausschließlich in die Anschaffung neuer Gebäude, die Anschaffung neuer Eigentumswohnungen, die Anschaffung im Teileigentum stehender Räume oder anderer Gebäudeteile, die selbständige unbewegliche Wirtschaftsgüter sind, sowie in die Herstellung neuer Gebäude investieren, wobei die Gebäude mindestens zehn Jahre nach der Anschaffung oder Herstellung der entgeltlichen Überlassung zu Wohnzwecken dienen müssen.“*

2. Sonderregelungen für Wohnungsbaufonds

Erfüllt ein Investmentfonds die Anforderungen an einen „Wohnungsbaufonds“, so dient die kollektive Geldanlage gesellschaftlichen Zwecken. Um diese Zwecke steuerlich zu fördern, ist an die Einführung von Steuerbefreiungsvorschriften bzw. Teilfreistellungen zu denken. Auf der Ebene des Investmentfonds selbst unterliegen die inländischen Immobilienerträge gem. § 6 Abs. 2 S. 2 i. V. m. Abs. 4 InvStG grundsätzlich der Körperschaftsteuer. Diese steuerliche Vorbelastung wird auf der Ebene des Investors mittels der Teilfreistellung für Immobilienfonds berücksichtigt.

Eine effektive Maßnahme zur Steigerung der Attraktivität des „Wohnungsbaufonds“ wäre die Freistellung von der Vorabpauschale. Die Vorabpauschale gem. § 18 InvStG soll im Grundsatz eine generelle Thesaurierungsbegünstigung und eine damit einhergehende erhebliche Steuerstundung verhindern.[1005] Die Gesetzesbegründung argumentiert, dass in der Direktanlage nicht nur

---

1005 BT-Drs. 18/8045, S. 88.

Zinsen und Dividenden, sondern auch Gewinne aus der Veräußerung von Wertpapieren steuerpflichtig sind, während sie ohne die Vorabpauschale auf der Ebene des Investmentfonds steuerfrei thesauriert werden könnten. Zudem wird befürchtet, dass bei einer reinen Cashflow-Besteuerung von vermögenden Anlegern eigene Investmentfonds mit teilweise generationsübergreifender Abschirmwirkung aufgelegt werden könnten. Der Gesetzgeber vergleicht in diesem Zusammenhang jedoch ausschließlich die Direktanlage in Aktien und lässt die Besonderheiten der Immobilienanlage außer Acht. So findet sich auch in § 6b EStG eine Thesaurierungsbegünstigung im Falle der Veräußerung von Grund und Boden sowie Gebäuden, bei der es nicht zur Aufdeckung stiller Reserven kommt. Verfolgt der Immobilienfonds als „Wohnungsbaufonds" zudem noch den Ausbau von bezahlbarem Wohnraum, sollte gerade die Thesaurierung und damit die Reinvestition der Erträge in den Ausbau von Wohnraum gefördert werden. Zu berücksichtigen ist in diesem Zusammenhang, dass das kollektive Kapital auch der Gesellschaft zugutekommt und folglich jedenfalls im Lichte einer mildtätigen Zuwendung betrachtet werden kann.

Normativ lässt sich die Befreiung von der Vorabpauschale für „Wohnungsbaufonds" in die bestehende Regelung des § 16 Abs. 2 S. 2 InvStG integrieren. Die Norm sieht eine Befreiung von der Vorabpauschale für Einrichtungen der betrieblichen oder der privaten Altersvorsorge vor. Durch die Befreiung sollen ungewollte Beeinträchtigungen der Altersvorsorge vermieden werden, da durch die Vorabpauschale keine Rückstellungen gebildet werden könnten, sodass es zu einer nicht sachgerechten definitiven Steuerbelastung käme.[1006] Da die Befreiung an die Person des Anlegers anknüpft, würde durch einen § 16 Abs. 2 S. 3 InvStG erstmals eine Ausnahmeregelung in Anlehnung an den Investmentfonds selbst geschaffen werden. Dies würde einen massiven Vorteil und eine immense Steigerung der Attraktivität eines „Wohnungsbaufonds" gegenüber anderen Investmentfonds bewirken, folglich aber auch in kürzester Zeit ein immenses finanzielles Potenzial für den Wohnungsbau bedeuten. In Anbetracht der steigenden Wohnungsnot und der explodierenden Mieten ist eine intensive Förderung des Wohnungsbaus, aber auch die Bekämpfung von leerstehendem Wohnraum als reine Kapitalanlagen, dringend geboten.

Ein § 16 Abs. 2 S. 3 InvStG könnte wie folgt formuliert werden: *„Vorabpauschalen sind ebenfalls nicht anzusetzen, wenn der Investmentfonds die Anforderungen des § 2 Abs. 9b InvStG erfüllt."*

1006 BT-Drs. 18/8045, S. 86.

Unter den Voraussetzungen des § 2 Abs. 9b InvStG sollte ebenfalls eine erhöhte Teilfreistellung berücksichtigt werden. Im Grunde intendiert das System der Teilfreistellung nach § 20 InvStG zwar die Kompensation einer steuerlichen Vorbelastung, dieses Instrumentarium birgt jedoch auch das Potenzial, eine bestimmte Anlageform attraktiver zu gestalten. Wird die Vorabpauschale aus den Erträgen des „Wohnungsbaufonds" herausgerechnet, ist eine Freistellung von 80 % der Erträge, wie bei einem Auslands-Immobilienfonds gerechtfertigt. Die Freistellung lässt sich in den vorhandenen § 20 Abs. 3 S. 2 InvStG integrieren: „Bei Auslands-Immobilienfonds sowie bei Wohnungsbaufonds sind 80 Prozent der Erträge steuerfrei."

3. Zusammenfassung

Das Potenzial des InvStG zur Förderung des Ausbaus von bezahlbarem Wohnraum ist nicht vollends ausgeschöpft. Angesichts der sich zuspitzenden Wohnungsnot besteht ein dringendes Handlungsbedürfnis, welchem mit der Einführung sog. „Wohnungsbaufonds" Rechnung getragen werden kann. Diese Fonds sollen ein Instrumentarium bilden, welches die Anlage von Kapital in Wohnraum auch weiterhin ermöglicht, gleichzeitig aber auch die Bedeutung von Wohnraum für den Mieter und die Gesellschaft insgesamt berücksichtigt und der Kapitalanlage in Immobilien somit eine Zukunft bringt. Konkret kann der Bundesgesetzgeber das bestehende InvStG um die folgenden Regelungen ergänzen:[1007]

a) § 2 Abs. 9b InvStG

„Wohnungsbaufonds sind Immobilienfonds, die gemäß den Anlagebedingungen fortlaufend mehr als 50 Prozent ihres Aktivvermögens in begünstigten Immobilien oder in begünstigte Investitionen tätigenden Gesellschaften anlegen. Begünstigte Immobilien sind in einem förmlich festgelegten Gebiet mit angespanntem Wohnungsmarkt im Inland belegene Immobilien, deren Anschaffungs- oder Herstellungskosten 3.000 Euro je Quadratmeter Wohnfläche nicht übersteigen und die im Jahr der Anschaffung oder Herstellung sowie in den folgenden neun Jahren der entgeltlichen Überlassung zu Wohnwecken dienen. Begünstigte Investitionen tätigende Gesellschaften sind Gesellschaften, welche ausschließlich in die

1007 Die Gesetzgebungskompetenz des Bundes ergibt sich für die Änderung des InvStG aus Art. 105 Abs. 2 Alt. 1 GG, da das Steueraufkommen diesbezüglich dem Bund ganz oder teilweise zusteht.

Anschaffung neuer Gebäude, die Anschaffung neuer Eigentumswohnungen, die Anschaffung im Teileigentum stehender Räume oder anderer Gebäudeteile, die selbständige unbewegliche Wirtschaftsgüter sind, sowie in die Herstellung neuer Gebäude investieren, wobei die Gebäude mindestens zehn Jahre nach der Anschaffung oder Herstellung der entgeltlichen Überlassung zu Wohnzwecken dienen müssen."

b) § 16 Abs. 2 S. 3 InvStG

„Vorabpauschalen sind ebenfalls nicht anzusetzen, wenn der Investmentfonds die Anforderungen des § 2 Abs. 9b InvStG erfüllt."

c) § 20 Abs. 3 S. 2 InvStG

„Bei Auslands-Immobilienfonds sowie bei Wohnungsbaufonds sind 80 Prozent der Erträge steuerfrei."

www.ingramcontent.com/pod-product-compliance
Ingram Content Group UK Ltd.
Pitfield, Milton Keynes, MK11 3LW, UK
UKHW021848290926
8980IPUK00005B/717

9 783631 922224